Steffen Baer | Marc Fischer
Soziale Arbeit mit nicht-heterosexuellen Jugendlichen
und jungen Erwachsenen

Steffen Baer | Marc Fischer

Soziale Arbeit mit nicht-heterosexuellen Jugendlichen und jungen Erwachsenen

Die Autoren

Steffen Baer, Sozialarbeiter M.A./Sexualpädagoge, ist Lehrkraft für besondere Aufgaben an der Hochschule Rhein Main, Wiesbaden/Wissenschaftlicher Mitarbeiter im Projekt: „Queer Professionals – Professionalität zwischen „queerer Expert*in“ und „Andere*r“ in der Sozialen Arbeit“ unter Leitung von Prof. Dr. Davina Höblich sowie freiberuflicher Sexualpädagoge für pro familia (steffen.baer@hs-rm.de).

Marc Fischer, Sozialarbeiter M.A., ist Leiter des Kompetenzzentrums für sexuelle Gesundheit Mannheim (KOSI.MA) sowie Jugendgruppenleiter bei PLUS e.V. und Mitglied der Geschäftsführung von PLUS e.V. (marc.fischer@kosima-mannheim.de).

Dieses Buch ist erhältlich als:
ISBN 978-3-7799-6353-0 Print
ISBN 978-3-7799-5657-0 E-Book (PDF)

1. Auflage 2021

in der Verlagsgruppe Beltz · Weinheim Basel
Werderstraße 10, 69469 Weinheim

Herstellung: Ulrike Poppel
Satz: Helmut Rohde, Euskirchen
Druck und Bindung: Beltz Grafische Betriebe, Bad Langensalza
Printed in Germany

Weitere Informationen zu unseren Autor_innen und Titeln finden Sie unter: www.beltz.de

Inhalt

1 „Das ist nur eine Phase" – Einleitung

„Das ist nur eine Phase" ist nur eine der vielen Aussagen, mit der Lesben, Schwule und Bisexuelle (LSB) nach einem Coming-out durch die Personen, welche davon erfahren, konfrontiert werden. Eine homo- oder bisexuelle Orientierung wird so in ihrer Bedeutung bagatellisiert und versucht zu relativieren. Gleichzeitig sind unter anderem durch die modernen Medien trotz wachsender Liberalisierung eine Vielzahl von Fällen bekannt geworden, in denen eine nicht-heterosexuelle Orientierung zu Ablehnung, Diskriminierung, Stigmatisierung und Gewalt bis hin zu Morden geführt hat. Exemplarisch kann hier ein aktueller Fall aus der Schweiz angeführt werden. Im Kanton Bern wurde ein 17-Jähriger wegen seiner Homosexualität von seinem Vater mit einem Messer so schwer verletzt, dass er ins künstliche Koma versetzt werden musste (vgl. *Mannschaft* 2019a). In Berlin wurde im März 2019 eine Gruppe junger Menschen in der Öffentlichkeit massiv homo- und transnegativ beleidigt und bedroht (vgl. *Mannschaft* 2019b). Die *Antidiskriminierungsstelle des Bundes* (vgl. 2017, S. 11) publizierte 2017 eine bevölkerungsrepräsentative Umfrage, aus der hervorgeht, dass eine fortlaufende Diskriminierung von Lesben, Schwulen und Bisexuellen durch 80,6% der deutschen Bevölkerung weiterhin wahrgenommen wird. 38,4% der Befragten gaben an, dass es ihnen unangenehm ist, wenn sich zwei Männer in der Öffentlichkeit küssen. Vier von zehn befragten fänden es eher bzw. sehr unangenehm, wenn das eigene Kind homosexuell wäre. 29,4% der Befragten sind der Auffassung, dass eine Aufklärung über sexuelle Vielfalt in den Schulen die Kinder und Jugendliche in ihrer sexuellen Entwicklung verwirren würde. Eine der zentralen Kernaufgaben Sozialer Arbeit ist die Förderung und Gleichstellung von Diversität (vgl. insg. *DBSH* 2016). Unter „Diversity" ist die Vielfalt der Menschen mit all ihren Merkmalen, wie geistige und körperliche Fähigkeiten, Alter, Geschlecht, Ethnie sowie sexuelle Orientierung gemeint (vgl. insg. *bpb* 2018).

Das vorliegende Buch, entstanden als Masterarbeit im Wintersemester 2019/20 an der Fachhochschule Münster, arbeitet durch unterschiedliche Zugangswege die Bedeutung der sexuellen Orientierung für die Soziale Arbeit mit Jugendlichen und jungen Erwachsenen heraus. Die zugrunde liegenden Forschungsfragen werden sowohl aus theoretischer als auch empirischer

Perspektive interdisziplinär betrachtet. Ziel hierbei ist es, für Akteur*[1]innen, die in unterschiedlichen Handlungsfeldern aus unterschiedlichen Professionen heraus mit jungen Menschen arbeiten, die Relevanz der Anerkennung der sexuellen Orientierung darzulegen, um einen weiteren Baustein im Kampf gegen Diskriminierung und Gewalt gegen Schwule, Lesben und Bisexuelle zu liefern. Daneben verfolgt diese Arbeit auch das Ziel, spezifisch für jetzige und künftige Sozialarbeiter*innen Handlungsimplikationen und Kompetenzdimensionen zu erörtern, die für die Arbeit mit der Zielgruppe von Relevanz sind.

Neben einer grundlagentheoretischen Argumentation liegt den Ergebnissen dieser Arbeit eine empirische Untersuchung mit spezifischen Untersuchungsfragestellungen zugrunde, in der mittels Datentriangulation Expert*innen und Adressat*innen Sozialer Arbeit befragt wurden. Durch eine qualitative Inhaltsanalyse konnten so wichtige, neue Erkenntnisse zu den theoretischen Ausarbeitungen ergänzend zugefügt werden. Das Besondere hierbei ist der biografisch-rekonstruktive Charakter der Adressat*innenperspektive, der dem Leitsatz folgt: „Redet nicht über uns, redet mit uns!"

Die Arbeit gliedert sich dementsprechend in einen theoretischen und einen empirischen Teil auf, welche sich in einem dritten Teil, der Interpretation und Kontrastierung, diskursiv miteinander verbinden. Bevor eine theoretische Argumentation beginnt, werden in Kapitel zwei der aktuelle Forschungsstand zur Thematik differenziert dargelegt und die daraus resultierenden Forschungsfragestellungen abgeleitet. Den Forschungsergebnissen von Davina Höblich, Claudia Krell und Stefan Timmermanns kommt hierbei eine besondere Bedeutung zu, da in deren aktuellen Studien die Desiderate-Thematik der Adressat*innen – Fachkraft-Beziehung sowie die Lebenssituation schwuler, lesbischer und bisexueller junger Menschen in Deutschland – beleuchtet wurde.

Der theoretische Teil liefert in Kapitel drei dann primär soziologische Grundlagen zur Entstehung und Aufrechterhaltung heteronormativer Gesellschaftsstrukturen und setzt sich hierbei kritisch mit Judith Butlers heteronormativer Matrix auseinander. Kapitel vier greift diese Grundlagen auf und plädiert insbesondere aus Jutta Hartmanns und Gudrun Perkos Perspektiven für eine grundsätzliche Anerkennung sexueller Diversität in der Sozialen Arbeit. Folgend stellt Kapitel fünf die Ebenen der sexuellen Identität des Menschen dar und legt den theoretischen Grundstein für eine affirmative

1 * steht für die sprachliche Gleichstellung und Sichtbarmachung aller geschlechtlichen Selbstdefinitionen jenseits der binären Geschlechterordnung männlich/weiblich (vgl. Universität Wien 2019, S. 1)

Praxis Sozialer Arbeit. Das darauffolgende sechste Kapitel liefert biologische und entwicklungspsychologische Erkenntnisse zur Entstehung der menschlichen Sexualität und setzt sich hierbei kritisch mit Sigmund Freunds Theorie der psychosexuellen Entwicklung auseinander. Aktuelle empirische Daten liefern hierbei einen Einblick in die heutige Jugendsexualität und verknüpfen diese mit den Entwicklungsaufgaben des Jugend- und jungen Erwachsenenalters. Hierbei steht die Herausbildung einer individuellen Identität als junger Mensch im Kern der Argumentation. Kapitel sieben diskutiert darauffolgend aus interdisziplinärer Sichtweise Einflüsse, die sich für junge Menschen ergeben. Wesentliche Bezüge sind hier die theoretischen Modelle sowie deren Anwendung. Wesentliche Erkenntnisse aus soziologischer Perspektive liefern Wilhelm Heitmeyer mit dem Konzept der Gruppenbezogenen Menschenfeindlichkeit sowie Kevin Nadal mit dem Ansatz der Mikroagressionen. Aus psychologischer Perspektive werden die theoretischen Überlegungen von Ilan Meyer (Minderheitenstress) sowie Richard Lazarus (Coping) zusammengeführt und deren Bedeutung für die Identitätsbildung herausgearbeitet. Abschließend liefert der Ansatz der Intersektionalität nach Katharina Walgenbach weitere Überlegungen zur Relevanz der Thematik. Kapitel acht legt den Fokus dann anhand der Modelle von Udo Rauchfleisch und Vivienne Cass auf das Coming-out. Beide Modelle werden in ihrer Reichweite dargestellt und auf die bisherigen Überlegungen rückgekoppelt. Hierbei werden die besonderen Herausforderungen beschrieben, welche Jugendliche und junge Erwachsene in den jeweiligen Phasen des Outings bewältigen müssen, um eine positiv konnotierte sexuelle Identität auszubilden. Unter Kapitel neun werden Handlungsfelder Sozialer Arbeit, in denen Jugendliche und junge Erwachsene begleitet werden, sowie rechtswissenschaftliche Grundlagen einer akzeptierenden Sozialen Arbeit beschrieben. Die vorhergehenden theoretischen Ausführungen stellen die besondere Relevanz der sexuellen Orientierung in der Kinder- und Jugendhilfe dar und werden mit den juristischen Rahmenbedingungen verschränkt. Das folgende zehnte Kapitel formuliert darauf aufbauend, wie Professionalität in der Sozialen Arbeit in den Handlungsfeldern unter Beachtung der herrschenden Rahmenbedingungen gewährleistet werden kann. Hierbei argumentieren die Autoren aus einer lebensweltlichen Perspektive nach Hans Thiersch sowie der Berufsethik Sozialer Arbeit nach dem DBSH. Beispielhaft wird das Modell einer „gay affirmative practice" nach Catherine Crisp dargelegt und die Bedeutung sexueller Orientierung in der sozialpädagogischen Fallarbeit herausgearbeitet. Eine professionstheoretische Argumentation wird hierbei durch die Perspektive von Roland Becker-Lenz, Donald Schön und Bernd Dewe eingenommen.

Kapitel elf nimmt einen Exkurs auf eine vorhergehende Studie beider Autoren und ermöglicht einen Perspektivwechsel hin zu der Frage nach Professionalität als nicht-heterosexuelle Fachkraft Sozialer Arbeit. Kerninhalt des Exkurses ist die Herausarbeitung von Handlungsstrategien, welche benannte Personengruppe im beruflichen Kontext anwenden kann und gleichzeitig werden die Folgen dessen angezeigt.

Der empirische Teil zum Hauptthema des Buches beginnt in Kapitel zwölf im Sinne der Forschungstransparenz mit der differenzierten Darstellung der Untersuchungsfragen, der Beschreibung der Erhebungsinstrumente sowie der detaillierten Vorstellung des Verfahrens der Datenauswertung. Im folgenden 13. Kapitel legen die Autoren ihre Forschungsergebnisse dar, die in Kapitel 14 anhand der bestehenden Theoriebestände interpretiert und insbesondere anhand der Struktur- und Handlungsmaximen der lebensweltorientierten Sozialen Arbeit kontrastiert werden. Der empirische Teil endet in Kapitel 15 mit der kritischen Reflexion des Forschungsprozesses, der abschließenden Diskussion sowie der finalen Beantwortung der Forschungsfragen, um daraus konkrete Implikationen für die sozialarbeiterische Praxis abzuleiten.

Diese Auseinandersetzung befasst sich mit der Thematik der sexuellen Orientierung. In aufgeführten Fachdiskursen bzw. Studien werden häufig kollaborativ alle Ebenen der sexuellen Identität im Spektrum von lsbttiq*-Personen[2] benannt. Aus diesem Grund kann es bei vereinzelten Zitaten sowie Interviewpassagen zur Nennung des gesamten Spektrums kommen.

2 In Baden-Württemberg wird die Abkürzung lsbttiq (lesbisch, schwul, bisexuell, transgender, transsexuell, intergeschlechtlich und queer*) als explizite Beschreibung und indirekte allumfassende Beschreibung für alle nicht-heteronormative Menschen benutzt (vgl. Staudenmeyer/Kaschuba/Barz/Bitzan 2016, S. 6).

2 „Du Schwuchtel!" – Problemstellung und aktueller Forschungsstand

> „Zu jeder Zeitepoche wurde die homosexuelle Liebe gerne politisch missbraucht, um Menschen oder Gruppierungen gesellschaftlich ins Abseits zu befördern oder gar zu töten. Man sah diese Art der Liebe als eine Gefährdung der sozialen und religiösen Ordnung sowie als Gefahr für die Gesellschaft im Allgemeinen" (*DBSH* 2019, S. 2).

Homosexualität wurde bis 1992 pathologisiert und bis 1994 kriminalisiert (vgl. *Tietz* 2004, S. 36). Menschen mit nicht-heterosexuelle Orientierung ist somit die am längsten offiziell durch die Gesellschaft sanktionierte Minderheit der Vielfaltskategorien. Selbst heutzutage besteht die strukturelle Diskriminierung (vgl. *Gomolla* 2017, S. 148) weiterhin. Rechte, die der heterosexuellen Mehrheitsgesellschaft zustehen, werden der nicht-heterosexuellen Minderheitsgesellschaft vorenthalten. So kann beispielsweise ein Kind in einer gleichgeschlechtlichen Ehe nur durch Sukzessiv Adoption/Stiefkindadoption adoptiert werden (vgl. *LSVD* insg. 2019).

> „Die gesellschaftliche Stigmatisierung Homosexueller zeigt sich in der strukturellen Verankerung von Heterosexismus in der Gesellschaft, beispielsweise im Recht. Während sich die gesellschaftliche Situation Homosexueller ohne jeden Zweifel im Verlauf des vergangenen Jahrhunderts in den westlichen Ländern enorm verbessert hat, bleiben wichtige Ungleichbehandlungen bestehen" (insg. *bpb* 2010).

Eine weitere Besonderheit liegt in der Sichtbarkeit des Vielfaltsmerkmals. Die sexuelle Orientierung lässt sich nach außen verbergen und wird somit „unsichtbar" (vgl. *Timmermanns* 2013, S. 260). Der Vorteil liegt darin, dass man sich verstecken kann, um nicht Zielscheibe homonegativer Übergriffe zu werden. Der Nachteil liegt in der Aufrechterhaltung der Stereotype (vgl. *Bauer/Höcker/Homolka/Mertes* 2013, S. 17 f.).

Eine Online-Befragung von lsbttiq Menschen in der Rhein-Neckar Region mit dem Titel „SICHER OUT?" (vgl. insg. Göth/Jäger 2018) legte den Schwerpunkt auf Erfahrungen der Sicherheit und des offenen Umgangs mit der eigenen nicht-heterosexuellen Orientierung in der Öffentlichkeit. Anzumerken ist, dass trotz der knappen Dauer von nur zwei Wochen ein hoher Rücklauf mit 416 auswertbaren Datensätzen erreicht wurde. Dies spiegelt das hohe Interesse der Community an der Thematik wider. Die Auswertung ergab, dass 44% der Befragten Beschimpfungen (inkl. Beleidigung, Bespucken sowie Auslachen), 11% direkte Bedrohungen, 12% Beschädigung ihres Eigentums, 9% bestohlen, 7% körperliche Gewalt, 21% sexuell belästigt, 14% sexuelle Übergriffe und 1% (versuchte) Vergewaltigung in den letzten zwölf Monaten aufgrund der Zugehörigkeit zur LSBTTIQ-Community erfuhren. Des Weiteren wurden Erfahrungen in einem Zeitraum von zehn Jahren abgefragt. Die Ergebnisse der letzten zwölf Monate und zehn Jahre sind fast deckungsgleich. Weitere Vorfälle, die ohne Bezug zur LSBTTIQ-Thematik gemacht wurden, wurden nicht abgefragt. Bemerkenswert ist, dass nur 20% der Betroffenen die erlebten Diskriminierungs- und Gewalterfahrungen bei der Polizei meldeten. Dies lässt Rückschlüsse auf eine enorm hohe Dunkelziffer zu. Die Studie fragte auch nach „Strategien der Unsichtbarkeit". Damit sind vermeidende Strategien in der Öffentlichkeit gemeint, die dazu dienen sollen nicht als nicht-heterosexuell erkannt zu werden. Nur 11% verneinten diese Frage vollständig und 89% gaben an, im öffentlichen Raum sich nicht so verhalten zu können, wie sie wollten.

> „Für diese Menschen war es keine unhinterfragte Selbstverständlichkeit, sich mit ihrer geschlechtlichen und sexuellen Identität im öffentlichen Raum zu bewegen. Vielmehr wurden (bewusst) Strategien angewandt, um die eigene Identität weniger transparent sein zu lassen und – so die Annahme – Konfrontationen, Diskriminierung und Gewalt zu umgehen" (*Göth/Jäger* 2018, S. 21).

Die Ergebnisse zeigten, dass mehrere Strategien gleichzeitig zur Anwendung kommen. 64% gaben an, auf gleichgeschlechtliche Zärtlichkeiten in der Öffentlichkeit zu verzichten. 62% vermeiden bestimmte Orte bei Nacht, 20% bei Tag und 51% gehen Umwege, um sich sicherer zu fühlen. Als Paar nicht zu erkennen geben sich 56%. Auf ihr Verhalten achten und ggf. dieses zu vermeiden oder die Körpersprache zu kontrollieren gaben 43% der Befragten an. Symbole und Zeichen der LSBTTIQ-Community vermeiden 34% und 22% Bücher, Magazine oder Broschüren. Andere Kleidung tragen 21% um nicht aufzufallen. Bevor die Teilnehmer*innen zu ihren erlebten Erfahrungen und Strategien befragt wurden, sollten sie eine Einschätzung abgeben, wie hoch ihre Erwartungen sind Opfer von Diskriminierung und Gewalt im öffentlichen Raum in den nächsten zwölf Monaten zu werden. 53% gaben an damit zu rechnen, belächelt oder ausgelacht zu werden. Mit Beleidigungen und Beschimpfungen rechnen 44%. 26% erwarten sexuelle Belästigung, 18% Bedrohung und 18% Diebstahl an. Sexuelle Übergriffe und Gewalt werden von 16% erwartet und bespuckt zu werden von 7%. Damit decken sich die Erwartungen zum größten Teil mit den berichteten Erfahrungen (vgl. insg. Göth/Jäger 2018).

Die zuvor erwähnten „Strategien der Unsichtbarkeit“ führen dazu, dass ein großer Teil nicht-heterosexueller Menschen nicht als solche wahrgenommen werden. Nur diejenigen, die sich nicht verbergen können oder wollen, prägen das gesellschaftliche Bild meist in Richtung „schrill“. Diese Stereotypen werden durch die Medien weiter stabilisiert und gepuscht (vgl. Rauchfleisch 2011, S. 130 ff.). Die Rolle der Medien wird dabei oft unterschätzt, obwohl sie maßgeblich an der Wissensbildung der Mehrheitsgesellschaft, deren stereotypischen Denkweisen und der daraus resultierenden Diskriminierung beteiligt sind (vgl. Ruhrmann 2017, S. 367 ff.). Hierdurch können die Vorurteile nur schwer abgebaut werden, denn ein „sanfter“ Übergang ist nicht möglich. Der starke Stereotyp der Nicht-Heterosexualität fungiert dabei als „Feindbild“, dient der Abgrenzung und der Abwertung des Gegenübers, um sich selbst aufzuwerten (vgl. Hummrich 2017, S. 337).

Jungen heranwachsenden Menschen werden diese Stereotype wiederholt vor Augen geführt. Ihnen fehlt es an vielfältigen Vorbildern, mit denen sie sich identifizieren können. Dies verhindert ein früheres Experimentieren mit verschiedenen „Identitäten“, um aus eigenen Erfahrungen eine ganz eigene Identität kreieren zu können (vgl. *Ittel/Raufelder/Scheithauer* 2014, S. 331). Davina Höblich postuliert in ihrem Kommentar zum 15. Kinder und Jugendbericht „sexuelle und geschlechtliche Vielfalt“ (vgl. insg. 2017) das Thema der sexuellen Orientierung als Entwicklungsthema des Jugendalters. Sie benennt drei Kernherausforderungen des Jugendalters:

- „Erstens eine allgemeinbildende, soziale und berufliche Handlungsfähigkeit (Qualifizierung),
- Zweitens eine persönliche Balance zwischen der eigenen Freiheit und der sozialen Zugehörigkeit zu finden (Selbstpositionierung)
- Sowie drittens Verantwortung für sich selbst zu übernehmen (Verselbstständigung)“ (*Höblich* 2017, S. 47).

Die Selbstpositionierung sieht sie als große Herausforderung für nicht-heteronormative Jugendliche in der neuen Bildungslandschaft der Ganztagesschulen, der Kinder- und Jugendhilfe und allgemein in der Kinder- und Jugendarbeit. Wie kann hier die Ermöglichung sexueller und geschlechtlicher Vielfalt in einem diskriminierungsarmen Raum gelingen, wenn sie nicht einmal in Medien, Politik oder dem öffentlichen Leben sichtbar sind (vgl. *Höblich* 2017, S. 47)?

> „Umgekehrt bestehen nach wie vor sichtbare Diskriminierungen von lesbischen, schwulen, bisexuellen und trans* Personen (LSBT*) in Form von Beleidigungen,

> Witzen bis hin zu körperlicher Gewalt, die zu einem erhöhten Risiko, psychisch zu erkranken, führen können" (*Höblich* 2017, S. 47).

Gerade im „Zwangskontext" Schule sind nicht-heterosexuelle Personen den Norm- und Wertevorstellung der heteronormativen Mehrheitsgesellschaft ausgesetzt und können aufgrund der Schulpflicht nicht einfach fernbleiben.

> „Da die Peer-Beziehungen größtenteils auf Freiwilligkeit beruhen, ist es notwendig, dass die Schüler von ihren Mitschülern positiv wahrgenommen und beurteilt werden. Gelingt ihnen dies nicht, setzen sie sich der Gefahr aus, dass die Gleichaltrigenbeziehungen aufgelöst werden" (*Kahlke* 2016, S. 9).

Hinzu kommt die soziale und ökonomische Abhängigkeit der Heranwachsenden von ihrem Umfeld und der damit einhergehenden höheren Vulnerabilität (vgl. *Höblich* 2017, S. 48 und *Pereira/Cunha/Monteiro/Esgalhado/Afonso/Loureiro* 2019, S. 884).

Das Deutsche Jugendinstitut e.V. erreichte 2015 im Rahmen der Studie, „Coming-out – und dann…?!" (vgl. insg. *Krell/Oldemeier* 2015) 5.037 Proband*innen. Kernaussagen der Studie sind: Die Angst, aufgrund der Nicht-Heteronormativität abgelehnt zu werden, ist gegenüber Familie, Freunde, der Öffentlichkeit sowie in der Schule/Ausbildung/Uni und am Arbeitsplatz enorm hoch (mind. 60%). Ein Fünftel gab an, Angst vor körperlicher Gewalt oder Bestrafung durch die Eltern zu haben. Nach dem Coming-out fühlten sich 63% nicht ernstgenommen, 47% wurden ignoriert und 37% nicht mitgedacht. Über die Hälfte der befragten Personen gab an, in Bildungs- und Arbeitsstätten beschimpft, beleidigt oder lächerlich gemacht worden zu sein. Einer von zehn Proband*innen berichtete körperliche Gewalt aufgrund der Nicht-Heterosexualität erfahren zu haben.

Die britische Studie „The experiences of young gay people in Britain's schools" (vgl. insg. *Statham/Jadva/Daly* 2012) kam zu ähnlich gravierenden Ergebnissen. Mehr als die Hälfte der lesbischen, schwulen und bisexuellen (lsb) Jugendlichen erleben Mobbing in der Schule. 99% der Befragten hören Zuschreibungen, wie „das ist so schwul" und „du bist so schwul". 90% der Beleidigungen sind „queer", „schwul" oder „Schwuchtel". Die Hälfte der Schulen sieht dies als problematisch, die andere Hälfte nicht. Drei von fünf gemobbten schwulen Schülern geben an, dass Lehrer, die Zeuge des Mobbings sind, niemals eingreifen. Nur zehn Prozent der schwulen Schüler geben an, dass Lehrer homonegative Sprache jedes Mal infrage stellen, wenn sie sie hören.

„Wissenschaftliche Erkenntnisse zur Situation von Kindern aus Regenbogenfamilien“ (*Nordt/Kugler/Recla* 2010, S. 9) ergaben, dass die Kinder von gleichgeschlechtlichen Paaren nur ein Defizit im Vergleich zu heteronormativen Paaren aufweisen. Dies ergibt sich aus den homonegativen Reaktionen des sozialen Umfeldes (vgl. *Nordt/Kugler/Recla* 2010, S. 9 ff.).

Die Metastudie „Expertise zur Lebenssituation schwuler und lesbischer Jugendlicher in Deutschland“ (vgl. insg. *Sielert/Timmermanns* 2011) vergleicht unterschiedliche Studien und kommt zu folgenden Ergebnissen:

> „Homophobe Stimmungen, Diskriminierung und Gewalt gehören immer noch zu den Sozialisationsbedingungen von [lsbttiq] Jugendlichen“ und „[homophobe] Einstellungen in der Bevölkerung [liegen] immer noch bei ca. der Hälfte der Bevölkerung [vor]“ (*Sielert/Timmermanns* 2011, S. 37).

Die Familie als einer der wichtigsten Bezugspunkte für Rückhalt und als Schutzraum für Kinder und Jugendliche (vgl. *Ecarius/Köbel* 2011, S. 383 f.) verliert seine Bedeutung für nicht-heterosexuelle Heranwachsende, haben doch viele von ihnen mit Repressalien von ihren Familien zu rechnen. Dreiviertel der Jugendlichen haben Angst vor einer ablehnenden Haltung ihrer sexuellen Orientierung im Freundeskreis. Dieser stellt mit der Familie die wichtigste Sozialisationsinstanz dar und wirkt bei der „Vermittlung von gruppenspezifischer Orientierungen und der Bereitstellung von Deutungsangeboten zur Selbstpositionierung“ (*Höblich* 2017, S. 48) in besonders starker Weise. „Schwul“ oder „Schwuchtel“, aber auch „Lesbe“ sind auf deutschen Schulhöfen nach wie vor die häufigsten Schimpfwörter (vgl. *Klocke* 2012, S. 87). Durch die Ausweitung der Ganztagsschulen und der damit verbundenen Abnahme von Freizeit der Schüler*innen (vgl. *Deutscher Bundestag* 2017, S. 208) sind nicht-heterosexuelle Heranwachsende noch länger einem homonegativen Raum ausgesetzt. Alle drei Kernherausforderungen des Jugendalters werden hierdurch in besonderer Weise angesprochen und gefordert. Der homonegative Ort Schule kann durch Mobbing die Leistungsfähigkeit einschränken und sich so auf die Qualifizierung der betroffenen Person auswirken. Insbesondere psychische Belastungen, wie Einsamkeit, Risikoentwicklungen und Identitätsprobleme führen dazu, dass sich viele lsb Schüler*innen erst nach Beendigung der Schulzeit outen (vgl. *Krell/Oldemeier* 2015, S. 21).

> „Damit verlieren sie Freiräume der Selbstpositionierung und Verselbstständigung, da aufrichtige Freundschaften, erste Liebesbeziehungen und die Bearbeitung der Entwicklungsaufgabe ‚Umgang mit Sexualität lernen‘ biografisch nach hinten verlagert werden“ (Fend 2005, S. 254 zitiert nach *Höblich* 2017, S. 48).

Die Studie „Identitätsentwicklung schwuler Jugendlicher" (vgl. insg. *Biechele* 2009) kam zu dem Ergebnis, dass das Suizidrisiko bei schwulen Jugendlichen vier- bis sechsmal höher ist im Vergleich zu heterosexuellen jungen Männern.

An dieser Stelle sind die Pädagog*innen gefragt und sollten mit diversitätssensibler Herangehensweise die Themen bearbeiten und auch außerschulische Angebote einbinden, schließlich sind ca. 7,4% aller Menschen nicht-heterosexuell (vgl. *Deveaux* 2016). Somit sind in jeder Klasse ein bis zwei Menschen betroffen.

2003 erließ die Bundesarbeitsgemeinschaft der Landesjugendämter (BAGLJÄ) einen Beschluss: „Sexuelle Orientierung ist ein relevantes Thema der Jugendhilfe" (vgl. insg. *BAGLJÄ* 2003). Das Thema wird als „wichtiger Aspekt" betitelt und soll in ALLEN Einrichtungen der Kinder- und Jugendhilfe angemessen berücksichtigt werden. Aus diesem Beschluss heraus zeigt sich die Brisanz der Thematik für die Soziale Arbeit insbesondere in Handlungsfeldern der Kinder- und Jugendhilfe, aber auch in angrenzenden Arbeitsfeldern. Die juristischen Hintergründe hierzu werden in Kapitel neun näher erläutert.

Die BAGLJÄ verweist in ihrem Beschluss ausdrücklich auf sämtliche Leistungsbereiche der Kinder- und Jugendhilfe:

> „[...] in allen Maßnahmen ambulanter und stationärer erzieherischer Hilfen [...] im Sinne einer Normalisierung ein vorurteilsfreier Umgang mit der Thematik Homosexualität zum Alltag gehören [muss]." und „Haupt- und ehrenamtlich in der Jugendhilfe Tätige sollen im Rahmen von Aus- und Fortbildung zum Thema sexuelle Orientierung qualifiziert werden, und zwar im Kontext einer allgemeinen Wertschätzung von Vielfalt, von Respekt vor dem Anderen, von Erziehung zu Gemeinschaftsfähigkeit sowie von Prävention von Diskriminierung und Gewalt" (*Nordt/Kugler/Recla* 2010, S. 12).

Der Erfolg der Umsetzung dieses Beschlusses lässt sich aufgrund der Studienergebnisse, die seitdem durchgeführt wurden, stark bezweifeln.

Hierzu lässt sich ebenfalls die Debatte um den baden-württembergischen Bildungsplan 2014 anführen, der die geschlechtliche und sexuelle Vielfalt in den gesamten Bildungsplan als Querschnittsthema inkludiert (vgl. insg. *Tuider/Dannecker* 2016). Dieser wurde mit homonegativen und sexistischen Anfeindungen torpediert. Der Widerstand ist enorm und Feindbilder werden heraufbeschworen. Es ginge um „Frühsexualisierung" oder Verführung zu „nicht normalen" Sexualitäten (vgl. *Jellonnek* 2016, S. 7 ff.).

> „Gerade in Zeiten inklusiver Schule, die bewusst auf den Umgang mit Heterogenität setzt, muss man auch auf den Umgang mit Sexualität auf Pluralität setzen und Kindern und Jugendlichen ein angstfreies, lustvolles Erleben ihrer jeweiligen sexuellen Präferenzen ermöglichen – in sexueller Selbstbestimmung" (*Jellonnek* 2016, S. 11).

Die Tabuisierung der Thematik erstreckt sich von der Gesellschaft bis hin zur Institution Schule und deren Lehrpläne, wie auch Sozialer Arbeit und der Kinder- und Jugendhilfe (vgl. *Höblich* 2014, S. 44). Im Bereich der Forschung zeichnet sich derweil ein Bild ab, das schwule und lesbische Lebenswelten vermehrt darstellt und empirisch belegt. Im Bereich der Bisexualität sowie Transidentität sind hingehen große Lücken in der Forschung zu verzeichnen (vgl. *Martin/Meezan* 2009, S. 23). Zum aktuellen Stand können bis heute keine repräsentativen Daten herangezogen werden, bestehende Daten sind häufig nur einseitig ausgerichtet und beziehen sich dabei auf einzelne Dimensionen sexueller Identität oder spezifischer Populationen (vgl. *Timmermanns* 2017, S. 140). Insgesamt ergeben sich hieraus folgende Forschungsfragestellungen:

1. Welche Bedeutung wird der sexuellen Orientierung in der Praxis Sozialer Arbeit mit Jugendlichen und jungen Erwachsenen tatsächlich zugemessen?
2. Welche Auswirkungen hat eine Nichtbeachtung der sexuellen Orientierung auf die Ausgestaltung von Hilfeprozessen mit Jugendlichen und jungen Erwachsenen?
3. Wie muss sich die Soziale Arbeit in Profession und Disziplin verändern, um den Beschluss der BAGLJÄ adäquat umzusetzen?

Wie aufgezeigt werden konnte, resultiert ein massiver Teil der erlebten Diskriminierung aufgrund der heteronormativ vorherrschenden Gesellschaftsstrukturen. Daher werden diese nachfolgend metatheoretisch näher beleuchtet und kritisch diskutiert.

3 „Das ist normal und war schon immer so!" – Heterosexualität und Zweigeschlechtlichkeit als gesellschaftliche, machtvolle Norm

> „Die meisten Menschen gehen fraglos davon aus, dass unsere soziale Welt von Frauen und Männern bewohnt wird, dass die Natur diese zwei Geschlechter hervorgebracht hat und dass mit dieser natürlichen Eigenart einige grundlegende, kaum veränderbare Handlungsdispositionen verbunden sind" (*Ziegler* 2008, S. 13).

Diese Denkweise wird in den Geistes- und Sozialwissenschaften als Heteronormativität bezeichnen. Gemeint ist damit das vorherrschende Bild innerhalb der Gesellschaft, dass die „Heterosexualität [die] Norm der Geschlechterverhältnisse" darstellt (*Wagenknecht* 2007, S. 17). Dieses Konstrukt agiert auf zwei Ebenen. Zum einen drängt es Menschen in zwei vorgefertigte Geschlechterkategorien mit eindeutigen sexuellen Orientierungen: männlich und weiblich im gegenseitigen (sexuellen) Begehren (vgl. *Wagenknecht* 2007, S. 17). Zum anderen strukturiert es das Zusammenleben der Menschen in ihren Alltagswelten, beispielsweise in der Erwerbstätigkeit oder auch in Familienbildern im Sinne einer „klassischen Rollenverteilung". Die Folge hiervon sind klare Rollenbilder, Rollenvorstellungen und Rollenerwartungen (vgl. *Ziegler* 2008, S. 13 f.).

> „Als ‚normal' gilt, wer eine eindeutige Geschlechtsidentität in Übereinstimmung mit dem bei Geburt zugewiesenen Geschlecht (männlich/weiblich) besitzt und dessen sexuellen Begehren und Lebenskonzept auf das jeweils andere Geschlecht (männlich/weiblich) ausgerichtet ist. In diesem Sinne gelten schwule, lesbische, bisexuelle und transidente Menschen als nicht ‚normal' und werden zu den von der Norm abweichenden Anderen [gezählt]" (*Höblich* 2018, S. 189).

Um die Bedeutung und Wirkweise des heteronormativen Konstrukts zu verstehen bedarf es zunächst einer umfassenden Klärung der Begrifflichkeit. Insbesondere im Prozess der Normbildung und Normsetzung wird Heteronormativität unzureichend reflektiert (vgl. *Pechriggl* 2008, S. 25). Mesquita identifizierte hier zwei Problemfelder, die bereits im Begriff der Heteronormativität impliziert sind „die einen Einsatz für die Analyse gegenwärtiger

Wirkweisen von Heteronormativität erschweren“ (*Mesquita* 2011, S. 36). Die Begrifflichkeit als solche deutet vordergründig darauf hin, dass sie sich ausschließlich auf (hetero-) sexuelle Normen konzentriert, wenngleich nur eine bestimmte Form der Heterosexualität gemeint ist.

Mesquita führt ihre Kritik auf die „heterosexuelle Matrix“ nach Judith Butler zurück, da dies auf klaren Gegensätzen beruht, was paradoxerweise genau den Gegenpol zur Queer Theory bildet, die binäre Gegensätze aufzulösen versucht (vgl. *Mesquita* 2011, S. 43 ff.). Butlers heterosexuelle Matrix ist dahingehend aufgebaut, dass das biologische Geschlecht, das soziale Geschlecht als auch das sexuelle Begehren fest konstituiert sind. Dies setzt eindeutige biologische Geschlechter, die mit sozialen Rollenerwartungen verknüpft sind voraus. Heterosexualität bildet hierbei die gesellschaftliche Norm, die andere Lebensweisen, Geschlechter und Einstellungen hierarchisch anordnet und strukturiert (vgl. *Butler* 1993, S. 3 f.). Die daraus resultierenden Machtverhältnisse werden von Butler losgelöst von anderen möglichen Indikatoren betrachtet (vgl. *Mesquita* 2011, S. 49). Weiter postuliert Butler indem sie die Begriffe „Norm, Recht und Gesetz“ weitestgehend synonym zueinander verwendet eine sprachliche Wirklichkeit, die veränderbare gesellschaftliche Prozesse und vordergründig starre juristische Gegebenheiten verschwimmen lässt (vgl. *Mesquita* 2011, S. 50). Drittens kritisiert Mesquita, dass durch das ahistorische Festschreiben der heterosexuellen Matrix eine universelle Struktur abgebildet wird, die nicht veränderbar scheint (vgl. *Mesquita* 2011, S. 50).

Das zweite Problemfeld steckt im Wortkern der „Normativität“, der eine binäre Kategorisierung als Norm meint, die die Gesellschaft in zwei Dispositionen spaltet. Allerdings ist hierbei nicht nur die Ebene der binären Norm angesprochen, sondern auch die der Machtverhältnisse einer Gesellschaft in ihren unterschiedlichen Bedeutungskontexten (vgl. *Mesquita* 2011, S. 36 f.). Im Fokus muss hierbei die Gestalt der Heteronormativität betrachtet werden, die über Generationen und historische Kontexte gewachsen ist und sich dementsprechend modifiziert hat.

Heteronormativität ist eine Konstruktion, die sich nicht nur auf sexueller oder geschlechtlicher Ebene abspielt, da sie sich in „nahezu allen Formen und Arrangements des sozialen Lebens produziert“ (*Berlant/Wagner* 2005, S. 87). Hierbei besitzt diese Norm ein hohes Gewicht wenngleich sie häufig nicht klar erkennbar ist und Veränderungen unterworfen sein kann. Für Individuen ergibt sich daraus die ständige Frage nach der Passung in die Norm, andernfalls können sich Gewissensbisse, Prestigeverluste oder Strafen abbilden (vgl. *Lautmann* 2013, S. 205 f.). Durch die (heterosexuelle) Norm entsteht ein Machtgefälle zwischen Menschen, die dieser unterliegen und denen, die von dieser Norm abweichen, also deviant sind.

> „Macht bezeichnet [hierbei] eine soziale Beziehung zwischen zwei Individuen, die in einem unmittelbaren oder über soziale Regeln vermittelten sozialen Über- und Unterordnung/Unterwerfungsverhältnis stehen. Macht wird von Menschen über andere Menschen direkt [...] oder indirekt als Mitglieder von Familien, politischen Gemeinwesen, Organisationen, Nationen und ihren sozialen Regeln ausgeübt und bei deren Verletzung ihrer Einhaltung mittels negativer Sanktionen erzwungen" (*Staub-Bernasconi* 2011, S. 370).

Einflüsse auf diese gesellschaftliche Norm wurden von *Lautmann* (vgl. 2013, S. 211) in den drei Sinnbereichen Religion, Recht und Gesundheit beschrieben, die zwar in der Moderne an Wirkmacht verlieren und gleichzeitig durch ihre historische Verwurzelung langfristig in der Gesellschaft wirken. In Folge einer Normabweichung ergeben sich dann aus den gesellschaftlichen Machtverhältnissen soziale Exklusionen, Diskriminierung und Stigmatisierung.

Um diesen Ausschlüssen entgegenzuwirken, fordert Butler, die Konstruktion sozialer Geschlechter selbst aufzulösen, da es diese, ihrer Theorie nach, nicht gibt. „Jede Bindung an Geschlechtsidentität (gender identity) [untergräbt letztlich] die Legitimation homosexueller Subjekte" (*Jagose* 2005, S. 109). Als Gegenpol zur heteronormativen Kategorisierung etablierte sich der Begriff „queer", der ursprünglich in den USA als Schimpfwort für normabweichende Menschen verwendet wurde. Aus dem Begriff als solches entwickelte sich dann, maßgeblich geprägt durch Teresa de Lauretis, der Zweig der Queer Theory.

> „Queer wurde als Politik der Sichtbarmachung mit der Kritik an heterosexueller Normativität und Zweigeschlechtlichkeit *und* als Kritik an schwul-lesbischen Identitätsmodellen (Lesbian und Gay Identity) und ihren produzierten Ausschlüssen bestimmter Menschen konstituiert" (*Perko* 2014, S. 8, Herv. i. O.).

Butlers Ansatz wird im Sinne der Queer Theory auch heute noch kritisch diskutiert, insofern fordert sie, „queer" nicht als neue Identitätskategorie neben „straight" als Gegenpol zu identifizieren, da sich so erneut Kategorien bilden, die Machtverhältnisse zur Folge haben können. Doch durch die Verwendung einer solchen Kategorie oder besser Selbstbeschreibung ermöglicht „queer", dass nicht-heterosexuelle Lebensweisen heteronormative Gesellschaftsstrukturen infrage stellen. Weiter fördern queere Denkweisen einen Abbau (struktureller) Diskriminierung gegen queere Menschen und wirken gegen Macht- und Herrschaftsverhältnisse in der Gesellschaft (vgl. *Perko* 2014, S. 8 f.).

Gleichzeitig bildet eine Kategorisierung einer Gruppe die Möglichkeit, eigene Identitäten zu bilden, sie zu hinterfragen und sich zugehörig zu fühlen (vgl. *Jagose* 2005, S. 78 ff.). In der modernen Gesellschaft hat sich eine Vielzahl sexueller Identitäten herausgebildet, die unterschiedliche Personengruppen ansprechen und Zugehörigkeiten ermöglicht. Es scheint daher – in der aktuellen Debatte – noch nicht die Zeit gekommen zu sein, sexuelle Identitäten vollständig zu dekonstruieren, sondern vielmehr diese anzuerkennen, zu hinterfragen und zu reflektieren. Insbesondere für die Soziale Arbeit ist dies von Bedeutung, da „geschlechtliche und sexuelle Konstruktionsprozesse im Rahmen alltäglicher Praxen in allen Einrichtungen der Sozialen Arbeit [stattfinden]" (*Hartmann* 2014, S. 23).

Im Folgenden wird daher die Dringlichkeit einer neuen gesellschaftlichen Norm, die Vielfalt fordert, dargestellt und in Beziehung zu einer queeren Sozialen Arbeit gesetzt.

4 „Weg von der Binarität" – Diversität sexueller Orientierung als neue gesellschaftliche Norm einer queeren Sozialen Arbeit

Durch queere Theorien und die damit einhergehenden Analysen wurde die heterosexuelle, zweigeschlechtliche Norm infrage gestellt (vgl. *Tuider/Timmermanns* 2015, S. 40). „Folgt man den öffentlichen Diskursen in Medien, Politik und Wissenschaft, präsentiert sich Sexualität im hiesigen Kulturkreis gegenwärtig in einer noch nie da gewesenen Vielfalt" (*Hartmann* 2014, S. 24). Dies schlägt sich nicht zuletzt auch in den Modifikationen juristischer Rahmenbedingungen in Deutschland nieder. So fand die sexuelle Identität unter § 19 Nr. 1 Einzug in das allgemeine Gleichbehandlungsgesetz, das jegliche Form von Benachteiligung aufgrund der sexuellen Identität verbietet. Trotz dieser und weiterer Veränderungen berichten nicht-heterosexuelle Menschen weiter von Diskriminierung und Stigmatisierung. Ein Grund hierfür wird von Jutta Hartmann im theoretischen Verständnis der Kategorie „Sexualität" vermutet (vgl. *Hartmann* 2014, S. 24). Denn „was konkret unter geschlechtlicher und sexueller Vielfalt zu verstehen ist und wie sie ermöglicht bzw. unterstützt werden kann, liegt weiter auseinander, als es vordergründig erscheint" (*Hartmann* 2014, S. 25).

Für die Soziale Arbeit ergibt sich hieraus die Pflicht, die Diversität sexueller Identitäten grundlegend anzuerkennen und im Rahmen einer queer-gerechten Sozialen Arbeit umzusetzen. Dies meint nicht, jede Verhaltensweise vollständig zu tolerieren, sondern zu akzeptieren, dass es unterschiedliche Lebensentwürfe und Vorstellungen gibt (vgl. *Czollek/Perko/Weinbach* 2009, S. 43).

Kommt Soziale Arbeit dem nicht nach, ergeben sich aus queerer Perspektive nach *Hartmann* (vgl. 2014, S. 26) folgende Gefahren:

- Dem dominanten Verständnis einer feststehenden geschlechtlichen Identität und sexueller Orientierung wird Vorschub geleistet.
- Die Variabilität von Geschlecht, Identität und Vielfalt wird verdeckt und eine Bewegung zwischen Kategorien erschwert.
- Es wird einer enthistorisierenden und essentialisierenden Naturalisierung von Geschlecht und Sexualität zugearbeitet.

- Macht- und Dominanzverhältnisse werden aufrechterhalten, wenn nicht sogar verstärkt.

Für die Soziale Arbeit bedeutet dies, mehr als zwei mögliche Identitätskategorien in der Arbeit mit Adressat*innen zu öffnen und Maßnahmen bzw. Angebote an diese wertschätzend und unterstützend zu adressieren. Es wäre nach Hartmann zu kurz gedacht, „queer“ mit den Kategorien lsbttiq* gleichzusetzen, da so der binäre Mechanismus heterosexuell vs. homosexuell durch den Mechanismus straight vs. queer ersetzt werden würde. Eine queere Soziale Arbeit geht an dieser Stelle auch davon aus, dass Heterosexualität eine Identität ist, die sich im Spektrum sexueller Vielfalt abbildet (vgl. *Hartmann* 2014, S. 26 f.). Dementsprechend gilt es, nicht mit vorgefertigten Identitätskonstruktionen in den Adressat*innenkontakt zu gehen, sondern anzuerkennen, dass sich Identitäten stetig neu konstruieren und wandelbar sind und daher eine Offenheit von der Sozialen Arbeit gefordert ist (vgl. *Perko* 2014, S. 9). Dies erfordert einen hohen Grad an Reflexion und einen bewussten Umgang mit Zuschreibungen und Rollenerwartungen. Soziale Arbeit konstruiert den Gegenstand, dem sie sich professionell widmet, während dessen Bearbeitung mit. Hält sie diesen ohne Reflexion aufrecht, kann dies zu einem stärkeren sozialpathologischen Blick führen (vgl. *Schütte-Bäumner* 2014, S. 61 f.).

Im gleichen Zug muss jedoch beachtet werden, dass die Verwendung der Begrifflichkeit „queer“ in radikal queer-feministischen Gruppen mittlerweile zu einer Mentalität der Buße und Strafe bei nicht übereinstimmender Meinung führt. Vielmehr geht es im queer-feministischen Diskurs um eine Auflösung bzw. um ein Hinterfragen bestehender Strukturen (vgl. *l'Amour la-Love* 2017, S. 19 ff.). *Amelung* (vgl. 2017, S. 89 ff.) macht hierbei insbesondere darauf aufmerksam, dass durch queere Sichtweisen auch ein problematischer Umgang mit empfundener Diskriminierung entstehen kann, der tatsächliche Diskriminierung unsichtbar(er) macht und in „linken und queerfeministischen Kontexten die Verhältnismäßigkeit [verliert]“ (*Amelung* 2017, S. 89).

> „Ein falsch verwendeter Begriff, ein falsches Pronomen und schon braust der Shitstorm über einen selbst hinweg und man hat zugleich in bestimmten Netzwerken bis in die zehnte Generation den Status einer Person non grata“ (*Amelung* 2017, S. 89).

Es konnte bis dato aufgezeigt werden, dass die Sichtweise Sozialer Arbeit auf bestehende Strukturen hinsichtlich Geschlecht und Sexualität von besonderer Bedeutung sind. Dies wird umso deutlicher, wenn im folgenden Kapitel die einzelnen Dimensionen sexueller Identität beleuchtet und dargelegt werden um aufzuzeigen, dass die menschliche Sexualität einen Kernbereich der Identitätsbildung ausmacht, die insbesondere im Jugendalter entsteht.

5 „Mehr als nur das Geschlecht“ – Die sexuelle Identität

> „Und Gott sprach: Lasset uns Menschen machen, [...] Und Gott schuf den Menschen zu seinem Bilde, zum Bilde Gottes schuf er ihn; und schuf sie als Mann und Frau“ (Deutsche Bibelgesellschaft 2017, Moses Vers. 26 & 27).

Diese Bibelstelle wurde viele Jahrhunderte herangezogen um zu untermauern, dass Gott den Menschen als binäres Konzept gedacht habe und es nur diese zwei Pole geben kann. Die Wissenschaft hat das alte, aus Sicht der Autoren überholte kirchliche Konzept von zwei Geschlechtern überwunden. Die neusten Erkenntnisse zeigen deutlich auf, dass die sexuelle Identität des Menschen weitaus vielfältigere Dimensionen aufweist und sich in bestimmten Aspekten in einem permanenten Wandel befindet.

Das folgende Kapitel befasst sich mit den wichtigsten Hauptmerkmalen und Begrifflichkeiten, die die sexuelle Identität beschreiben. Dies soll helfen, um eine Verortung der sexuellen Orientierung in diesem Geflecht verständlich zu machen. Da der Schwerpunkt dieser Thesis nicht auf der sexuellen Identität in Gänze liegt und aus Kapazitätsgründen werden die Hauptbegriffe umrissen. Somit besteht kein Anspruch auf Vollständigkeit sämtlicher Ausdifferenzierung aller möglichen Begrifflichkeiten in den Unterkategorien. Dies gestaltet sich, aufgrund der Menge und auch der nicht immer einheitlichen Fachdiskurse als fast unlösbare Herausforderung, denn die Fachbegriffe und die Art, wie sich die einzelnen Menschen in ihrem Selbst-Konzept unterschiedlich verstehen, ist schier unergründlich, wie die Vielfalt und Anzahl der Menschen selbst. Um die Vielfalt der sexuellen Identität prägnant zu veranschaulichen wurde folgendes Schaubild herangezogen und im Weiteren ausdifferenziert erklärt.

Abbildung 1: „The Gender Bread Person" das Zusammenspiel der Dimensionen sexueller Identität (genderbread 2019)

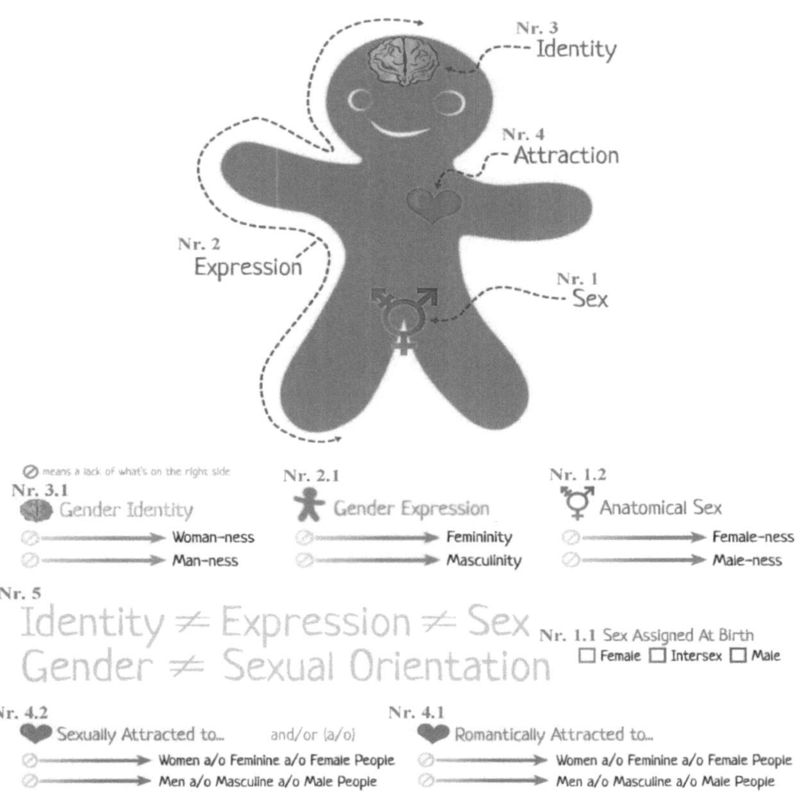

Das „*Geschlecht*" (Nr. 1), wird meist bei der Geburt anhand einer optischen Einschätzung der äußeren Genitalien (*genitales Geschlecht* – Nr. 1.1) von den Ärzt*innen in „weiblich" oder „männlich" festgelegt (vgl. *Lindemann* 2011, S. 16). Dies ist aber nur eine erste, rein äußerliche Methode und führt immer wieder zu Fehleinschätzungen, da das „*anatomische Geschlecht*" (Nr. 1.2) drei Bewertungskriterien umfasst. Anhand weiterer Untersuchungen, wie der Analyse der Geschlechtschromosomen (chromosomales/genetisches Geschlecht), kann es zu einer Abweichung von den optischen Geschlechtsmerkmalen kommen. Die nach außen oder innen gelagerten Keimdrüsen (gonadales Geschlecht), wie Hoden oder Eierstöcke, umfassen das dritte Kriterium. Das anatomische Geschlecht wird anhand dieser drei Bewertungskriterien definiert (vgl. *Buselmaier* 2009, S. 176 ff.). Dies soll zur groben Übersicht der vermeintlich „einfachen Einstufung" dienen. Die Thematik lässt sich im Fachdiskurs noch weiter ausdifferenzieren, wie z. B. dem hormonalen Geschlecht (vgl. *Eckloff* 2012, S. 6), dies folgt in Kapitel 6.1.1, da hier die biologischen Reifungsprozesse im Jugendalter differenziert dargestellt werden. Es ist wichtig zu wissen, dass es viele Zwischenstufen gibt, die fließend sind. Kann ein Mensch keinem der beiden „binären" Geschlechter zugeordnet werden, spricht die Wissenschaft von „Intersexualität", „intersexuellen Menschen" oder auch dem „dritten Geschlecht" (vgl. *Schweizer/Vogler* 2018, S. 25 ff.).

> „Das wertvollste Ergebnis der Forschung auf homosexuellem Gebiet ist die Ermittlung, dass zwischen Mann und Weib in allen geistigen und körperlichen Punkten nur graduelle, quantitative Unterschiede bestehen, dass zwischen ihnen nach allen Richtungen Mischformen in auserordentlicher [sic] Mannigfaltigkeit vorkommen, an deren Grenzen, so paradox es klingen mag, Männer mit weiblichen und Frauen mit männlichen Geschlechtsteilen existieren. Die Natur ist eben auch hier von ihrem überall bestätigten Gesetz, dass sie nicht sprungweise, sondern übergangsweise arbeitet, nicht abgegangen" (*Hirschfeld* 1899, S. 4).

Sie wurde und wird manchmal noch pathologisiert (vgl. *Axster/Aebi* 2018, S. 71). Es ist auch darauf hinzuweisen, dass der Begriff der Intersexualität häufig mit einem „Mangel" oder „Unvollkommenheit" assoziiert wird, aufgrund seiner sexuellen „Abweichung" (vgl. *Klöppel* 2014, S. 105).

> „Nicht nur die zweigeschlechtliche Klassifikation, sondern die grundlegenden Denkmodelle der Biologie sind der Sozialwelt und dem jeweils zeitgenössischen Alltagswissen entnommen. Die Geschlechterdifferenz und mit ihr ggfs. historisch variable Geschlechterstereotype werden aus der Gesellschaft in die Wissenschaft und von der Wissenschaft in die Natur transferiert – nicht umgekehrt" (*Wetterer* 2010, S. 131).

Die Entscheidung des diensthabenden Arztes, der Ärztin oder der Eltern einem der beiden vermeintlich „binären" Geschlechter zugeteilt zu werden, geht oft mit medikamentöser Einstellung und Behandlung einhergeht, die für einige Eltern und später auch erwachsene Intersexuellen-Menschen als Genitalverstümmelung erlebt wird. Bis 2013 wurden Eltern zu einer Entscheidung gezwungen, da sie innerhalb einer Woche nach der Geburt das Geschlecht im Geburtenregister angeben mussten oder bestraft wurden (vgl. insg. *Ärztezeitung Online* 2019). Fällt die Entscheidung für das „falsche" Geschlecht, kann dies im weiteren Leben zu schweren psychischen Problem führen (vgl. *Fiedler* 2004, S. 160 ff.). Die Entscheidung, welchem Geschlecht sie sich zugehörig fühlen und welche ggf. körperlichen Anpassungen vorgenommen werden, soll von den intersexuellen Menschen selbst getroffen werden (vgl. *Fiedler* 2004, S. 139). In diesem Sinne wehren sich Betroffene gegen eine frühe Entscheidung.

Als weitere Dimension kann das *„soziale Geschlecht“* (Nr. 2) benannt werden. Aufgrund des Ursprungs, der im historischen, regionalen und kulturellen Kontext der Gesellschaft verortet ist, wird dies von den Autoren als *„kulturelles Geschlecht“* benannt (vgl. *Bergmann/Schössler/Schreck* 2012, S. 10). Es umfasst die jeweiligen „Verhaltensrepertoires, Kleidercodes, Mimik und Gestik, die ein Mann zum Mann und eine Frau zur Frau machen“ (*Bergmann/Schössler/Schreck* 2012, S. 10), den *„Geschlechtsausdruck“* (Nr. 2.1) und konstruiert sich täglich selbst von neuem (vgl. *Hartmann* 2004, S. 60 f.). Ein Mensch hat sowohl „maskuline“ als auch „feminine“ Anteile in unterschiedlicher Ausprägung. Das kulturelle Geschlecht geht vermeintlich aus der Geschlechtsidentität hervor und umgekehrt. Hieraus ergeben sich bestimmte soziale Erwartungen, wie sich Frauen und Männer verhalten sollen. Es besteht jedoch kein Kausalzusammenhang zwischen biologischem Geschlecht und Verhalten. Nach Judith Butler kommt hier die vielfältige Interpretation des Geschlechts zum Tragen (vgl. *Eckloff* 2012, S. 7 f.). Im kulturellen Geschlecht ist somit auch die Geschlechterrolle enthalten um beinhaltet das Konstrukt des sozialen Gefüges der binären Zuordnung (vgl. *Eckloff* 2012, S. 14). Das Konstrukt meint die sozialen Rollen und mit ihr verbundenen Verantwortlichkeiten, Privilegien, die wiederum mit einem Regelcodex einhergehen. Sie stellen die Verknüpfung und die Wechselbeziehung zwischen beiden Personen und deren Position dar (vgl. *Eckloff* 2012, S. 14).

> „Der Begriff Geschlechterrolle bezieht sich auf Verhaltensweisen, Einstellungen, Fähigkeiten, Interessen, Persönlichkeitseigenschaften und Aspekte des Körperbildes, die in einer Gesellschaft, abhängig von Kultur und geschlechtlicher Periode als weiblich oder männlich gelten, das heißt, die passender zu oder typischer für die weibliche oder männliche soziale Rolle sind“ (*Eckloff* 2012, S. 16).

Bewegt sich ein Mensch zwischen beiden binären Zuordnungen, des maskulinen und femininen, wird von „androgyn/Androgynität“ gesprochen (vgl. insg. *Arn* 2018).

Die Dimension der *„Geschlechtsidentität“* (Nr. 3) umfasst die emotionale Zugehörigkeit zu einem der binären Geschlechter (vgl. *Lindemann* 2011, S. 29). Miteinbezogen werden dabei sämtliche zugeschriebene Geschlechterrollenstereotype und Geschlechterrollenmerkmale als eigen definiertes Selbstkonzept (vgl. *Eckloff* 2012, S. 20). Die Ausprägung, wie stark sich eine Person in der *„Geschlechtlichkeit“* (Nr. 3.1) mit der „Weiblichkeit“ oder der „Männlichkeit“ identifiziert, ist individuell zu betrachten. Menschen, die sich ihrem biologischen und dem hieraus gesellschaftlich zugeschriebenen kulturellen Geschlecht zugehörig fühlen, werden als „Cisgender“ bezeichnet und beispielsweise als „cis*Frau“ oder „cis*Mann“ betitelt (vgl. *Leicht* 2015, S. 18). Stimmen biologisches und das damit einhergehend zugeschriebene kulturelle Geschlecht mit der Geschlechtsidentität nicht überein, wird der Fachterminus „Transgender“ benutzt und „biologische Frauen“ als „trans*Mann“ und „biologische Männer“ als „trans*Frauen“ bezeichnet (vgl. *Leicht* 2015, S. 18). Dabei muss verstanden werden, dass es im Kern um die Identitätsannahme der Geschlechter zu Mann und Frau geht, und all dem, was damit assoziiert wird und nicht allein um das körperliche (biologische) Geschlecht (vgl. *Lindemann* 2011, S. 29).

> „Wir alle sind Frauen oder Männer, indem wir den Eindruck erwecken, wir seien es. Wenn ich das Haus verlasse und einen Nachbarn Grüße, tue ich das, ohne darüber unbedingt nachdenken zu müssen, auf eine Weise, die für uns beide glaubhaft macht, eine Frau verlässt das Haus.
> In dieser Perspektive unterscheiden sich Transsexuelle von Nichttranssexuellen lediglich, weil die ersteren wissen, wie sehr sie damit beschäftigt sind, ihr Geschlecht darzustellen, während die Nichttranssexuellen das gleiche zumeist vollbringen, ohne weiter darüber nachzudenken. Aus diesem unbewussten Zustand sind Transsexuelle aufgewacht und haben sich das merkwürdige Ziel gesetzt, erst als das andere Geschlecht wieder einzuschlafen“ (*Lindemann* 2011, S. 19).

Sonst kommt es zu folgenden Fehlinterpretationen der Transidentität mit dessen Folgen:

> „[…] steht fassungslos vor transsexuellen Männern, d. h. Frau-zu-Mann-Transsexuellen, die etwa als feminine Schwule passiven Analverkehr vorziehen. Diese Art von Sexualität hätten sie auch ohne den Aufwand der Geschlechtsveränderung haben können, aber es geht gerade nicht darum, bloß etwas zu tun, sondern darum, etwas als jemand zu tun“ (*Lindemann* 2011, S. 18).

Menschen, die die Transition vollkommen abgeschlossen haben, legen manchmal die Bezeichnung trans* ab und identifizieren sich mit dem Cisgender (vgl. *Säfken 2008*, S. 8). Fühlen sich Menschen keinem der beiden binären Zuordnungen zugehörig bezeichnen sie sich selbst als „nichtbinär/nonbinär“ (vgl. *Queer Lexikon* 2019) oder „Transgender“ (vgl. *Göth/Kohn* 2014, S. 12).

Zu wem sich ein Mensch hingezogen fühlt, umfasst die Dimension der „*Anziehung/sexuellen Orientierung*“ (Nr. 4) (vgl. *Lautmann* 2002, S. 175). Wobei der Begriff „sexuelle Orientierung“ irreführend sein kann, da er suggerieren könnte, dass diese frei wählbar wäre, was nicht der Fall ist (vgl. *Landeshauptstadt München* 2016, S. 14). Die sexuelle Orientierung wird auf zwei Ebenen unterschieden. Zum einen im Sinne von „*Liebe*" (Nr. 4.1) und zum anderen der „*sexuellen Anziehungskraft/Attraktivität*" (Nr. 4.2) (vgl. *Göth/Kohn* 2014, S. 6 und *Plöderl* 2005, S. 7). Fühlt sich ein Mensch in Liebe zum anderen Geschlecht hingezogen, wird dieser als „Heterosexualität" bezeichnet (vgl. *Queer Lexikon* 2019). Kann sich ein Mensch in beide Geschlechter verlieben, wird dies als „Bisexualität" benannt (vgl. *Haeberle* 1994, S. 1). Fühlt sich ein Mensch auf romantischer Ebene zum gleichen Geschlecht angezogen, wird von „Homosexualität" gesprochen (vgl. *Sigusch* 2010, S. 3). Die Anziehungskraft kann an das biologische, das kulturelle Geschlecht oder die Geschlechtsidentität gekoppelt sein. Ausschlaggebend können dabei ein, zwei oder alle drei Merkmale sein (vgl. *Eckloff* 2012, S. 23). Kommt zur Komponente Liebe eine Aversion gegenüber sexuellem Verkehr hinzu, wird die Dimension um das Attribut der „Asexualtität" erweitert. Asexuelle Menschen fühlen sich nicht zu anderen Menschen sexuell hingezogen (vgl. *Gebauer* 2016). Findet ein Mann nur das gleiche Geschlecht sexuell interessant, ist dieser nicht schwul und wird im Fachterminus als „MSM" („Männer, die Sex mit Männern haben") bezeichnet (vgl. *WHO* 2015, S. 3). Hieraus kann abgeleitet werden, dass die Kategorie „schwul" bzw. Homosexuell mit einer Identitätsfindung einhergeht, wohingegen sich die rein sexuelle Komponente nur auf das Verhalten auswirkt. Für Frauen, die sich nicht als lesbisch identifizieren, gilt eine ähnliche Bezeichnung, die der „FSF" („Frauen, die Sex mit Frauen haben") (vgl. *Young/Meyer* 2005, S. 1).

Anzumerken ist, dass sich die sexuelle Orientierung bei allen Menschen entwickelt, egal welche anderen Identitätsmerkmale sie innehaben. Die Begrifflichkeiten stoßen bei der Beschreibung durch ihre Dichotomisierung an ihre Grenzen:

> „Mit dem Wissen über die herrschenden Normen und Werte ihrer Gesellschaft bezeichnen Personen ihre soziosexuelle Identität nicht unbedingt auf eine Art und Weise, die der Vielfalt ihrer Handlungen, Gedanken, Gefühle und Phantasien entspricht, sondern entscheiden sich für Identitätsbezeichnungen, die ihrem Selbstbild, ihrem Bedürfnis nach sozialer Anerkennung und Stabilität am nächsten kommt … der Einfluss gesellschaftlicher Normierungs- und Stigmatisierungsprozesse auf die Selbstbezeichnung mit einer Identität deutlich erfahrbar. Viele Menschen, die gleichgeschlechtliche Sexualität leben, lehnen aufgrund des herrschenden heterosexistischen sozialen Drucks die Übernahme einer lesbischen bzw. schwulen oder bisexuellen Identität für sich ab" (*Wolf* o.J., S. 1).

Menschen die sich zu allen der drei anderen Dimensionen der sexuellen Identität angezogen fühlen bzw. für die die sexuelle Identität irrelevant ist und sich verlieben können, werden als „pansexuell“ bezeichnet (vgl. *Schütze* 2013).

In den Fachtermini wird die Bezeichnung „queer“ für alle nicht-heteronormativen Menschen benutzt, die sich nicht in der sexuellen Identität kategorisieren lassen wollen. Wobei auch heterosexuelle Menschen in manchen Fachtermini unter queer subsumiert werden (vgl. *Perko* 2014, S. 7). Zusammenfassend kann gesagt werden, dass:

- Geschlechtsidentität, soziales Geschlecht und biologisches Geschlecht nicht dasselbe sind und unabhängig voneinander betrachtet werden müssen. Ebenfalls ist kulturelles Geschlecht nicht mit der sexuellen Orientierung gleichzusetzen (Nr. 5) (vgl. *Leicht* 2015, S. 18 f.).
- Es in ihren Ausprägungen es keine binären Zuordnungen gibt, die Übergänge sind fließend. Kein Mensch ist ausschließlich in einem Extrem zu verorten (vgl. *Leicht* 2015, S. 19). Dies wird im Schaubild durch die endpunktbasierten Skalen zum Ausdruck gebracht.
- Alle Facetten der sexuellen Identität sich gegenseitig beeinflussen (vgl. *Leicht* 2015, S. 19).
- Sich alle Facetten bis auf das biologische Geschlecht ein Leben lang verändern können (vgl. *Göth/Kohn* 2014, S. 7 und *Leicht* 2015, S. 19).

Die Ursachen von Normabweichungen in der sexuellen Identität sind unklar und völlig natürlich. Es kann auch diskutiert werden, was die „Norm“ ist und was „natürlich“. Der große wissenschaftliche Konsens ist, dass die sexuelle Identität eines Menschen, bis auf das genitale Geschlecht, nicht bewusst verändert/erzwungen/beeinflusst werden kann (vgl. *Lautmann* 2002, S. 175 ff.).

Ob und wie sich die vier Kernaspekte der sexuellen Identität eines Menschen gegenseitig beeinflussen untersuchte *Eckloff* (vgl. insg. 2012). Für seine Studie nahm er die Geschlechtsidentität als Ausgangslage und klammerte die biologische Komponente aus. Die Geschlechtsidentität wird dabei als fundamentales Konstrukt gesehen,

> „[…] mit Hilfe dessen schon früh in der kindlichen Entwicklung Erfahrungen und Erleben strukturiert und geordnet werden …, und dementsprechend wird in der Literatur zumeist auf die Geschlechtsidentität als Anker beziehungsweise Ausgangspunkt für die Definition der Geschlechtlichkeit einer Person Bezug genommen“ (*Eckloff* 2012, S. 33).

Zusammenfassend kam er zu den Ergebnissen, dass es keinen Zusammenhang zwischen Geschlechtsidentität und sexueller Orientierung gibt. Der Zusammenhang zwischen sexueller Orientierung und kulturellem Geschlecht stimmte weitestgehend mit vorherigen Studien überein. Unter der Berücksichtigung geschlechtsbezogener Eigenschaften, Verhalten und Körperbild wurde bei lesbischen Frauen tendenziell höhere maskuline und niedrigere feminine Anteile als bei konventionellen heterosexuellen Frauen festgestellt. Bei schwulen Männern ergab sich das Pendant zu lesbischen Frauen. Am stärksten war die Ausprägung in den Verhaltensmaßnahmen

Abbildung 2: Zusammenhänge der Dimensionen sexueller Identität

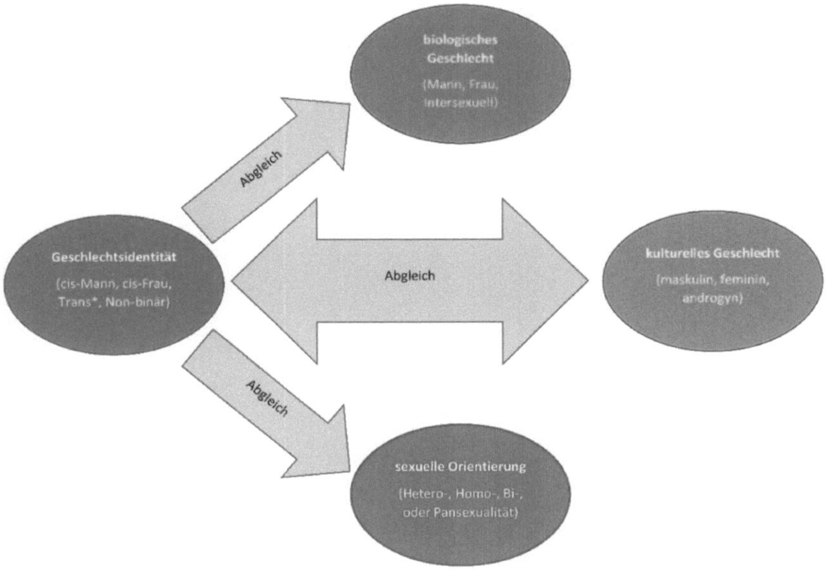

Aufgrund der Darlegung von Eckloff konnten seine Überlegungen in Abbildung 2 zusammengefasst werden

Von der Geschlechtsidentität als Ankerpunkt ausgehend, spielt das biologische Geschlecht nur eine Rolle, wenn es keine Übereinstimmung zwischen biologischem Geschlecht und Geschlechtsidentität gibt. Erst wenn der Abgleich nicht übereinstimmt findet ggf. eine Anpassung statt. Des Weiteren findet ein gegenseitiger Abgleich zwischen Geschlechtsidentität und kulturellem Geschlecht statt, aus dem sich beispielsweise die stereotypischen Verhaltensweisen ergeben.

Das kulturelle Geschlecht bildete sich evolutionshistorisch aus dem biologischen Geschlecht heraus, das in der heutigen Zeit eher eine untergeordnete

Rolle spielt, mit Ausnahme bei der Reproduktion. Im weiteren historischen Verlauf entwickelte sich das kulturelle Geschlecht, unabhängig vom biologischen Geschlecht, immer weiter wie z. B. in der Kleiderordnung, Berufsausübung, Familienrollen etc. Das biologische Geschlecht wird dabei nur noch als vermeintliche Argumentationsbegründung herangezogen, ohne wirklich von Bedeutung zu sein.

Die sexuelle Orientierung kann erst definiert werden, wenn sich die Geschlechtsidentität herausgebildet hat. Sie orientiert sich an dieser und kontrastiert sich durch den Abgleich mit dem kulturellen Geschlecht.

Wie dargelegt, ist die sexuelle Identität ein wichtiger Bestandteil der eigenen Identität. Sie bekommt vor allem in der Pubertät und Adoleszenz eine brisante Bedeutung. In welcher Form die einzelnen, dahinterliegenden Prozesse im Rahmen der Pubertät und Adoleszenz ablaufen und welche Bedeutung für die Sexualität des Menschen damit einhergeht, wird im folgenden Kapitel beschrieben.

6 „Sturm und Drang“ – Entwicklungspsychologische und sozialwissenschaftliche Grundlagen des Jugendalters und menschlicher Sexualität

Das Jugendalter im entwicklungspsychologischen Sinn meint das Zeitfenster beginnend mit ca. 10 Jahren und endend mit ca. 20 Jahren, gleichwohl für entwicklungspsychologische Betrachtungsweisen weniger die Zeitspanne als das Erleben und Verhalten im Vordergrund stehen (vgl. *Weichold/Silbereisen* 2018, S. 240). Diese Phase meint neben der biologischen Reifung, die auch unter dem Begriff „Pubertät“ subsumiert wird auch die sozial-gesellschaftliche Entwicklung, die der Begriff der „Adoleszenz“ beschreibt (vgl. *Weichold/Silbereisen* 2018, S. 240).

Zur Klärung der Bedeutung sexueller Orientierungen für die Soziale Arbeit mit Jugendlichen bedarf es einer Klärung, welche Prozesse in der Entwicklung von Kindern und Jugendlichen für die Sexualität von Relevanz sind. Die nachfolgenden Kapitel verdeutlichen daher, die wesentlichen Aspekte der (kindlichen) Entwicklung anhand ontologischer, phylogenetischer sowie kulturgenetischer Prozesse.

> „Unter Entwicklung [im Allgemeinen] versteht man in diesem Zusammenhang nachhaltige und nachhaltig wirkende psychologische [sowie physiologische] Veränderungen einer Person. [...] Diese Veränderungen können universell, differenziell und individuell sein“ (*Oerter* 2015, S. 364).

Die Ontogenese meint hierbei die individuellen Aspekte der Entwicklung, die anhand universeller Gesetzmäßigkeiten, kultureller Bedingungen sowie differentieller Aspekte analysiert werden können. Solche Gesetzmäßigkeiten können beispielsweise die Entstehung des Selbstbewusstseins, das Wachstum, oder die Ausbildung des Bindungsverhaltens sein. Diese Prozesse laufen für alle Menschen unabhängig von der jeweiligen Kultur in ähnlichen Zeitfenstern ab. Der Einfluss kultureller Faktoren, also die Enkulturation, hängt von Anforderungen ab, die in der jeweiligen Kultur auf Individuen wirken. Beispielhaft kann hier der Erwerb der Schriftsprache aufgeführt werden, die im Rahmen der Sozialisation erworben wird, wann die Kultur dies für adäquat hält. In Deutschland geschieht dies meist im Alter von sechs Jahren in der Grundschule bzw. im letzten Kindergartenjahr. In ländlich-afrikanischen Gegenden beispielsweise nimmt die Schriftsprache noch einen geringeren Stellenwert ein und wird daher in der Regel später oder auch gar nicht erworben. Durch den steigenden Einfluss industriell geprägter Länder verändert sich der Erwerb dieser Kompetenz jedoch. Die differenzielle Perspektive der Entwicklung bezieht sich auf bestehende Differenzen innerhalb kultureller Gruppen, also langsamere (Retardierung) oder beschleunigte (Akzeleration) Entwicklungsprozesse (vgl. *Oerter* 2015, S. 364 ff.).

Die Triade bestehend aus individueller Leistungsfähigkeit, soziokultureller Norm und individueller Zielsetzung wird in diesem Rahmen als Entwicklungsaufgabe bezeichnet. Der Begriff geht auf den Soziologen Havighurst zurück, der das Zusammenspiel aus individuellen und gesellschaftlichen Konstruktionen im Rahmen menschlicher Entwicklung näher untersuchte und hierbei den Lebenslauf als eine Abfolge von zu bewältigenden Aufgaben beschreibt (vgl. *Montada* 2018, S. 38). Aus sozialwissenschaftlicher Perspektive ist die Verwendung des Begriffes „Lebenslauf" allerdings irreführend, da es sich bei einem Lebenslauf um die äußeren, statischen Daten eines Lebens in ihrer zeitlichen Abfolge handelt. Treffender wäre hier die Formulierung der „Biografie", da hier neben den statischen Daten auch die Dimension der subjektiven Bedeutung mitgedacht wird (vgl. *Miethe* 2017, S. 13). Diese Aufgaben resultieren sowohl aus gesellschaftlichen Anforderungen als auch biologischen Reifungsprozessen, wie beispielsweise der Pubertät. Montada postuliert, dass die Bewältigung der Entwicklungsaufgaben von unterschiedlichen Faktoren beeinflusst wird. Diese gliedern sich in biologische (geistige und physische Gesundheit); soziale (bspw. Berufsaspirationen wichtiger Bezugspersonen); psychologische (bspw. Bildungsvoraussetzungen); gesellschaftliche, wie Diskriminierung und Marginalisierung als auch kulturelle Faktoren, wie die Relevanz beruflicher Erfolge (vgl. *Montada* 2018, S. 39). Neben den Entwicklungsaufgaben wird in der Literatur auch das Konzept der kritischen Lebensereignisse beschrieben, die sich plötzlich ereignen und primär nicht auf die Allgemeinheit übertragbar sind (vgl. *Montada* 2018, S. 36). Von besonderer Bedeutung im Hinblick auf die Relevanz der Anerkennung sexueller Orientierungen in der Sozialen Arbeit sind hier Krisen, die aufgrund sozialer Konflikte oder belastender Emotionen entstehen. Können Entwicklungsaufgaben oder kritische Lebensereignisse nicht bewältigt werden, kann sich eine Krise manifestieren (vgl. *Korittko* 2016, S. 28 ff.). Solche Krisenkonstellationen werden unter anderem in organismischen Modellen wie Freuds Modell der psychosexuellen Entwicklung oder Eriksons Modell der Persönlichkeitsentwicklung beschrieben. In transaktionalen Modellen der Entwicklung rücken neben individuellen biologischen Entwicklungsprozessen auch die jeweiligen Lebenskontexte und gesellschaftlichen Rahmenbedingungen in den Fokus der Krisenentstehung und Krisenbewältigung (vgl. *Montada* 2018, S. 37).

Da sich insgesamt aufzeigen lässt, dass eine eindimensionale disziplinäre Perspektive auf das Jugendalter nicht ausreicht um die komplexen Zusammenhänge zu erschließen spricht Lothar Böhnisch von der „Bewältigungslage Jugend“ (vgl. *Böhnisch* 2012, S. 138). Diese ist

> „[...] heute gekennzeichnet durch die Spannungen zwischen früher soziokultureller Selbstständigkeit und im Durchschnitt länger andauernder ökonomischer Abhängigkeit, zwischen der Offenheit und Verwehrung eigensinniger sozialräumlicher Aneignung und – im Hinblick auf die öffentliche Thematisierung der Jugendfrage – zwischen der Anerkennung als gesellschaftlicher Aktivposten und der Etikettierung als Risikogruppe“ (*Böhnisch* 2012, S. 138).

Ein Kernaspekt der Reifung und Entwicklung vom Kind zum Erwachsenen ist die Entdeckung der eigenen Sexualität. Daher werden im nächsten Kapitel die wesentlichen Grundlagen der menschlichen Sexualität sowie insbesondere die heutige Sicht auf die Jugendsexualität geschildert.

6.1 Grundlagen menschlicher Sexualität

Die menschliche Sexualität zeichnet sich im Gegensatz zu anderen Säugetieren durch Spezifika aus, die hinsichtlich der Bedeutung sexueller Orientierungen analysiert werden müssen. Der Prozess der Entwicklung der Sexualität wird in der Literatur als „Sexogenese“ beschrieben. Ausgangspunkt ist dabei ein Verständnis, das Sexualität als Disposition voraussetzt, die auf allen Altersstufen zu fördern und zu bewältigen ist (vgl. *Kluge* 2015, S. 71). Menschliche Sexualität ist hierbei durch gesellschaftliche Normen und individuelle Zwecke und Zielsetzungen gekennzeichnet, die das Sexualverhalten nachhaltig beeinflussen. Ankerpunkt neben den bereits benannten Einflüssen auch die sexuelle Motivation, die interner oder externer Natur sein kann. Interne Einflüsse manifestieren sich durch hormonale und neuronale Prozesse, wohingegen externe Einflüsse auf Mitmenschen und Medien zurückzuführen sind. Menschliche Sexualität erfüllt nach Kluge sowohl Selbst- als auch Fremdzwecke, wie den Erhalt eines Lustgewinns, die Befriedigung sexueller Bedürfnisse oder auch Eigenwerte, die vergleichbar mit musischen Aktivitäten sind. Eigen- und Fremdzwecke schließen sich hierbei nicht aus und können parallel zueinander die Sexualität begründen. „Das Sexuelle steht somit im Dienst handfester Aufgaben“ (*Kluge* 2015, S. 73).

Nachfolgend widmen sich die Autoren den Entwicklungsprozessen, welche die Sexualität des Menschen auf biologischer aber auch sozialer Ebene begründen.

6.1.1 Körperliche Reifung im Jugendalter

Da die Dimensionen der sexuellen Identität nicht völlig losgelöst voneinander betrachtet werden können, folgte nun ein kurzer Abriss über die biologischen Prozesse in und während der Pubertät. Im Sinne der Entwicklungspsychologie ist der Beginn des Jugendalters durch das Einsetzen der Pubertät gekennzeichnet. Die bis zu diesem Zeitpunkt gehemmten Gonadenhormone, die bisher nur die Funktion hatten, die geschlechtstypische Entwicklung des Fötus zu steuern, erwachen erneut und sorgen dafür, dass die Geschlechtshormone Östrogen und Testosteron in den Eierstöcken bzw. Hoden freigesetzt werden. Dieser Vorgang wird auch als „Gonadarche" bezeichnet (vgl. *Weichold/Silbereisen* 2018, S. 242). Durch die einsetzende Umstrukturierung des Gewebes wird auch die Hypophyse und der Hypophysenvorderlappen verstärkt angeregt, was zum vermehrten Ausstoß von Wachstums- und Schilddrüsenhormonen führt. Neben dem Körperwachstum und der Gewichtszunahme führen diese Prozesse auch dazu, dass die Organe im Körper wachsen, so verdoppelt das Herz während der Pubertät einmal seine Größe (vgl. *Weichold/Silbereisen* 2018, S. 243). Bei Jungen und Mädchen reifen in dieser Zeit die primären und sekundären Geschlechtsmerkmale – also das Wachstum von Penis, Hoden und Busen sowie das Einsetzen der Pubarche (Wachstum der Schambehaarung) und im späteren Verlauf bei Jungen die Spermarche respektive bei Mädchen die Mencharche. Spermarche, also der erste Samenerguss des Mannes als auch Menarche, also die Regelblutung der Frau, kennzeichnen das primäre Ziel der Pubertät: die Geschlechts- und Zeugungsreife (vgl. *Weichold/Silbereisen* 2018, S. 243). Innerhalb der letzten Jahrhunderte setzten diese Reifungsprozesse immer früher ein, „so lag z. B. das Menarchealter 1840 im Durchschnitt bei 17 Jahren und liegt heute im Median bei 12,5 Jahren" (*Weichold/Silbereisen* 2018, S. 243). Gründe hierfür sind nach Weichold und Silbereisen die Verbesserung allgemeiner Umweltbedingungen, eine kalorienreichere Ernährung sowie eine bessere medizinische und hygienische Versorgung (vgl. *Weichold/Silbereisen* 2018, S. 243). Die Autoren nehmen bewusst Abstand von einer Übersicht über die einzelnen Veränderungen in ihrer zeitlichen Abfolge, da diese je nach biopsychosozialen Einflussfaktoren stark differenzieren können und so eine Norm aufrechterhalten wird, die für Jugendliche mit erheblichen psychosozialen Folgen einhergehen kann. Die Zeit der Pubertät ist mit einer Vielzahl von unterschiedlichen Stressoren verbunden, die auf die Art und Weise der Bewältigung dieser Einfluss nehmen. So müssen Jugendliche den sich veränderten Körper zu akzeptieren lernen und sind einem enormen Gruppendruck durch Gleichaltrige aufgrund vorherrschender Schönheitsideale ausgesetzt. Aber auch weitere Entwicklungsaufgaben kumulieren im Jugendalter wie exemplarisch die Herausbildung einer Identität, der Bewältigung der Schulzeit und der Übergang ins Berufsleben. Ein Bereich der Entwicklungspsychologie, welcher eng mit der biologischen Reifung verbunden ist, ist die Entwicklung der Sexualität. Der bekannteste Ansatz ist auf Sigmund Freud zurückzuführen. Gleichzeitig wird dieser auch immer wieder kritisiert.

Der Ansatz sowie die kritische Auseinandersetzung werden im nächsten Kapitel aufgegriffen und näher beleuchtet.

6.1.2 Psychosexuelle Entwicklung in der Adoleszenz

Bei der Recherche zu theoretischen Erkenntnissen über die psychosexuelle Entwicklung von Kindern und Jugendlichen ist eine Auseinandersetzung mit Sigmund Freuds psychoanalytischer Sicht auf Sexualität kaum zu vermeiden. *Göppel* (vgl. 2019, S. 93 f.) postuliert allerdings, dass Freuds Ausführungen zur Sexualität des Jugendalters eher lückenhaft bzw. akzidentiell sind. Im Schwerpunkt formulierte Freud in seinen „Abhandlungen zur Sexualtheorie primär [Aspekte der] Umgestaltung der körperlichen Lustquellen und [der] libidinösen Objektbeziehungen während der Pubertät“ (*Göppel* 2019, S. 101). Freuds Theorie der psychosexuellen Entwicklung nutzt im Schwerpunkt die frühe Kindheit, respektive das Alter von 0 bis 6 Jahren als Ausgangspunkt seiner Überlegungen. Aus dieser Betrachtungsweise heraus verzichten die Autoren auf eine grundlegende Einführung der benannten Theorie, sondern flankieren diese an relevanten Stellen innerhalb der Argumentation.

Mertens (vgl. insg. 1994) teilt in seinen Abhandlungen über die psychosexuelle Entwicklung in und während der Adoleszenz die Phasen der Entwicklung in unterschiedliche Zeitspannen ein, um die jeweiligen Entwicklungsaufgaben zu formulieren. Grundlegend folg er hierbei der Annahme, dass die Adoleszenz für die psychosexuelle Entwicklung und die Ausbildung einer Geschlechtsidentität einen enorm hohen Stellenwert einnimmt.

> „Der Adoleszente wird mit dem Verlust des (weiblichen und männlichen) kindlichen Körpers angesichts des Wachstums und der Entwicklung sekundärer männlicher und weiblicher Geschlechtsmerkmale konfrontiert; Menstruation beim Mädchen und die Produktion von Samen beim Jungen sind aufwühlende Ereignisse, die das Körpererleben zutiefst betreffen und frühe körperliche Verlustängste aktivieren; und schließlich sieht sich der Jugendliche unweigerlich vor die Aufgabe

> gestellt, die (tendenzielle) Ablösung von seinen Eltern mit den tief verinnerlichten Beziehungsgefühlen und Identifikationslinien psychisch vorzunehmen und eine eigene (Geschlechts-)Identität zu entwickeln“ (*Mertens* 1994, S. 130 f.).

Besonders zur Erklärung der Entstehung sexueller Orientierung(en) kann die Freud’sche Theorie der Psychosexualität herangezogen werden, wenngleich diese Ergebnisse bis heute nicht empirisch untermauert werden konnten.

Die nachfolgenden Ausführungen versuchen daher, die Entstehung der sexuellen Orientierung multidisziplinär in ihrer Komplexität darzustellen. Psychoanalytische Perspektiven werden hierbei miteinbezogen.

6.1.3 Entwicklung der (homo-/bi-)sexuellen Orientierung

Bis heute konnte noch kein vollständiger signifikanter Beweis für die Entwicklung der (homo-/bi-) sexuellen Orientierung gefunden werden. Vielmehr zeichnet sich ein multifaktorielles Bild zur Entstehung dieser ab. Aufgrund dieser Komplexität geht die Wissenschaft derzeit von einem „polygenetisch determinierten Phänomen, vergleichbar mit [der] Intelligenz“ (*Hill* 2010, S. 47) aus. Unterschiedliche theoretische Strömungen aus unterschiedlichen Disziplinen versuchen diese Frage seit Jahrzehnten zu beantworten. Bei der Rezeption empirischer Studien zur Thematik fällt auf, dass diese in besonderer Art und Weise in ihrem zeitlich/historischen als auch persönlichen Kontext zu lesen sind. Insbesondere die biologisch/medizinisch orientierten Studien bis hin in die 1980er Jahre fallen durch ihre geschichtliche Färbung auf. Erst zu Beginn des 19. Jahrhunderts beschäftigte sich die Medizin und die Biologie mit der Frage der Entstehung homosexueller Orientierungen aufgrund natürlicher Veranlagungen. Bis dahin wurde – wegen des massiven kirchlichen Einflusses seit dem Mittelalter – weniger die Frage nach der Entstehung sexueller Orientierung, sondern die Frage, wer gleichgeschlechtliche Sexualität praktiziert, in den Fokus gerückt. Aus dieser Perspektive heraus wurden bis zur stärkeren Einflussnahme der Aufklärung, Rektaluntersuchungen zur Feststellungen penetrativen Analverkehrs durchgeführt. Insbesondere männliche Homosexualität wurde tabuisiert und strafrechtlich verfolgt. Weiblicher Sexualität wurde dagegen insgesamt durch die Kirche die Eigenständigkeit abgesprochen und diese negiert (vgl. *Voß* 2014, S. 349 f.). Erste detailliertere Auseinandersetzungen folgten Mitte des 19. Jahrhunderts aus biologisch-medizinischer Perspektive durch Karl Heinrich Gall. Er versuchte, eine biologische Argumentation wider die zunehmende Strafbarkeit der Homosexualität zu finden. Zugleich legte er mit dem „Urning bzw. (der) Urninde“[3] den Grundstein für eine rein „naturgegebene“ biologische Betrachtungsweise. Auch die verstärkt aufkommende Psychiatrie baute auf die bestehenden Theorien auf, kam aber zu dem Schluss, dass gleichgeschlechtliche Sexualität etwas Problematisches sei, was mit der Theorie der „konstitutionellen Bisexualität“ und der daran anschließenden Entwicklung der Heterosexualität (*Voß* 2014, S. 351) erklärt wurde. Gegen Ende des 19. Jahrhunderts rückten dann die Keimdrüsen bzw. Chromosomen in den Fokus der Forschung und die Suche nach einem Gen, das Homosexualität begründet, wurde intensiviert. Während der Zeit der NS-Diktatur wurde fast ausschließlich die Durchsetzung einer binären heteronormativen Geschlechterstruktur verfolgt, welche die sexuelle Orientierung aus dem Fokus der Wissenschaft rückte.

> „Stattdessen wurde dominant argumentiert, dass Homosexualität erworben sei, und darauf orientiert, Jugendliche vor homosexuellen Männern zu schützen und homosexuelle Männer ‚umzuerziehen‘ “ (*Voß* 2014, S. 357).

Nach dem zweiten Weltkrieg befasste sich die Forschung erneut mit der Frage, ob eine gleichgeschlechtliche Orientierung einen erblichen Ursprung aufweist. Diese Annahme war zwar in den Anfängen je nach Forscher*in antifeministisch geprägt, legte jedoch bis heute den Grundstein für die Epigenetik im Bereich der Entstehung sexueller Orientierung, auch aus heutiger queer-feministischer Perspektive. Die nun weiterführenden geschichtlichen Etappen der Erforschung der sexuellen Orientierung würden den Umfang dieser Arbeit bei weitem sprengen. Allerdings muss darauf hingewiesen werden, dass die Vielzahl unterschiedlicher theoretisch-medizinischer Strömungen zum Teil menschenverachtende Methoden (insbesondere in den 1950er und 1960er Jahren) förderte und forderte (vgl. *Voß* 2014, S. 360 ff.). Insgesamt wiedersprechen sich die neurobiologischen und genetischen Forschungen zur Entstehung der Homosexualität je nach Autor und Ausrichtung der Studie, grundsätzlich wird in der heutigen Zeit von einer natürlichen Veranlagung gesprochen wird, Homosexualität ist nichts Normabweichendes, sondern als naturgegeben anzusehen. In Geschwister- und Zwillingsstudien wurden erste Belege für eine genetische Disposition gefunden, jedoch konnten diese noch nicht genauer lokalisiert werden (vgl. *Hill* 2010, S. 47).

> „Damit lässt sich evolutionsbiologisch gleichgeschlechtliches sexuelles Tun als selbstverständlicher Bestandteil sozialer Interaktion verstehen, dass immer Be-

---

3 Ulrichs prägte für homosexuelle Orientierungen die Begriffe Urning für Männer, Urnine für Frauen, Dioning und Dionide für jeweils gegengeschlechtliches Begehren.

> standteil menschlichen Zusammenlebens war und ist- und erst mit dem Christentum und schließlich insbesondere mit der europäischen Moderne besondere Aufmerksamkeit und Problematisierung erfuhr (und erfährt)" (*Voß* 2014, S. 365 f.).

Neben epigenetischen Befunden postulierte *Hirschfeld* (vgl. insg. 1914), dass die Androgen-Einwirkung während der Schwangerschaft eine Auswirkung auf eine spätere nicht-heterosexuelle Orientierung haben kann. In einer Studie konnte er aufzeigen, dass eine unausgewogene Ausschüttung der Geschlechtshormone aufgrund von Medikamenten ausschlaggebend dafür sein kann, dass schwule Männer femininer und lesbische Frauen maskuliner als ihr jeweils heterosexuelles Pendant sind. Dieser Einfluss konnte während der Schwangerschaft zwar signifikant nachgewiesen werden, im Erwachsenenalter jedoch nicht mehr.

Neben diesen biologischen Faktoren wiesen *Bell* und Mitarbeiter*innen (vgl. insg. 1981) nach, dass geschlechterrollenatypisches Verhalten von prä-homosexuellen Individuen einen signifikanten Zusammenhang mit einer späteren homosexuellen Orientierung aufweist. Dies wurde später durch *Bailey/Zucker* (vgl. insg. 1995) gestützt.

Aus psychologischer Perspektive kann insbesondere das psychoanalytische Modell nach Freud aufgeführt werden. Dieser ging von einer „prinzipiellen Befähigung aller Menschen zu einer gleichgeschlechtlichen „Objektwahl" (Partnerwahl)" (*Hill* 2010, S. 43) aus. Freuds Darstellungen beschränkten sich primär auf männliche Jugendliche. Somit gab er an, dass eine Mutter-Sohn-Symbiose zu einer späteren Ausprägung der gleichgeschlechtlichen Sexualität führe. Für diese These konnten bis heute keine ausreichenden empirischen Belege gefunden werden. Empirisch nachgewiesen wurde jedoch der „Ältere-Brüder-Effekt". Dieser besagt, dass die Wahrscheinlichkeit ein homosexuelles Kind zu gebären mit der Anzahl der vorhergehenden Geburten und dem Alter der Mutter steigt. Die Korrelation des Alter der Mutter mit der Homosexualität des Sohnes wurde signifikant. Dies kann sowohl als Hinweis auf den Einfluss einer veränderten Mutter-Sohn-Beziehung als auch auf epigenetische Faktoren gewertet werden. Grundsätzlich steigt bei mehr Geburten automatisch auch die Wahrscheinlichkeit, dass ein Kind nicht-heterosexuell ist.

Aus kognitiv-behavioraler Sicht wurde insbesondere ein Zusammenhang zwischen Modelllernen durch homosexuelle Eltern und einer homosexuellen Entwicklung untersucht. Kinder, die bei homosexuellen Eltern leben, werden nicht selbst homosexuell, zeigen allerdings eine größere Toleranz gegenüber Minoritäten sowie eine geringere Geschlechterrollentypisierung (vgl. *Hill* 2010, S. 43 f.).

> „Ein – wie auch immer – biologisch verankertes homosexuelles Begehren richtet sich zunächst auf die primäre männliche Bezugsperson, i. d. R. also auf den Vater. Der (prä-) homosexuelle Sohn entwickelt ein Geschlechterrollenatypisches, feminines Verhalten, um den (in der Regel) heterosexuellen Vater im Sinne der ödipalen Entwicklung ‚zu verführen'. Der Vater (und oft ein Großteil der Umwelt) reagieren darauf mit Ablehnung oder zumindest Distanzierung; zudem tritt der Junge in Rivalität mit der Mutter. Aus dieser Konstellation resultiert ein oft tiefgreifendes Gefühl des Andersseins – im Vergleich zu anderen Jungen bzw. Männern" (*Hill* 2010, S. 48).

Ein ähnliches Modell wurde von *Bem* (vgl. insg. 1996) mit dem „Exotic-becomes-Erotic" Konzept vorgelegt. Bem stellte die These auf, dass biologische Faktoren die Grundlage für ein bestimmtes kindliches Temperament bilden, dass zu einer Geschlechts-Nonkonformität führt. Dies hat zur Folge, dass sich das Kind fremd, also exotisch gegenüber gleichgeschlechtlichen Peers fühlt, was eine nicht spezifische Erregung gegenüber diesen auslöst. Diese Erregung löst später dann sexuell-erotische Gefühle für das gleiche Geschlecht aus (vgl. *Hill* 2010, S. 48 f. und insg. *Bem* 1996).

Nicht zuletzt hat sich seit den 1970er Jahren die Einstellung der Gesellschaft, gegenüber nicht-heterosexuellen Lebensweisen verändert, was zu einer höheren Selbst-Akzeptanz der Menschen führt. Diese wirkt sich positiv auf das psychische Wohlbefinden aus und sorgt dafür, dass sich sexuelle Minderheiten offener zeigen können und somit auch bewusster durch die Umwelt wahrgenommen werden (vgl. *Hill* 2010, S. 48 f.). In einer Befragung von *Herek* (vgl. insg. 2002) gaben die Probanden als vermutete Begründung für die eigene Homosexualität an, dass dies ein selbst gewählter Lebensstil sei, welcher keine biologische oder psychologische Ursache hätte (vgl. insg. auch *Steffens/Wagner*, 2009).

Wie lsb Jugendliche ihre Sexualität heute leben und wie sich dies im Gegensatz zu heterosexuellen Jugendlichen gestaltet, ist der Kerninhalt des nächsten Kapitels.

6.2 Jugendsexualität heute

Jugendliche sind heute deutlich früher sexuell aktiv, als dies noch in der vergangenen Generation üblich war. Sielert postuliert in diesem Zusammenhang, dass sexuell aktive Jugendliche zur Normalität in der deutschen Gesellschaft geworden sind (vgl. *Sielert* 2015, S. 118). Dies lässt sich durch gesellschaftliche Liberalisierung aber auch durch die zunehmend früher einsetzende Reifung der Jugendlichen erklären. Dies bestätigt die Steigerung des prozentualen Anteiles der 14 bis 17-Jährigen, die ihren ersten heterosexuellen Geschlechtsverkehr bereits erlebten hatten, im Vergleich von 1980 zu heute bei Mädchen um 9%, bei Jungen um 13% (vgl. *Bode/Heßling* 2015, S. 112). Somit bewegt sich der Gesamtanteil bei Mädchen heute auf 34% und bei Jungen auf 28%. Gleichzeitig ist im Langzeittrend jedoch ein Rückgang der ersten Erfahrungen in dieser Altersspanne zu verzeichnen, was mit der anfänglich eintretenden Normalisierung, die sich nun immer stärker manifestiert, erklären lässt (vgl. *Sielert* 2015, S. 118). Gleichgeschlechtliche Erfahrungen sind bei den 14 bis 15-Jährigen relativ gering ausgeprägt, bei Mädchen liegen diese bei 7%, bei Jungen bei 4%. Diese Prozentwerte steigern sich jedoch bei zunehmendem Alter bis hin zur Gruppe der 21 bis 25-Jährigen, bei denen die Werte bei Mädchen bei 14% und, bei Jungen bei 12% liegen. Dies ist jedoch kein Indikator für die sexuelle Orientierung, sondern kennzeichnend für die sexuelle Selbstfindung und Identitätsbildung (vgl. *Bode/Heßling* 2015, S. 116 f.). Die Verteilung sexueller Orientierungen in einer bevölkerungsrepräsentativen Umfrage postuliert, dass sich insgesamt 2% der weiblichen Jugendlichen und jungen Erwachsenen als homosexuell orientiert definieren[4], 5% als bisexuell und 1% als nicht näher definiert. Bei den männlichen Jugendlichen und jungen Erwachsenen in der gleichen Altersgruppe definieren sich 4% als homosexuell, 2% als bisexuell und ebenfalls 1% als nicht näher definiert. An dieser Stelle fällt auf, dass der prozentuale Anteil der Menschen, die eine gleichgeschlechtliche Orientierung angeben, mit dem Alter steigt. Dies kann aus Sicht der Autoren auf die sich im Alter gefestigtere Identität zurückführen lassen. Eine besondere Relevanz für die Soziale Arbeit lässt sich hierbei damit begründen, dass es in der Praxis womöglich häufiger Jugendliche gibt, welche als nicht-heterosexuell gesehen werden, sich jedoch später outen und somit ggf. Problembereiche nicht beachtet werden. In der Gruppe der 21 bis 25-Jährigen definieren sich 3% der jungen Frauen und 5% der jungen Männer als homosexuell und 6% der jungen Frauen und 2% der jungen Männer als bisexuell (vgl. *Bode/Heßling* 2015, S. 118). Jeweils die Hälfte der Stichprobe, die angab homo- oder bisexuell orientiert zu sein, gaben auch an in den letzten 12 Monaten intime körperliche Kontakte zum gleichen Geschlecht gehabt zu haben. Bei 89% bzw. 87% der über 18–Jährigen reichten diese Kontakte über Küssen und Schmusen hinaus bis hin zu Geschlechtsverkehr (vgl. *Bode/Heßling 2015,* S. 119).

4 Wie in der Problemstellung dargelegt, kann von mindestens 7,4% lsbttiq Menschen in allen Altersgruppen ausgegangen werden, d. h. dass die restlichen 5,4% der Jugendlichen sich selbst als schwul, bisexuell, trans*, inter* oder queer definieren, wobei die Zahl an schwulen und bisexuellen Jugendlichen ähnlich groß, wie die Zahl der lesbischen Jugendlichen ist.

Die Relevanz der Sexualität steigt im Rahmen fester Partner*innenschaften, wobei diese noch nicht die vollständigen Funktionen wie bei Erwachsenen einnehmen, vielmehr können sie als „Übungsfeld zum Erwerb von Beziehungskompetenzen und sexuellem Lernen" (*Sielert* 2015, S. 119) gesehen werden. Als besonders relevant für die ersten sexuellen Erfahrungen ist für Jugendliche das Erleben von Sicherheit und Vertrauen, wie es in sukzessiv monogamen Beziehungen von Jugendlichen erfahrbar wird. Hierbei muss jedoch aufgeführt werden, dass der Großteil (männlicher) homo- und bisexueller Jugendlicher die ersten sexuellen Erfahrungen meist außerhalb fester Partner*innenschaften erlebt (vgl. *Höblich/Kellermann* 2019, S. 104) und daher in ihrem Sicherheits- und Vertrauenserleben Einschränkungen erfährt. Die Forschung hat sich bis dato primär mit heterosexuellen Jugendbeziehungen auseinandergesetzt, weswegen nicht auf vielfältige empirische Befunde zurückgegriffen werden kann (vgl. *Weichold/Silbereisen* 2018, S. 255). Ziemlich sicher kann jedoch ausgesagt werden, dass die Gründe für die unterschiedlichen Verläufe hetero- und homosexueller Partner*innenschaften im Jugendalter in der immer noch währenden Diskriminierung und Verbindung mit negativen Stereotypen liegen (vgl. *Weichold/Silbereisen* 2018, S. 255). Ein weiterer Grund ist die verhältnismäßig kleine Auswahl an potenziellen Partner*innen, insbesondere in ländlichen Gegenden. Eine tiefe Bindung kann jedoch auch Druck auf die Jugendlichen ausüben, beim „ersten Mal" alles perfekt zu erleben.

Für die Jugendsexualität allgemein kann konstatiert werden, dass Jugendliche heute aufgrund steigender Aufklärungsangebote deutlich verantwortlicher und reflektierter mit ihrer Sexualität umgehen und die damit einhergehende Entwicklungsaufgabe adäquater bewältigen können. Wird jedoch Aufklärung unterbunden, kann Unwissenheit und stereotypisiertes verstärkt werden, was in der Folge zu Diskriminierung und Mobbing führen kann. Somit kann sich aus der Entwicklungsaufgabe schnell eine Entwicklungskrise entwickeln (vgl. insg. *Neubauer* 2015).

Die Entwicklung der Identität als spezifische Entwicklungsaufgabe wird nun näher umschrieben.

6.3 Identität und Persönlichkeit als spezifische Entwicklungsaufgabe

Das Jugendalter als Lebensphase ist von besonderer Bedeutung für die Entwicklung der Identität bzw. des Selbst. Sowohl Havighurst (1952) als auch beispielsweise Göppel formulierten neben anderen Theoretikern die Entwicklung der eigenen Identität als eine der zentralen Entwicklungsaufgaben dieses Lebensalters (vgl. *Göppel* 2019, S. 260 ff.). Der Begriff „Identität“ wurde verstärkt durch motivationspsychologische und soziologische Theorieansätze geprägt, wohingegen das „Selbst“ „häufiger in Theorien genutzt wird, die strukturelle Aspekte des Selbst oder kognitiver Prozesse der Verarbeitung selbstbezogener Daten betonen“ (*Hannover/Wolter/Zander* 2018, S. 238). Begriffstheoretisch beschreibt das Selbst hierbei die einzigartige Fähigkeit des Menschen, während seiner Ontogenese ein Bewusstsein der eigenen Existenz zu erlangen. Dies ist die Grundlage für die Entstehung von Vorstellungen und Konzepten über die eigene Person, die sich während des gesamten Lebens erweitern. Diese wiederum beruhen auf Selbstbeobachtungen, Wahrnehmungen aber auch Rückmeldungen anderer (Fremdwahrnehmung). Die Identität als oftmals synonym verwendete Bezeichnung, meint aber auch die Fähigkeiten, eigene besondere Eigenschaften zu bewerten. *Hannover/Wolter/Zander* führen hier das Beispiel der Haarfarbe an, die für bestimmte Personen besondere Relevanz hat, etwa wenn diese mit bestimmten Stereotypen verbunden ist wie beispielsweise bei blonden oder rothaarigen Menschen (vgl. *Hannover/Wolter/Zander* 2018, S. 237). Identität beschreibt ferner auch die Möglichkeit, eine Wahl hinsichtlich des Verhaltens oder Zukunftsplänen zu haben, und diese auch nach aktiver Auseinandersetzung zu treffen, wenn dies einen Einfluss auf die Selbstdefinition des Menschen hat (vgl. *Hannover/Wolter/Zander* 2018, S. 237). Beispielsweise die Wahl zu Heiraten oder nicht, wenn Ehe eine Relevanz in der Selbstdefinition eines Menschen spielt.

Die besondere Bedeutung der Identitätsbildung in und während der Jugendphase ist eng verwoben mit der körperlichen Veränderung in dieser Zeit, die in das Selbstbild des Menschen integriert werden muss. Aber auch der Beginn der sexuellen Aktivität, die in der Gründung einer eigenen Familie münden kann, kennzeichnet diese Lebensphase.

> „Charakteristisch für die […] Identitätsarbeit im Jugendalter ist eine aktive Konstruktion einer idosynkratischen Identität. Dazu gehört die Auseinandersatzung mit der Frage, wer oder was man selbst sein oder nicht sein möchte, und dabei insbesondere die Selbstkategorisierung und Identifikation als Mitglied bestimmter sozialer Gruppen“ (*Hannover/Walter/Zander* 2018, S. 239).

Von besonderer Bedeutung hierbei sind die Werte und Normen, die ein Mensch in seinem Leben erfährt und als handlungsleitend akzeptiert. Für diese Entwicklung ist es ebenso typisch, dass die sozialen Kontexte, in denen Erfahrungen gemacht werden, aufgrund selektiver Suche und Verarbeitung immer stärker selbst gestaltet werden. Vor allem im Vergleich zum Kindesalter, in dem die Erziehungsberechtigten primär für diese Aufgaben zuständig sind. Hierdurch gewinnt die Gruppe der Gleichaltrigen, der Peers, die einen maßgeblichen Einfluss auf die individuelle Entwicklung nimmt, immer mehr an Bedeutung (vgl. *Hannover/Wolter/Zander*, S. 240). Im Rahmen entwicklungspsychologischer Theoriebefunde hat erstmals Erikson auf diese Lebensphase als eigenständige Entwicklungsaufgabe aufmerksam gemacht. Er beschreibt, dass diese Phase durch einen Konflikt zwischen Identität und Identitätsdiffusion geprägt ist, dessen Bewältigung die Lösung der Entwicklungsaufgabe darstellt (vgl. *Göppel* 2019, S. 114 f.).

Die sexuelle Orientierung als Teil der Identität eines Menschen entwickelt sich nach der Geschlechtsidentität, welche lebenslang erhalten bleibt, sich aber in ihrer Selbstdefinition verändern kann (Trans*identität).

> „Dies bedeutet z. B., dass eine homosexuell orientierte junge Frau sich mit der gleichen subjektiven Gewissheit und Eindeutigkeit als zum weiblichen Geschlecht gehörig definiert, wie eine junge Frau mit heterosexueller Orientierung“ (*Hannover/Walter/Zander* 2018, S. 248).

Jugendliche, die ihre heterosexuelle Identität hinterfragen, schreiben sich weniger geschlechtsstereotype Verhaltensweisen zu als Jugendliche, die sich sicher als heterosexuell definieren (vgl. insg. *Carver/Egan/Perry* 2004). Empirisch belegt ist, dass Mädchen ihrer Geschlechtsidentität eine höhere Bedeutung zumessen als dies Jungen tun. Ein Grund hierfür liegt im sozialen Status der Frauen der insgesamt niedriger ist als bei Männern (vgl. *Hannover/Walter/Zander* 2018, S. 247) Insgesamt kann postuliert werden, dass heterosexuelle und homo- bzw. bisexuelle Jugendliche in ihrer geschlechtlichen Selbstdefinition gleich gefestigt sind, homo- bzw. bisexuelle Jugendliche allerdings weniger in Geschlechterstereotype ihres phänotypischen Geschlechts verfallen (vgl. *Hannover/Walter/Zander* 2018, S. 248). Durch die zahlreichen Einflussfaktoren, welche die Identitätsbildung nachhaltig verändern, konnte aufgezeigt werden, dass insbesondere nicht-heterosexuelle Jugendliche stärker mit der Bildung ihrer Identität beschäftigt und gefährdeter sind, eine negative Identität auszubilden als heterosexuelle Jugendliche.

Wie diese im weiteren Entwicklungsverlauf von Heranwachsenden zu verorten ist, wird im folgenden Kapitel dargelegt.

6.4 Entwicklungsspezifika im jungen Erwachsenenalter

Während im Jugendalter rasante Entwicklungen und Prozesse der körperlichen Reifung vollzogen werden, ist das Erwachsenenalter stärker durch Multidirektionalität gekennzeichnet. Eine klare Alterszuordnung, ab wann das junge Erwachsenenalter beginnt und wann es endet, ist aus biologischer Perspektive nicht vorgegeben (vgl. *Freund/Nikitin* 2018, S. 266). Primär treten hier soziale und psychologische Veränderungen in den Vordergrund bzw. zeigen sich im Erwachsenenalter erste biologische Abbauprozesse (vgl. *Freund/Nikitin* 2018, S. 266). Im Bereich der Entwicklungspsychologie ist das junge Erwachsenenalter noch nicht umfassend beforscht, empirische Studien und Theorien „zu dieser Lebensphase [sind] eher spärlich [zu finden]" (*Freund/Nikitin* 2018, S. 266). Auffallend ist jedoch, dass junge Menschen in dieser Lebensphase trotz vermeintlicher Autonomie in Lebensführung und Lebensbewältigung immer mehr Unterstützungsleistungen benötigen. Diese liegen näher an den Leistungen für Jugendliche, als an den Leistungen für Erwachsene (vgl. *Böhnisch* 2012, S. 192). Sozialpädagogisch und aus juristischer Perspektive, wie etwa im SGB VIII postuliert, werden junge Erwachsene also am Ende der Jugendphase und nicht am Anfang der Erwachsenenphase betrachtet. Zentrale Entwicklungsthemen in dieser Lebensphase sind nun nicht mehr die Akzeptanz der körperlichen Veränderung, die Ausbildung einer eigenen Identität oder das Eingehen erster fester Beziehungen. Vielmehr stehen nun die Lebensbereiche Beruf und Familie im Fokus der Entwicklung (vgl. *Freund/Nikitin* 2018, S. 267). Havighurst formulierte hierzu in einem Konzept der Entwicklungsaufgaben einzelne Kernbereiche, die aus seiner Perspektive zentral für das junge Erwachsenenalter stehen. Hierunter fallen unter anderem die Suche und das Finden eine*r Lebenspartner*in sowie die Gestaltung und Bewältigung des gemeinsamen Lebens, aber auch Kinder aufzuziehen und einen gemeinsamen Freundeskreis aufzubauen, sind nach diesem Modell vornehmliche Aufgaben. Ein Großteil der jungen Erwachsenen steht vor dem Scheideweg zwischen traditionellen (Familien-) Mustern oder individualisierten Lebenswegen (vgl. *Böhnisch* 2012, S. 192).

Aufgrund der ohnehin im Vergleich zu heterosexuellen Jugendlichen gefährdeteren Entwicklung kann vermutet werden, dass sich dies auch auf die Bewältigung individueller Entwicklungsaufgaben auswirkt. So ist es für lsb Personen deutlich schwieriger die Aufgabe des Kinderwunsches zu bewältigen, da die Zugangsvoraussetzungen für eine Elternschaft deutlich erschwerter sind. Für junge lsbt Erwachsene stehen oft die weitere Bewältigung gesellschaftlicher Restriktionen sowie das nun erstmals kaum eingeschränkte Ausleben der eigenen Homo- bzw. Bisexualität im Vordergrund. Dies lässt sich insofern erklären, als dass ein Großteil des öffentlichen queeren Lebens in der Szene stattfindet, die häufig erst mit Vollendung der Volljährigkeit geöffnet wird. Mit öffentlicher Szene sind hier keine Angebote freier Träger der Jugendhilfe gemeint, wie beispielsweise queere Jugendgruppen oder ähnliches. Heterosexuelle junge Menschen erhalten häufig auch vor der Vollendung des

18. Lebensjahres Möglichkeiten, das „andere Geschlecht" kennenzulernen bspw. auf Festen, privaten Feiern, Kirmes. Lsb Jugendlichen bleibt die Möglichkeit, in einem solchen Rahmen auf Gleichgesinnte zu treffen, mangels Sichtbarkeit und geringerer Anzahl jedoch häufig verwehrt.

Freund und *Nikitin* (vgl. 2018, S. 270) verweisen weiter darauf, dass insbesondere das junge Erwachsenenalter als eine wichtige Lebensphase für die Weichenstellung hinsichtlich der Bewältigung der Entwicklungsaufgaben Beruf und Familie darstellt.

Als allgemein stabilisierende Faktoren rücken soziale Beziehungen neben der Familie als „sicherer Hafen" in den Vordergrund des jungen Erwachsenenalters. Diese sind eng mit dem individuellen Familienstatus verknüpft und variieren dadurch in ihrer Relevanz. Junge Erwachsenen suchen hierzu oftmals soziale Räume auf, in denen schwerpunktmäßig Jugendliche verkehren, da sie sich hier eine Befriedigung sozialer und kultureller Bedürfnisse erhoffen (vgl. *Böhnisch* 2012, S. 194 f.).

Berufliche Anforderungen im jungen Erwachsenenalter gehen daneben oftmals mit prekären Lebenssituationen einher. „Ungefähr die Hälfte der 18 bis 25-Jährigen in den west- und mitteleuropäischen Gesellschaften befindet sich noch oder wieder in Ausbildung und Umschulung oder hat noch keine feste Arbeit" (*Böhnisch* 2012, S. 192). Es ist ein Wandel von einer Übergangs- und Familiengründungsphase hin zu einer offenen Lebensphase zu beobachten, die in Folge eine ökonomische Unselbstständigkeit und gleichzeitig soziokulturelle Selbstständigkeit mit sich bringt (vgl. *Böhnisch* 2012, S. 192). In Verbindung mit der Arbeitsmarktsituation lesbischer, schwuler und bisexueller junger Menschen zeigt sich hierbei ein massiver Handlungsbedarf. *Frohn/Meinhold/Schmidt* (vgl. 2017, S. 63) ermittelten in einer Studie, dass auch heute noch ca. 25% aller schwulen, lesbischen und bisexuellen Arbeitnehmer*innen Diskriminierung am Arbeitsplatz erfahren. Besonders Personen der Altersgruppe 16 bis 27 Jahre gaben an, an ihrem Arbeitsplatz weniger offen über ihre sexuelle Identität sprechen zu können als ältere Arbeitnehmer*innen (vgl. *Frohn/Meinhold/Schmidt* 2017, S. 38).

Aus dieser Perspektive betrachtet kommt dem Coming-out im jungen Erwachsenenalter eine große Bedeutung zu. Bevor sich die Autoren diesem widmen, werden die Einflussfaktoren dargelegt, die auf die lsb Menschen einwirken, um die permanenten Belastungen besser zu verstehen und im weiteren Verlauf gedanklich berücksichtigt zu können.

7 „Bin ich anders?“ – Einflussfaktoren auf die Identitätsbildung

Die Entwicklungsaufgaben in der Pubertät und Adoleszenz stellen junge Heranwachsende, wie dargelegt, vor besondere Herausforderungen. Bei einer nicht-heterosexuellen Orientierung wirken auf diese Personengruppe besondere Belastungen von außen ein. Das folgende Kapitel forciert vier unterschiedliche theoretische Zugänge zur Erklärung dieser Belastungen. Diese bauen in ihrer Argumentationskette aufeinander auf und gehen von einer allgemeingültigen Perspektive der Gesellschaft auf den Fokus der einzelnen belasteten Person über. Resultierend aus diesen sozialwissenschaftlichen Perspektiven wird dann die Folge der inneren Abwertung, die internalisierte Homonegativität, ausgeführt und beschrieben.

7.1 Gruppenbezogene Menschenfeindlichkeit

Ob vor oder während des Nationalsozialismus aber auch in der heutigen Zeit hat die Gruppenbezogene Menschenfeindlichkeit (GMF) nie an ihrer Brisanz verloren. In derzeitigen politischen Debatten werden wiederholt polemisierte Feindbilder geschaffen, die polarisieren sollen, um politische Lager weiter zu spalten und Wähler zu mobilisieren. Sie werden so instrumentalisiert.

Die Bekämpfung direkter und offener Abwertung von Gruppen stellt schon eine Schwierigkeit dar, ist aber im Vergleich zur unterschwelligen, subtilen und indirekten Abwertung eher einfach zu meistern. Die Demokratie wird durch die GMF untergraben, indem sie versucht soziale, politische und ökonomische Ungleichheit zu akzentuieren und hervorzuheben, um eine Gruppenzugehörigkeit zu konstruieren (vgl. *Küpper* 2016, S. 21):

> „Die humane Qualität einer Gesellschaft erkennt man nicht an Ethikdebatten in Feuilletons meinungsbildender Printmedien oder in Talkshows, sondern am Umgang mit schwachen Gruppen“ (*Heitmeyer* 2005, S. 5).

Das Konzept der Gruppenbezogenen Menschenfeindlichkeit zeigt Phänomene auf, versucht sie zu erklären und behält deren zeitlichen Veränderungen in einem gesellschaftskritischen Blick. Sie wirft immer wieder die zentrale Frage auf, wie alle Menschen, egal mit welchen Diversitätsmerkmalen, in einer Gesellschaft friedlich zusammenleben und Anerkennung erfahren sowie, Feindseligkeiten abgebaut werden können (vgl. *Heitmeyer* 2005, S. 5). Sie ist somit zeitlich und kontextuell gebunden. Einflussfaktoren, wie kulturelle Merkmale, der zuvor genannte Kontext, können variieren. Erstaunlich ist, dass die marginalisierten Gruppen historisch betrachtet häufig dieselben sind (vgl. *Küpper* 2016, S. 24). Ziel der GMF ist es:

> „Die Aufrechterhaltung oder gar Verstärkung der Ungleichwertigkeit von Gruppen und den ihnen angehörenden Menschen sowie die Auflösung von Grenzen zur Sicherung ihrer physischen und psychischen Integrität, die ihnen ein Leben in Anerkennung und möglichst frei von Angst ermöglichen" (*Heitmeyer* 2005, S. 5).

Im Fokus steht nicht das Individuum, sondern stets eine Gruppe, deren besondere Merkmale sie als ungleichwertig Labeln. Hierdurch werden sie abgewertet und marginalisiert. Das greift die Würde der betroffenen Menschen direkt an, macht sie verwundbar und zerstört sie gegebenenfalls. Die GMF kann sich folgender Merkmale bedienen: Rassismus, Fremdenfeindlichkeit, Antisemitismus, Islamfeindlichkeit, Heterophobie[5], Etablierten Vorrechte und/oder Sexismus (vgl. *Heitmeyer* 2005, S. 6). Sinti und Roma, Obdachlose, Langzeitarbeitslose und Asylsuchende kamen im weiteren Forschungsverlauf hinzu (vgl. *Küpper* 2016, S. 24). Dabei kann ein oder mehrere Merkmale aufgegriffen werden (vgl. *Heitmeyer* 2005, S. 6). Der Kern bilden die gebündelten Verurteilte degenüber den Gruppen, die in den Fokus genommen und zu einer „Ideologie der Ungleichwertigkeit" subsumiert werden (vgl. *Groß/Hövermann* 2013, S. 1). Vorurteile sind dabei zentraler Bestandteil. Sie sind stark in der Gesellschaft verwurzelt und dienen der Abgrenzung zu dem „Anderen" welche die sozialen Hierarchien herstellt, legitimiert, durchsetzt (vgl. *Küpper* 2016, S. 25), verstärkt und stabilisiert (vgl. *bpb* 2012, S. 1 ff.). Die Forschung und aus ihren entstandenen Theorien der sozialen Identität und der Stereotypen bilden dabei das Fundament der GMF. Gemeinsam mit der Bildung sozialer Orientierungen, wie beispielsweise der Gruppenzugehörigkeit und der eigenen Identität resultiert hieraus das Selbstkonzept eines Subjekts mit seiner sozialen Identität. Das subjektive emotionale Zugehörigkeitsgefühl entstammt somit dem Selbstkonzept und bedarf eines ständigen Abgleichs mit den eigenen und fremden Gruppen. Letztlich folgt anhand aller einzelner Merkmale eine Konstruktion des sozialen Status, der ebenfalls mittels persönlicher Vergleiche und Einschätzungen neu/aktuell positioniert

5 „*Heterophobie* erfasst die Abwertung und Abwehr von Gruppenangehörigen, die wie Homosexuelle, Obdachlose und Behinderte, von der Normalität ‚abweichende' Verhaltensweisen und Lebensstile aufweisen" (Heitmeyer 2005, S. 6, Herv. I O.).

wird. Ein positives WIR-Gefühl wird durch die Unterscheidung/Abgrenzung zu anderen Gruppen in „WIR“ und die „ANDEREN“ hergestellt (vgl. *Möller* 2017, S. 427).

Psychischer oder physischer Gewalt (manifeste Menschenfeindlichkeit) gehen eine entsprechende Einstellung und Verhaltensbereitschaft (latente Menschenfeindlichkeit) voraus. Umwelteinflüsse, wie politisches, regionales oder gesellschaftliches Klima, soziale Lage, Risikobereitschaft, Verfügbarkeit der Opfer, Wahrscheinlichkeit der Ahndung etc. spielen dabei eine zentrale Rolle.

Heitmeyer definiert vier Komplexe aus deren Zusammenspiel das Phänomen der GMF entsteht:

1. Objektive Kontextbedingungen (z. B. Arbeitslosenquote, Ausländeranteile in der Region)
2. Theoretische Konzepte (z. B. soziale Desintegration, relative Deprivation, Anomie und Autoritarismus)
3. Moderierende Elemente, die zwischen den Faktoren vermitteln und verstärkend oder mildernd wirken (z. B. Kontakt mit Ausländern)
4. Verhaltensintentionen (z. B. Diskriminierungs- und Gewaltbereitschaft)

Die GMF wird nicht nur von einzelnen Individuen angewandt, sondern auch von Gruppen oder gar Institutionen wie dem Staat. So wurde Homosexualität bis 1994 unter dem § 175 strafrechtlich geahndet bzw. nicht gleichwertig mit Heterosexualität behandelt (vgl. *Steinbeißer/Bader/Ganser/Schmitt* 2013, S. 7 ff.). Die „Ehe für alle“ stellte einen Schritt dar, die institutionelle GMF abzubauen, obwohl diese mit Blick auf das unterschiedliche Adoptionsrecht gleichgeschlechtlicher Paaren weiterhin gegeben ist (vgl. insg. *lsvd* 2019). Demokratie ist somit kein Garant, der ein gleichwertiges Leben ermöglicht. Die herrschende Ungleichbehandlung von Bürger*innen eines Staates ist Ausdruck seiner limitierten Solidarität und steht damit konträr zur Demokratie, die die Gleichwertigkeit als Grundannahme bzw. Grundfeste inne trägt (vgl. *Steinbeißer/Bader/Ganser/Schmitt* 2013, S. 9 f.).

> „Ideologien der Ungleichwertigkeit mit ihren jeweiligen Ausdrucksweisen und Manifestationen sind ein zentrales und virulentes gesellschaftliches Problem, indem sie mit ihrer menschenfeindlichen und zerstörerischen Kraft fundamentale Werte und Rechte verletzen, zu denen sich Deutschland mit seiner demokratische Verfasstheit, dem Grundgesetz und der Bindung an die Menschenrechte bekennt“ (*Küpper* 2016, S. 21).

Ein Mechanismus, der an dieser Stelle eingesetzt wird, ist die Umkehr der Schuld. Dies entlastet die Mehrheitsgesellschaft und gibt die Verantwortung für die Ungleichbehandlung an die Gruppe zurück. So wird die Gruppe der vorgeblich „anderen" sanktioniert und gleichzeitig werden die Mitglieder der Mehrheitsgesellschaft gewarnt, nicht von der „Norm" abzuweichen. Die Gesellschaft als Solidargemeinschaft wird in ihrem Zusammenhalt geschwächt und es besteht die Gefahr einer Spaltung der Gesellschaft durch das Schüren von Ängsten wie sozialer Ungleichheit (vgl. *Heitmeyer* 2005, S. 5). „Folge sei eine «Dehumanisierung des Zusammenlebens». Diese fortwährende Herstellung von Desintegration diene paradoxerweise der Stabilisierung der Gesellschaft" (*Küpper* 2016, S. 27).

Ein weiterer Mechanismus liegt darin, die Lage von „schwachen" Gruppen erst gar nicht zu thematisieren, bzw. wahrzunehmen und hierdurch in öffentlichen Debatten auszuschließen (vgl. *Heitmeyer* 2005, S. 5).

Die einzelnen Faktoren der Gruppenbezogenen Menschenfeindlichkeit scheinen ähnliche Folgen wie Diskriminierung zu haben. Des Weiteren konnte GMF als Syndrom bestätigt werden, da meist nicht nur eine einzelne Gruppe der Gesellschaft, sondern mit der Befürwortung sozialer Hierarchien mehrere gleichzeitig abgewertet werden (vgl. *Beckmann* 2012, S. 8). Dabei kommt einer intersektionalen Sichtweise eine besondere Bedeutung zu (vgl. *Küpper* 2016, S. 24 ff.).

Groß und *Hövermann* (vgl. 2013, S. 2 f.) postulieren, dass die Ökonomisierung des Sozialen und dessen Bereiche, wie z. B. Familie, Menschen ohne Erwerbstätigkeit, die Arbeit mit Behinderten, einer Kosten-Nutzen-Relation unterliegt. Die Mehrkosten, die z. B. Behinderung für die Gesellschaft mit sich bringt, legitimierten die Abwertung und Ausgrenzung und stellten somit eine weitere Ideologie der „Unprofitabilität" im Sinne von finanziellen Aspekten dar. Sie kann als weiteres Merkmal der GMF gesehen werden. So verstärkt der Kapitalismus und dessen Markt- und Wettbewerbslogik den Druck auf die Gesellschaft und die Individuen in ihr. Dies führt zu einer weiteren Suche, Deutung und Verhärtung von „Feindbildern" (vgl. *Groß/Hövermann* 2013, S. 4 ff.).

Heitmeyer gibt vier zentrale Leitfragen mit, die das Konzept als Reflexionsmöglichkeit in die Praxis bringen können:

- „Sind *Zusammenhänge* zwischen den verschiedenen Elementen der *Gruppenbezogenen Menschenfeindlichkeit* auffindbar? Existiert das ermittelte Syndrom weiterhin?

- In welchem *Ausmaß* wird die Würde schwacher Gruppen durch abwertende wie ausgrenzende Einstellungen und diskriminierendes wie gewalttätiges Verhalten in Frage gestellt?
- Welche *Erklärungen* lassen sich dafür finden, dass sich feindselige Mentalitäten und Verhaltensweisen gegenüber diesen Gruppen entwickeln, verfestigen und ausbreiten?
- Wo werden *Veränderungen* in den Ausmaßen und Zusammenhängen im *Zeitverlauf* erkennbar?“ (*Heitmeyer* 2005, S. 7)

Zusammengefasst kann gesagt werden, dass der Theorieansatz der Gruppenbezogenen Menschenfeindlichkeit begünstigende Faktoren für Diskriminierung im Erwachsenenalter untersucht. Die Theorielücke im Blick auf Heranwachsende und auf die Bildung der pauschalisierenden Ablehnungskonstruktion gilt es künftig zu schließen (vgl. *Möller* 2017, S. 425).

Die pauschalisierende Ablehnungskonstruktion (PAKO) übt Kritik an der GMF und versucht gleichzeitig die Lücken im Konzept zu schließen. Bei der Untersuchung von GMF werden definierte Gruppen genannt, die hierdurch erst „problematisiert“ bzw. stilisiert werden. Das PAKO-Konzept richtet einen zusätzlichen Fokus auf die Zuschreibungs- und Zuordnungsprozesse, die direkt auf die Kategorisierung und Klassifizierung einwirken. Ein weiterer Bestandteil umfasst die Ablehnung von Religionen oder auch Lebensphilosophien/Weltanschauungen bei der ein Zwist, von der vorgegebenen Werte und Normen, anderer Lebensweisen entstehen kann. Der Fokus richtet sich hier nicht auf die Personifizierungen, sondern auf der übergeordneten Weltanschauung, wie z. B. Muslime vs. Islam.

Eine weitere Schwachstelle wirft die Begrifflichkeit „Feindlichkeit“ auf, da es nicht immer um diese Begrifflichkeit direkt geht, sondern auch um Aspekte der graduellen bzw. kategorialen Zuordnung mit einer zweiten Ebene, der Typologisierung von Ablehnungsgründen. Somit werden weitere Grade von Feindseligkeiten, wie Vorbehalte, Vorurteile, Abwertung, Ausgrenzung und weitere Begrifflichkeiten, nicht als „Feindseligkeit“ verstanden und dennoch unter ihr summiert. Eine weitere unzureichende terminologische Zuordnung ist auch auf die unterschiedlichen Definitionen zurückzuführen, die je nach Person und dessen Verständnis unterschiedlich zu deuten sind. Der dritte und letzte Schritt, um die GMF klar zu deuten, liegt in der anschließenden Konsequenz aus dem ersten und zweiten Schritt. Die mildeste Konsequenz ist das Aufrechterhalten von sozialer Distanz zur Gruppe. Folgenreicher ist die Diskriminierungs- und Gewaltbefürwortung gegen die Gruppe und am schwerwiegendsten ist die Diskriminierungs- und Gewaltbereitschaft (vgl.

Möller 2017, S. 436). Zur Deutung und Eingruppierung kann das Schaubild herangezogen werden.

Abbildung 3: Zusammenfassende Darstellung Gruppenbezogenener Menschenfeindlichkeit

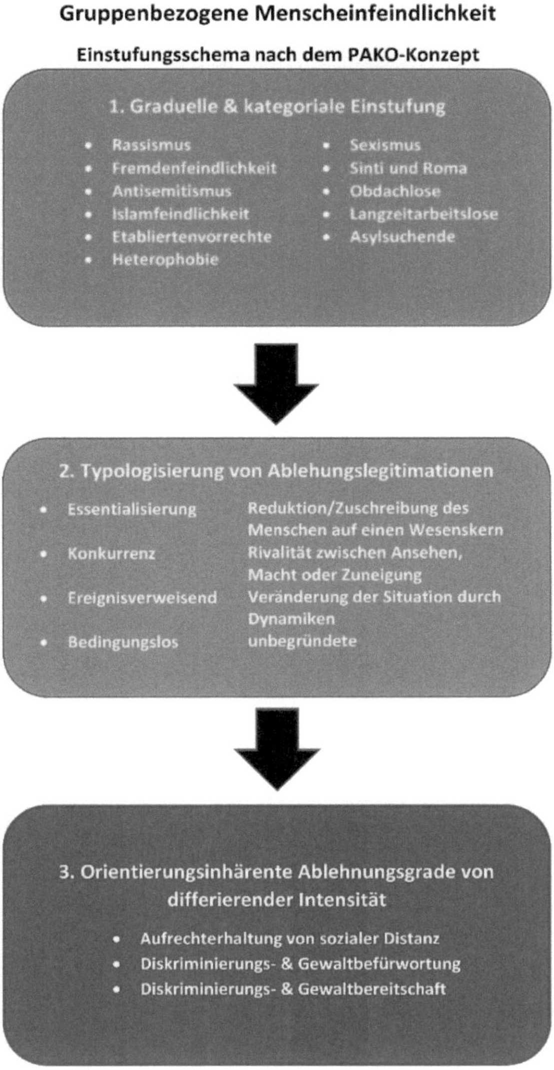

Gruppenbezogene Menscheinfeindlichkeit

Einstufungsschema nach dem PAKO-Konzept

1. Graduelle & kategoriale Einstufung

- Rassismus
- Fremdenfeindlichkeit
- Antisemitismus
- Islamfeindlichkeit
- Etabliertenvorrechte
- Heterophobie
- Sexismus
- Sinti und Roma
- Obdachlose
- Langzeitarbeitslose
- Asylsuchende

2. Typologisierung von Ablehungslegitimationen

- Essentialisierung – Reduktion/Zuschreibung des Menschen auf einen Wesenskern
- Konkurrenz – Rivalität zwischen Ansehen, Macht oder Zuneigung
- Ereignisverweisend – Veränderung der Situation durch Dynamiken
- Bedingungslos – unbegründete

3. Orientierungsinhärente Ablehnungsgrade von differierender Intensität

- Aufrechterhaltung von sozialer Distanz
- Diskriminierungs- & Gewaltbefürwortung
- Diskriminierungs- & Gewaltbereitschaft

Das PAKO-Konzept versteht die GMF nicht als Einstellungsforschung, sondern als Haltungsforschung, da es das breite Spektrum der politisch-sozial Orientierungen außen vorlässt.

> „Unter Haltung sind dabei Modi der Zuwendung zu oder der Abwendung von Dingen, Sachverhalten und (sozialen Gefügen von) Lebewesen, insbesondere Personen, zu verstehen, die einen Orientierungs- und/oder einen Aktivitätsaspekt haben. Haltungen können also einerseits (nur) aus Orientierungen in Gestalt von Einstellungen, Mentalitäten, Ressentiments, Gestimmtheiten etc. bestehen, anderseits (auch) aus Aktivitäten der Subjekte, d. h[sic] ihrem Verhalten – ihren routinehaften, (noch) nicht weiter reflektierten und teils unbewusst ablaufenden Aktivitäten – und ihrem Handeln im Sinne bewusst geplanter und ausgeführter Tätigkeit“ (*Möller* 2017, S. 437).

Damit ergänzt das PAKO-Konzept die GMF indem es nicht nur die Verhaltens- bzw. Handlungsbereitschaft um die Komponente der Begründung, „wie und warum ablehnende Haltung in Aktivitäten überführt werden oder umgekehrt konkrete Praxen zu Orientierung führen“ (*Möller* 2017, S. 437). Demnach ist die GMF nicht an der „Feindseligkeit“ und „Abwertung“ mit der „Ideologie der Ungleichwertigkeit“ im Kern als „Syndrom“ festzumachen. Sie basiert vielmehr auf der ablehnenden Haltung, die mobilisiert, hierdurch aktiviert und sich auf repräsentierende Gruppen manifestiert. Die Haltungen haben folgendes gemein:

> „Ensemble von kognitiven, affektiven und konativen Orientierungen, das vor allem aus Bildern, Metaphern, symbolischen Verweisungen, Narrationsfiguren und Dispositionen besteht, aber auch Konventionen und habituelle Elemente einschließt“ (*Möller* 2017, S. 437).

Hinzukommen extrahierte Repräsentationen der Gruppen, die aus dem Kollektiv oder dem Individuum, wie auch der Wechselwirkung beider, gewonnenen Stereotype. Daraus ergibt sich eine Pauschalisierung als Zentrum des Konzeptes und der sich hieraus ergebenen Ordnungssystem (vgl. *Möller* 2017, S. 437 f.).

Die GMF wirft einen gesamtgesellschaftlichen Blick auf die Ursachen von Diskriminierung. Im Folgenden werden die Auswirkungen konkretisiert.

7.2 Mikroagressionen und sexuelle Orientierung

Wie im dritten Kapitel dargelegt werden konnte, werden ein Großteil der Gesellschaft – also auch die Fachkräfte Sozialer Arbeit – heteronormativ sozialisiert. Dies impliziert, dass Adressat*innen Sozialer Arbeit in der Interaktion mit Fachkräften mit Mikroagressionen konfrontiert werden können (vgl. *Höblich* 2018, S. 194). Das Konzept der Mikroagressionen basiert auf der

Annahme, dass sich Marginalisierung und Diskriminierung in den letzten Jahren von offenen, direkten Formen zu „subtilen nebulösen und ambivalenten“ Formen entwickelt haben (*Höblich* 2018, S. 192). Bei Mikroagressionen handelt es sich um

> „brief and commonplace daily verbal, bevahioral, or environmental indignities, wether intentional or unintentantional, that communicate hostile, deragory, or negative slights and insults toward members of oppressed groups“ (*Nadal* 2008, S. 23).

Diese verdeckten „Seitenhiebe und Grenzüberschreitungen“ können für Individuen gravierender als offenere Formen der Diskriminierung erlebt werden (vgl. *Höblich* 2018, S. 192).

Mikroagressionen können nach *Sue* (vgl. 2010, S.ff.) in drei Formen auftreten. Zum einen werden direkte *Mikroangriffe* als Form identifiziert. Diese sind zu verstehen als offene und bewusste Diskriminierung im Sinne Gruppenbezogener Menschenfeindlichkeit. Zweitens werden *Mikrobeleidigungen* beschrieben, die unbewusste verbale und/oder nonverbale Erniedrigungen der Identität einer Person abbilden. Als dritte Form können *Mikroentwertungen* benannt werden, die „die Realität und die Erfahrungen gesellschaftlich unterdrückter Gruppen [meist unbewusst verbal oder nonverbal] für ungültig erklären oder entwerten“ (*Höblich* 2018, S. 193).

DeSouza/Ispas/Wesselmann (2017, S. 123 f.) benennen in Anlehnung an *Corpus* (vgl. insg. 2010) acht Bereiche, in denen Mikroagressionen gegen nicht-heterosexuelle Individuen gesamtgesellschaftlich deutlich werden können:

- Die allgemeine Verwendung heterosexistischer Sprache,
- Die Befürwortung heterosexueller/geschlechtsnormativer Regeln innerhalb der Gesellschaft (beispielsweise die Aussage, dass Schwule und Lesben keine „guten“ Eltern sein können),
- Die Annahme, dass alle Lesben, Schwule und Bisexuelle gleich seien, was auf Stereotypen und Klischees beruht (beispielsweise die Annahme, dass alle schwulen Männer besonders feminin und Lesben maskulin seien),
- Die Erotisierung von lsb Individuen und damit einhergehende sexuelle Objektivierung („schwule sind widerlich, Lesben sind geil!“),
- Das Missbilligen gesellschaftlicher Erfolge für lsb Personen (beispielsweise Gegenkommentare zur Ehe für Alle aus dem Jahr 2017),
- Die Nichtanerkennung des gesellschaftlichen Heterosexismus,
- Die Annahme, eine nicht-heterosexuelle Orientierung sei pathologisch begründet,

- Individuelle Verhaltensweisen, die Homo- und Bisexualität unsichtbar machen.

Die Reproduktion dieser Mikroagressionen zeigt sich neben direkten, persönlichen Situationen besonders durch die digitale Welt oder Gesetzgebungen.

> „They discussed how the had noticed **systemic microagressions** in the media, in the government, in their cultural groups, in their school systems, and their religions" (Nadal 2013, S. 53, Herv. i. O.)

Nadal (vgl. 2013, S. 51 ff.) veranschaulicht in Anlehnung an bisherige Studien sieben Beispiele aus therapeutischen Settings, die Mikroagressionen durch Therapeut*innen zeigen. Diese wurden für die Praxis Sozialer Arbeit durch die Autoren angepasst und nachfolgend zur Verdeutlichung der Thematik dargestellt.

1. Die Annahme, jedes „Problem", das durch Adressat*innen benannt wird, steht in Verbindung mit der nicht-heterosexuellen Orientierung.
2. Das Übergehen der sexuellen Orientierung der Adressat*innen, wenn die Thematik durch diese selbst angesprochen wird.
3. Eine Überidentifikation mit lsb Lebenswelten und das damit verbundene ständige offensichtliche Befürworten sexueller Vielfalt, ggf. untermauert durch persönliche Beispiele („Ja, ich habe auch Schwule in meinem Bekanntenkreis").
4. Die Anwendung von stereotypen Rollenbildern und Erwartungen in der Erarbeitung von Lösungsstrategien („Gehen Sie doch mal ins Theater, das machen Schwule doch gerne, vllt. hilft es Ihnen um sich abzulenken")
5. Die Nichtsichtbarkeit(en) homo- und bisexueller Lebenswelten im Auftreten der Fachkräfte bzw. Institutionen Sozialer Arbeit, beispielsweise finden sich im Büro der Fachkräfte nur Bücher zu heterosexuellen Themen oder Sexualaufklärung wird nur heteronormativ dargestellt.
6. Die fachliche Haltung, dass jede*r lsb Adressat*in Sozialer Arbeit in ihrem Coming-out unterstützt werden und intensiv bei der Identitätsbildung begleitet werden muss.
7. Negativ assoziierte, „gut gemeinte" Ratschläge durch Sozialarbeiter*innen („Sind Sie sicher, dass Sie diesen Lebensstil wählen wollen?").

Ergänzend zu diesen veranschaulichten Mikroagressionen beschreibt *Höblich* (vgl. 2018, S. 196 f.), dass auch der (berufs)ethische Anspruch von Fachkräften, alle Adressat*innen gleich zu behandeln als Mikroagression im Sinne einer Mikroentwertung gewertet werden kann. Den Anspruch der Gleichbehandlung führt sie insbesondere auf die damit verbundenen beruflichen Wertevorstellungen wie Toleranz oder Gleichheit zurück. Implizit wird hiermit jedoch die empirisch nachgewiesene, höhere Rate an Diskriminierungserfahrungen von lsb Adressat*innen ignoriert und unsichtbar gemacht, die jedoch fachlich im „Hinterkopf" mitbedacht werden muss. Rekonstruktiv betrachtet kann dieses „Gleichstellungs- und Neutralitätspostulat" (*Höblich* 2018, S. 197) jedoch auch als Schutzfunktion vor der Auseinandersetzung der Fachkraft mit ihrer möglichen Zugehörigkeit zur privilegierten Mehrheit gedeutet werden.

Nach *Nadal* (vgl. 2013, S. 53) lassen sich die Erscheinungsformen erlebter Mikroagressionen in drei Bereichen festhalten:

1. im Verhalten der Menschen
2. im Denken der Individuen
3. in den Emotionen

Insgesamt wirken sich erlebte Mikroaggressionen negativ auf das Selbstbild einer Person aus. Die subtile ständige Konfrontation mit negativ konnotierten Aussagen und Verhaltensweisen kann die Adaption einer positiven Identität erschweren, wenn nicht sogar verhindern. Die Folge ist dann eine Verstärkung der internalisierten Homonegativität.

> „Viele Lesben, Schwule und Bisexuelle, die in einer homophoben Gesellschaft aufwachsen, verinnerlichen diese negativen Stereotypen und entwickeln bis zu einem gewissen Grad ein schwaches Selbstbewusstsein und manchmal sogar Selbsthass. Dies wird als ‚internalisierte Homophobie' bezeichnet" (*Belling et al.* 2004, S. 15).

Der Begriff „Homophobie", wie im Zitat verwendet, stimmt von der Begrifflichkeit nicht mit der Bedeutung überein. So ist eine Phobie eine extreme Angst und an ein Objekt oder eine Situation gekoppelt (vgl. *Duden* 2019), was hier nicht der Fall ist. Es geht um die erlernte allgemeine Ablehnung einer anderen Lebensweise basierend auf gesellschaftlich verwurzelter irrationaler Angst bzw. Ablehnung (vgl. *Timmermanns* 2013, S. 259). „Dies verschleiert der Begriff ‚Homophobie'. Darüber hinaus ist eine phobische Reaktion auf das Selbst (‚internalisierte Homophobie') ein in sich widersprüchliches Konzept" (*Steffens* 2010).

Eine weitere mögliche Folge ständig erlebter Mikroaggressionen ist ein Erstarren hinsichtlich der Thematik. Individuen „geben auf" gegen erlebte Ablehnung und Diskriminierung vorzugehen, was wiederum verhindert, eine positive Identifikation mit der eigenen Identität im Sinne des Modells nach Cass zu erreichen. Paradoxerweise macht Nadal jedoch auch die Beobachtung, dass lsb Personen durch Mikroagressionen empowert werden können, insbesondere dann, wenn die Person einen hohen Grad an Resilienz aufweist. Doch insbesondere subtil erlebte mikroaggressiver Handlungen „brennen" sich in die Seele lesbischer, schwuler und bisexueller Menschen ein, was hinsichtlich der Identitätsentwicklung von Jugendlichen gravierende Folgen haben kann (vgl. *Höblich* 2018, S. 192). Hochkritisch ist hierbei zu werten, dass lsb Jugendliche beginnen, sich durch subtile, niederschwellige Diskriminierungen zu schämen und sich dadurch nicht in der Lage fühlen, Rückhalt bei Bezugspersonen wie Lehrkräften oder Fachkräften Sozialer Arbeit zu suchen (vgl. *Höblich* 2014, S. 44).

Durch die GMF und Mikroagressionen wird beschrieben und theoretisch erfasst, wie einzelne Individuen mit Abwertungen ihrer selbst konfrontiert werden. Wie sich dies unmittelbar auf sie auswirkt, wird im nächsten Abschnitt dargelegt.

7.3 Minderheitenstress

Das Minderheitenstressmodell von *Meyer* (vgl. insg. 2003) dient als theoretische Grundlage, um zu verstehen, welche Systematik und Faktoren bei Minderheiten zu zusätzlichen Belastungen führen und wie sich diese auswirken.

In den beiden vergangenen Jahrzehnten konnte dies durch viele Studien, wie „Out im Office" (vgl. insg. *Frohn/Meinhold/Schmidt* 2017), „Einstellungen gegenüber lesbischen, schwulen und bisexuellen Menschen in Deutschland" (vgl. insg. *Küpper/Klocke/Hoffmann* 2017) oder der bereits im Kapitel „Problemlage und aktueller Forschungsstand" genannten, empirisch belegt werden. Die aktuelle Studie „Der Umgang mit der eigenen nicht-heterosexuellen Orientierung in der Profession der Sozialen Arbeit" (vgl. insg. *Baer/Fischer* 2019 und Kapitel 11) bestätigte die Auswirkung von Minderheitenstress auf die Betroffenen. In diesem Kapitel wird auf das Modell eingegangen.

Abbildung 4: Minderheiten-Stress-Modell (in Anlehnung an Meyer 2003)

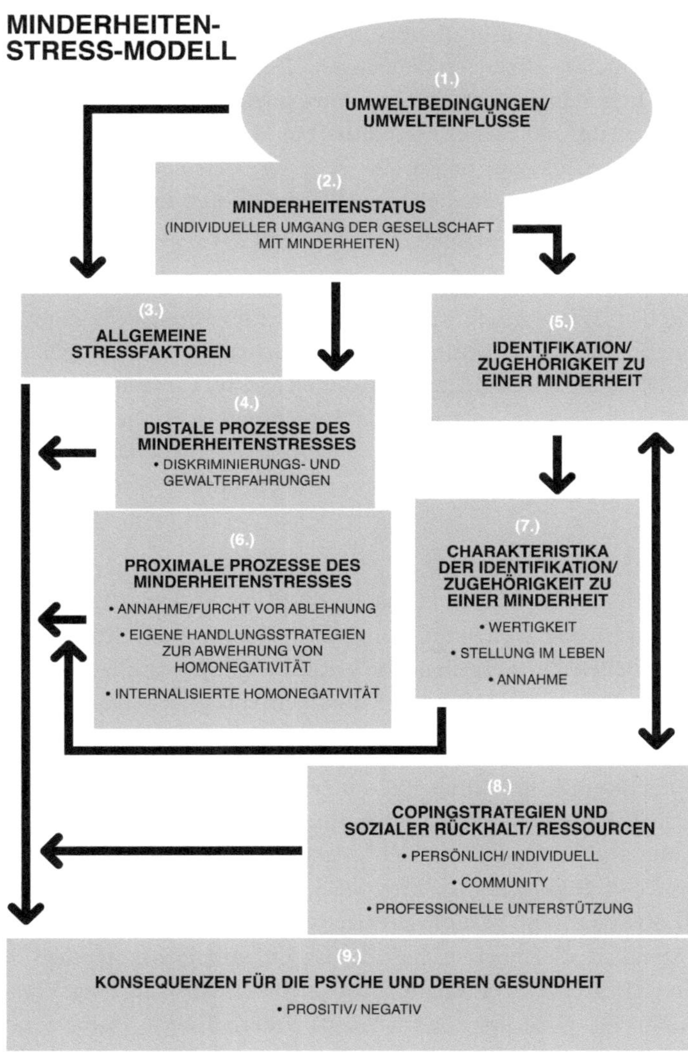

Im Fokus des Modells stehen Menschen, die einer Minderheitengruppe wie Homosexualität aber auch sämtlicher anderen Diversitätsmerkmale zugehörig sind. Die Kernaussage lautet: Allein die bloße Zugehörigkeit zu einer Minderheit bringt zusätzlichen Stress mit sich und kann geringe bis große Schwierigkeiten für die psychosoziale Situation des betroffenen Menschen nach sich ziehen. Sie ist gekennzeichnet durch den Minderheitenstatus, gesellschaftlich/kulturell/sozial begründet und mit andauernder und somit chronischer Belastung verknüpft (vgl. insg. *Meyer* 2003). Der Stress resultiert aus sozialen Prozessen, Institutionen und Strukturen (vgl. *Steffens* 2010). Die Folgen reichen von affektiven Störungen, Depression, selbstverletzendem Verhalten, Drogenmissbrauch bis hin zum Suizid (vgl. *Wiesendanger* 2002, S. 69). Im Zentrum steht eine Internalisierung der Homonegativität, auf deren genaue Mechanismen im Kapitel „Coping nach Lazarus" eingegangen wird. Ebenfalls ist der Aspekt der Intersektionalität stets mitzudenken, der im Anschluss Betrachtung findet und ebenfalls nicht außer Acht gelassen werden kann.

Alle Menschen bewegen sich in ihrer Umwelt und deren Bedingungen (1.), wie demografische Lage, Ethnie, sozioökologischer Status, erfahrene Sozialisation etc. Diese wirken bedingt als Stressoren (3.) auf die Individuen ein (vgl. *Göth/Kohn* 2014, S. 28). Je nach Wahrnehmung lösen sie Eustress oder Distress aus (vgl. *Sunder* 2007 S. 949). Die Einschätzung hängt an der subjektiven Bewertung der betroffenen Person und wie sie den Stress für sich einschätzt.

Ist ein Mensch einer Minderheit (2.) zugehörig, erweitern sich die allgemeinen Stressoren um die distalen Stressoren (4.) (vgl. *Steffens* 2010) Sie umfassen Erfahrungen, wie Diskriminierung oder Gewalt, die sich nur aufgrund ihres Minderheitenstatus ergeben. Die gesammelten Erfahrungen dienen zur eigenen Eingruppierung in die gesellschaftlich vorherrschenden Kategorien bzw. Hierarchien und der eigenen Identitätsentwicklung.

Die Identifikation (5.) mit einer nicht-heterosexuellen Lebensweise führt zu einer Internalisierung von negativen Verknüpfungen zwischen der sexuellen Orientierung und dem eigenen „Sein", der internalisierten Homonegativität (vgl. *Göth/Kohn* 2014, S. 28 ff.). Internalisierte Homonegativität wird durch proximale Stressoren (6.) gekennzeichnet, wie eine dauerhafte erhöhte Wachsamkeit, ständige Alarmbereitschaft in der Öffentlichkeit, ständige Ablehnungs- und Ausgrenzungserwartung, wie auch dem absichtlichen Verbergen der Identität (vgl. *Göth/Kohn* 2014, S. 29). „Internalisierte Homonegativität ist dabei sowohl auslösende und aufrechterhaltende Bedingung des Stresses als auch Ergebnis innerer und äußerer Erfahrungen der Minderheitenidentität" (*Göth/Kohn* 2014, S. 29). Die Selbstwahrnehmung und damit einhergehend auch der Selbstwert, werden durch die proximalen Stressoren weitaus stärker beeinflusst als durch die distalen Stressoren. Es müssen auch keine direkten Diskriminierungserfahrungen gemacht werden, allein die Wahrnehmung von Diskriminierung Dritter, die der Minderheit zugehören, reicht aus (vgl. *Göth/Kohn* 2014, S. 29). Mit Blick auf ungeoutete Menschen lässt sich erahnen, welchen inneren Kampf diese zu bewältigen haben auch wenn noch keine direkten Diskriminierungserfahrungen gemacht wurden. Beim ersten äußeren Coming-out werden meist die engsten Freund*innen zuerst informiert, da Vertrauen besteht und eine größere Kontrolle über den Informationsfluss angenommen wird. Wie bereits in der Darstellung der sexuellen Identität beschrieben, outen sich einige Schwulen und Lesben erst als bisexuell, um nicht direkt mit der vollen Härte der Vorurteile „abgestempelt" zu werden (vgl. *Krell/Oldemeier* 2017, S. 132).

> „Diese Beschreibung deckt sich auch mit der Erkenntnis, dass Stigmata, die nach außen zu verbergen sind, zu einem geringeren Selbstwert und einer erhöhten Vulnerabilität für Depression führen können" (*Göth/Kohn* 2014, S. 29).

Ein weiterer interessanter Zusammenhang ist:

> „Je größer die verinnerlichte Homonegativität angegeben wurde, desto weniger Diskriminierungserfahrungen wurden berichtet und diese wurden auch als weniger emotional bedeutsam eingeschätzt" (*Göth/Kohn* 2014, S. 29).

Hier kann die Deutung einer Identifikation mit der eigenen Opferrolle, die Diskriminierung und Gewalt gegenüber der eigenen nicht-Heterosexualität legitimiert, herangezogen werden. Dieser Mechanismus schützt gleichzeitig vor einer zu hohen Erwartungshaltung bezüglich der eigenen Umwelt und schwächt subjektiv die negativen Erfahrungen ab. Gleichzeitig verhindert bzw. blockiert er eine adäquate emotionale Gegenreaktion auf die Erfahrungen und die Möglichkeiten, sich zu verteidigen oder zu wehren, und hemmt damit die Möglichkeiten, die Opferrolle zu verlassen und eine Internalisierung von Homonegativität abzuschwächen (vgl. *Göth/Kohn* 2014, S. 29).

Wie bedeutsam die eigene nicht-heterosexuelle Orientierung ist, ihr Stellenwert und wie gut sie sich in die eigene Identität/Leben integrieren lässt (g), nimmt ebenfalls eine Schlüsselfunktion bei der Bewertung von Ablehnung ein. Je größer ihre Bedeutung für ein Individuum ist, desto verletzlicher wird das Individuum hierdurch. Homonegative Reaktionen werden somit dramatischer oder weniger dramatisch wahrgenommen (vgl. *Göth/Kohn* 2014, S. 29). Je gefestigter ein Mensch in seiner Identität ist, desto weniger möchte er seine sexuelle Orientierung unterdrücken bzw. verschleiern (vgl. *Baer/Fischer* 2019 und Kapitel 11). Bachmann postulierte (vgl. insg. 2013), dass eine positive Identität mit einer positiven Wahrnehmung gesellschaftlicher Akzeptanz wie auch einem wertschätzenden persönlichen Umfeld einhergeht. Eine positive Einstellung zur sexuellen Orientierung fördert ebenfalls die stärkere Wahrnehmung von struktureller Diskriminierung, die auch negativer beurteilt werden. Hier kann auf die Bedeutung eines positiven Selbstwertgefühls in Verbindung mit einer hohen Selbstakzeptanz hingewiesen werden. So können in der Folge Hilfsangebote besser wahr- und angenommen und Diskriminierungserfahrungen besser abgewandt werden (vgl. *Göth/Kohn* 2014, S. 29).

Die Umgangsweisen mitdirekter, indirekter oder strukturell erfahrener Diskriminierung, vor allem mögliche Lösungen und Handlungsstrategien (8.) lassen sich anhand des Minderheiten-Stress-Modells von Lazarus theoretisch betrachten. Auf dies wird im folgenden Kapitel näher eingegangen. Weitere Unterstützung, Erfahrungsaustausch zu den Handlungsstrategien, Zugehörigkeitsgefühl zu einer Peergroup bietet die Community (9.). In einem sichereren Raum kann von den anderen gelernt und ausprobiert werden (vgl. *Göth/Kohn* 2014, S. 30). Ganz im Sinne: „Hier bin ich Mensch, hier darf ich sein!" (*von Goethe* 1808, S. 19). Das Vorhandensein und der Einsatz einzelner Handlungsstrategien ist dabei von zentraler Bedeutung. Je nach ihrem Einsatz im jeweiligen Kontext und ihrer Stärke können sie eine Internalisierung von Homonegativität mehr oder weniger abwenden. Die Forschung von *Biechele* (vgl. insg. 2009) stützt diese Annahme. In seiner Forschung kam er zum Ergebnis, dass eine höhere Identifikation mit der Community mit höherer psychischer Stabilität und weniger psychosozialer Belastungen einhergeht.

Das Minderheitenstressmodell fasst die psychosozialen Belastungen und deren Struktur gut zusammen. Um sich diesen Belastungen zu stellen, werden Coping-Strategien entwickelt. Deren Entwicklung und mögliche Handlungsstrategien werden im folgenden Kapitel beschrieben.

7.4 Coping nach Lazarus

Erfährt ein nicht-heterosexueller Mensch in seiner Sozialisation direkte oder indirekte Diskriminierung entwickelt er gewissen Herangehens- und Umgangsweisen, die sogenannten Coping- bzw. Handlungsstrategien. Diese dienen dem Eigenschutz sowohl vor äußeren als auch inneren Folgeschäden, wie z. B. verbalen oder körperlichen Angriffen, Ungleichbehandlung. (von außen), psychischen Belastungen oder Erkrankungen durch internalisierte Homonegativität (von innen). Das Modell nach Lazarus (vgl. *DGBS* 2017) veranschaulicht dies in seinen Zusammenhängen und liefert ein passendes Erklärungsmodell. Im Folgenden wird das Modell differenziert dargelegt. Es setzt im Minderheitenstressmodell bei der Bewertung und der Umgangsweise der Umwelt sowie deren allgemeinen, distalen und proximalen Stressoren an in Verbindung mit den Merkmalen der Minderheitenidentität ergeben sich die positiven oder negativen Auswirkungen auf die psychische Gesundheit.

Jeder Mensch bewegt sich in seiner *Umwelt* und deren Bedingungen (Nr. 1). Faktoren wie gesellschaftlicher, historischer und generativer Kontext, Sozialisation, Diversitätsmerkmale, haben Einfluss auf jedes Individuum. Aus der Umwelt kommen Reize/Stimuli, die ein Mensch wahrnimmt. Sie werden bewusst oder unbewusst wahrgenommen, eingruppiert und subjektiv bewertet, um auf sie *regieren* (Nr. 2) zu können. In der *primären Bewertung* (Nr. 3) wird der Stimuli interpretiert und in *positiv* (Nr. 3.1), *negativ* (Nr. 3.2) oder *neutral* (Nr. 3.3) eingruppiert. Dabei muss bedacht werden, dass es sich weniger um polymere Zuordnungen handelt, sondern eher Skalierungen. Neutrale Reize sind folgenlos – wobei kritisch diskutiert werden kann, ob es überhaupt neutrale Reaktionen gibt. Ein negativer Reiz senkt den Selbstwert, ein positiver steigert diesen. Inwiefern ein negativer Stimulus schädigend auf das Individuum einwirkt ist an die *sekundäre Bewertung* (Nr. 4) gekoppelt. Die persönliche Relevanz, die Umwelt mit ihren fördernden oder hemmenden Faktoren und die zur Verfügung stehenden Ressourcen sind hier maßgeblich. So ist z. B. der Rückhalt durch Freund*innen für manche Personen wichtiger als der familiäre Rückhalt. Werden die subjektiven Ressourcen als *ausreichend* eingestuft (Nr. 4.1) wird eine Internalisierung von Homonegativität verhindert – obwohl auch hier diskutiert werden kann, ob dies überhaupt möglich ist. Zu den vorhandenen Ressourcen gehören bereits vorhandene Handlungsstrategien. Sind *nicht ausreichend* Ressourcen vorhanden (Nr. 4.2) kann es zu *internalisierter Homonegativität* (Nr. 5) kommen.

Abbildung 5: Lazarus-Stress-Modell

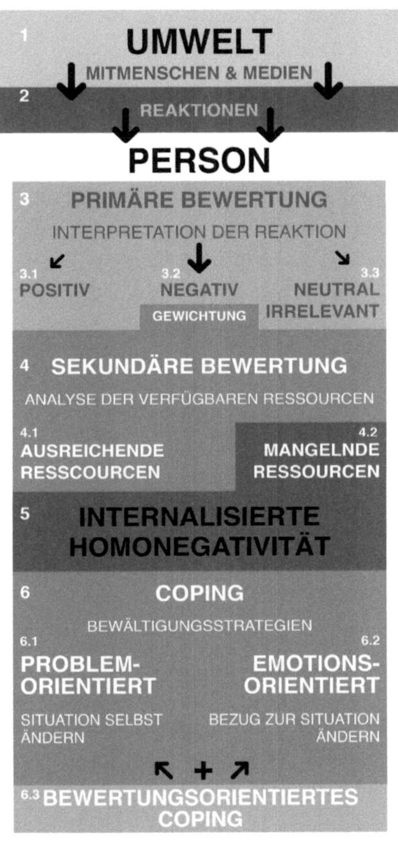

Da die sexuelle Identität mit ihren Merkmalen von Geburt an einen wesentlichen Bestandteil des „Menschsein“ ausmacht, beeinflusst sie das Denken, Verhalten und Fühlen bewusst und unbewusst stark. Um eine Internalisierung von Homonegativität doch noch abzuwehren, werden Bewältigungsstrategien, Coping-Strategien genannt, eingesetzt (Nr. 6). Sie werden in drei Herangehensweisen gegliedert.

Das problemorientierte Coping (Nr. 6.1)

Durch Wissensaneignung wird versucht die Situation an sich durch die Anpassung der Handlungsstrategien zu verändern. Die Situationsebene wird verändert, was zu einer Überwindung der Problematik führen kann. Es werden auch Handlungsstrategien angewandt, die entgegen der Selbstakzeptanz, dem Selbstwert agieren. Sie können der Überbrückung bis zu dem Zeitpunkt, an dem adäquate Reaktionen möglich sind, dienen wie *Baer* und *Fischer* (vgl. insg. 2019 und Kapitel 11) in Bezug auf die Handlungsstrategie Vermeidung darlegen konnten.

Das emotionale Coping (Nr. 6.2)

Durch Reaktionen wie aggressives Verhalten, Risikoverhalten, wie Drogenkonsum, Selbstverletzung oder gar Suizid, wird eine emotionale Entlastung herbeigeführt.

Die Neubewertung der Situation (Nr. 6.3)

Die letzte Bewältigungsstrategie funktioniert nur in der Kombination mit einer der vorherigen und kann eher als weitere Abstufung gesehen werden. Sie kommt erst zum Tragen, wenn eine der beiden vorherigen Strategien nichts bewirkt hat. Dabei werden die Strategien neu überdacht, bewertet und eingeordnet.

Wenn die eigene sexuelle Orientierung abgelehnt wird, kann dies schwerwiegende Schäden am Selbstwert, damit einhergehend dem Selbstbewusstsein und der Selbstachtung bis hin zu einem Selbsthass nach sich ziehen, die mit internalisierter Homonegativität bezeichnet werden. Ein dauerhafter negativer Einfluss auf das gesamte Leben der betroffenen Person bis hin zum Suizid kann die Folge sein. Dabei sind Stärke, Dauer, gewählte Bewältigungsstrategie, wie auch hemmende und fördernde Einflussfaktoren ausschlaggebend.

Der Verband für lesbische, schwule, bisexuelle, trans*, intersexuelle und queere Menschen in der Psychologie (VLSP) weist darauf hin, dass die internalisierte Homonegativität in fast allen Therapien eine besondere Bedeutung hat (vgl. *VLSP* 2009). *Baer* und *Fischer* (vgl. insg. 2019 und Kapitel 11) fanden in ihrer Studie fünf Handlungsstrategien, die lsb Sozialarbeiter*innen in ihrem beruflichen Alltag anwenden:

- *Abgrenzung:* Die sexuelle Orientierung spielt im beruflichen Kontext überhaupt keine Rolle.
- *„Straight acting“:* Die Fachkraft handelt heteronormativ und unterbindet sämtliche stereotypische Verhaltensweisen/Vorurteile.
- *Vermeidung:* Bei Gesprächen zur Thematik entzieht sich die Fachkraft der Situation, unterbindet diese oder verleugnet sich.
- *Konfrontation:* Bei homonegativen Äußerungen bzw. Verhaltensweisen geht die Fachkraft gezielt und offensiv dagegen vor.
- *Gleichstellung:* Die Fachkraft macht in ihrem beruflichen Alltag keinen Unterschied zwischen unterschiedlichen sexuellen Orientierungen, sondern behandelt alle gleichwertig ohne zu akzentuieren.

Die Anwendung der Handlungsstrategien hängt von der Verfügbarkeit der jeweiligen Handlungsstrategie, der Identitätsklarheit, dem Handlungsfeld, dem Träger, den Vorgesetzten, den Kolleg*innen und Adressat*innen, der Situation und emotionale Lage (Kontext) ab. Es können einzelne, aber auch mehrere Strategien gleichzeitig angewandt werden. Hieraus resultiert die Frage, ob es sich bei den Handlungsstrategien um Spezifika der Fachkräfte Sozialer Arbeit handelt, oder ob Jugendliche und junge Erwachsene ähnliche Strategien anwenden, um mit ihrer sexuellen Orientierung einen angemessenen Umgang finden zu können.

Die Abwertung eines Menschen kann sich aber auch auf mehr als nur ein Merkmal beziehen. Das Zusammenspiel mehrerer Diversitätsmerkmale und deren Bedeutung wird im folgenden Kapitel beschrieben.

7.5 Intersektionalität

Intersektionalität meint die interdependente Betrachtung und deren Analyse von Macht- und Herrschaftsverhältnisse in Bezug auf die Diversitätsmerkmale und die daraus resultierende Privilegierung oder Diskriminierung (vgl. *Walgenbach* 2017, S. 55). Die Privilegierung- und Diskriminierungserfahrungen können nicht isoliert voneinander betrachtet, sondern sie bewegen sich in einem intersektionalen Raum zwischen allen möglichen Diversitätsmerkmalen, wie im Schaubild dargestellt.

Die Diversitätsmerkmale sind zentraler Kern der menschlichen Identität und wirken direkt auf die soziale Umwelt ein (vgl. *Göth/Kohn* 2014, S. 31). Eine Frau wird beispielsweise nicht als Frau, Schwarze oder Lesbe diskriminiert, sondern als lesbische schwarze Frau.

„Von großer Bedeutung sind dabei die Merkmale, die relevant für die Lokalisierung der Person in Machtstrukturen und in einer Landschaft von sozialem Ein- oder Ausschluss, Bevor- und Benachteiligung sind" (*Göth/Kohn* 2014, S. 31).

Der Fokus von Intersektionalität liegt auf der Bezugnahme zu Macht- und Herrschaftsverhältnissen. Macht- und Verteilungskämpfe innerhalb der Gesellschaft prägen diese und führen zu

Abbildung 6: Ebenen der Diversität

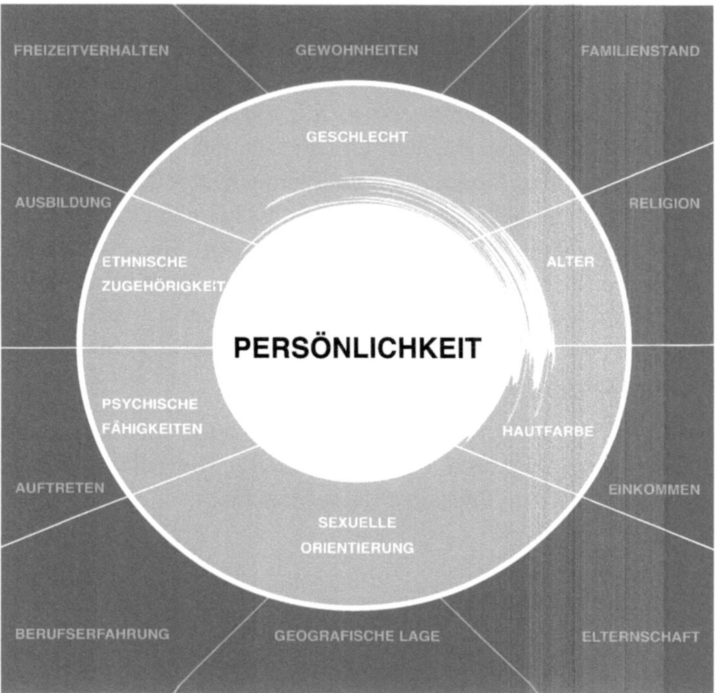

Divergenzen, die wiederum inhärentes Konfliktpotenzial bergen. Hierdurch findet die Legitimation von Ausbeutung, Marginalisierung und Benachteiligung statt, die eine Allokationsfunktion in Bezug auf die soziale Stellung und den Zugang zu Ressourcen nach sich zieht (vgl. *Walgenbach* 2017, S. 66).

„Hier geht es nicht allein um Lebenschancen, die primär auf Bildung, Qualifikation oder Erwerbsarbeit bezogen werden. Vielmehr wird davon ausgegangen, dass Machtverhältnisse wie Sexismus/Patriarchat/Geschlechterverhältnisse, Heteronormativität, Rassismus, oder Klassenverhältnisse/Klassenherrschaft/Klassismus strukturell in der Gesellschaft verankert sind" (*Walgenbach* 2017, S. 66).

Diese Mechanismen bestimmen, in wie fern sich einzelne oder mehrere Themen von Diversitäten in der Gesellschaft wiederspiegeln. Hier können die Medien als gutes, Beispiel herangezogen werden. Schulbücher, Zeitungen, Radio, Fernsehen etc. geben den gesellschaftlichen Diskurs wieder bzw. deuten auf soziale Missstände hin.

Die sexuelle Vielfalt sollte aus Sicht der Autoren in der Schule und deren Medien gleichwertig abgebildet werden und somit den aktuellen Diskurs abbilden, wie auch zum Normalisierungsprozess beitragen.

In der Literatur wird so weit gegangen, dass alle Kategorien unter Klasse, Geschlecht, „Rasse“ und Körper summieren und somit der Strukturebene zugewiesen werden. Dies dient als Grundlage aller Macht- und Herrschaftsverhältnisse und sie muss bei einem intersektionalen Ansatz stets mitbedacht werden müssen. Zentral ist hierbei die Arbeitskraft als „Ware“ in einem kapitalistischen System. Historisch rückblickend, bzw. ebenso aktuell lässt sich anmerken, dass sämtliche Macht- und Herrschaftsverhältnisse, die damit verbundene Kategorisierungen auf die „Ware Arbeitskraft“ zurückzuführen sind (vgl. *Walgenbach* 2017, S. 78).

> „Sie steuern den Zugang zum Erwerbsmarkt, differenzieren die Verteilung gesamtgesellschaftlicher Ressourcen über den Lohn und sogar für eine ungleiche Zuweisung der Reproduktionsarbeit. In der Gesamtschau tragen sie zu einer gesamtgesellschaftlichen Verbilligung der Ware Arbeitskraft bei“ (*Walgenbach* 2017, S. 78).

Aus Macht- und Herrschaftsverhältnissen resultieren körperliche wie auch symbolische Gewalt. Ihre Auswirkungen können sich im Habitus niederschlagen und zu einer grundsätzlichen Obacht Haltung vor möglicher Diskriminierung führen, sodass öffentliche Räume von marginalisierten Gruppen nicht ohne Vorsichtsmaßnahmen genutzt werden (vgl. *Walgenbach* 2017, S. 67).

Dabei gilt es ausdrücklich zu erwähnen, dass es bei der Theorie der Intersektionalität nicht um eine Addition der Merkmale geht. Eine Person, die mehrere Diversitätsmerkmale aufweist, kann generell aufgrund aller Merkmale Privilegierung bzw. Diskriminierung erfahren. Es können alle Diversitätsmerkmale gleichzeitig, einzelne oder keines von ihnen umweltbezogene Reaktionen auslösen (vgl. *Walgenbach* 2017, S. 64). Maßgeblich ist hierbei die soziale Umwelt und deren Resonanz (vgl. *Göth/Kohn* 2014, S. 31). Diese Wechselwirkungen gilt es in ihrem Kontext zu analysieren (vgl. *Walgenbach* 2017, S. 55). „Intersektional wird daher die Komplexität von sich überschneidenden und interdependenten Merkmalskonstellationen betrachtet“ (*Göth/*

Kohn 2014, S. 31). Nach dieser Betrachtung ist es unabdingbar Lesben, Schwule und Bisexuellen nicht als homogene Gruppe zu kennzeichnen, sondern ihre besonderen, individuellen Merkmale und Bedürfnisse wahrzunehmen und sich ihrer anzunehmen, denn auch hier gibt es die Mehrheit in der Minderheit oder auch Minderheiten in der Minderheit (vgl. *Göth/Kohn* 2014, S. 31).

Die Perspektive kann ausgehend von der betrachtenden Person je nach eigenen Diversitätsmerkmalen unterschiedlich ausfallen. Ebenfalls kann eine Entspezifizierung und somit Abschwächung der „stärksten" Diskriminierungskomponente stattfinden (vgl. *Walgenbach* 2017, S. 64). Dies zeigt ein Dilemma in unserem Rechtssystem auf, das mit eindimensionalen Kategorien arbeitet. So kann nur eines der Diskriminierungsmerkmale, das „stärkste", als Grundlage für das AGG dienen. In ihm heißt es:

> „Eine unmittelbare Benachteiligung liegt vor, wenn eine Person wegen eines in § 1 genannten Grundes eine weniger günstige Behandlung erfährt, als eine andere Person in einer vergleichbaren Situation erfährt, erfahren hat oder erfahren würde" (§ 3, Nr. 1 AGG).

Im Weiteren:

> „Erfolgt eine unterschiedliche Behandlung wegen mehrerer der in § 1 genannten Gründe, so kann diese unterschiedliche Behandlung nach den §§ 8 bis 10 und 20 nur gerechtfertigt werden, wenn sich die Rechtfertigung auf alle diese Gründe erstreckt, derentwegen die unterschiedliche Behandlung erfolgt" (§ 4 AGG).

Hier geht es nur um Ausnahmeregelungen, aufgrund derer eine Ungleichbehandlung legitimiert wird. Eine intersektionale Betrachtung, Analyse und ggf. Ahndung sieht das AGG nicht vor. Somit wird eine Diskriminierung entweder wie im vorangegangenen Beispiel anhand des Merkmals Frau, Lesbe oder Schwarze vorgenommen, aber nicht als schwarze lesbische Frau.

Die fünf Einflussfaktoren aus Kapitel sieben sollten gedanklich beim folgenden Diskurs mitgedacht werden, um zu verstehen welche außerordentliche Herausforderung ein Coming-out in einer heteronormativen Gesellschaft darstellt.

8 „Ich muss euch was' sagen" – Coming-out als Prozess

Ist ein Mensch heterosexuell wird dies in unserer Gesellschaft nicht hinterfragt. Identifiziert er sich jedoch als nicht-heterosexuell stellt er sich selbst und stellen auch andere die Frage, warum er so empfindet und ab wann er dies bemerkt hat. Letzteres wird im folgenden Kapitel beleuchtet. Hierzu werden zuerst die allgemeinen Rahmenbedingungen des Coming-out-Prozesses beleuchtet um anschließend zwei Modelle zum genaueren Verständnis aufgezeigt.

8.1 Rahmenbedingungen des Coming-out-Prozesses

Die Auseinandersetzung mit der Frage der eigenen nicht-heterosexuellen Orientierung wird als „Coming-out" bezeichnet. Der Begriff kommt aus dem anglo-amerikanischen Sprachgebrauch und hat seine Wurzel in der Metapher „coming-out of the closet", was wörtlich übersetzt „aus dem Schrank kommen" bedeutet und mit „das Geheimnis lüften" übersetzt werden kann. Der Ursprung liegt dabei in der Stonewall-Revolte, auf der auch die weltweitem in Deutschland Christopher Street Days (CSDs) genannten Demonstrationen und Paraden basieren und der Kampf für die öffentliche Sichtbarkeit/Anerkennung von nicht-heterosexuellen Lebensweisen (vgl. *Krell/Oldemeier* 2017, S. 24). Beim Coming-out ist das „Geheimnis" der sexuellen Orientierung gemeint. Der Begriff „sich outen" im Sinne von „etwas gestehen/sich zu etwas bekennen", wird heutzutage in verschiedenen Kontexten benutzt. So kann man sich als homosexuell, aber auch als Drogengebraucher*in, Tierfreund*in, leidenschaftlicher Sammler*in etc. outen (vgl. *Göth/Kohn* 2014, S. 22).

Grundsätzlich ist zu sagen, dass viele Menschen gleichgeschlechtliche sexuelle Kontakte eingehen und erleben. Gerade in der Kindheit und Jugend kommt dies vor, ohne dass sie sich später als nicht-heterosexuell definieren. Dies gehört zur Neugier der Menschen, in der die sexuellen Handlungen stattfinden (vgl. *Fiedler* 2004, S. 103). Ebenfalls haben viele homosexuelle Menschen gegengeschlechtliche sexuelle Kontakte (vgl. *Fiedler* 2004, S. 104).

Das Coming-out ist ein zirkulärer Entwicklungsprozess und umfasst eine innerpsychische, wie auch eine soziale Dimension (vgl. *Rauschfleisch/Frossard/Waser/Wiesendanger/Roth* 2002, S. 38). Der innerpsychische Vorgang (inneres Coming-out oder auch Identitätsfindung) beschreibt die Wahrnehmung der eigenen nicht-heterosexuellen Orientierung. Zuerst wird diese von der betroffenen Person nur vermutet und mehrfach gedanklich überprüft, bis sie zu einer Gewissheit über ihre nicht-heterosexuellen Orientierung kommt (vgl. *Rauchfleisch* 2011, S. 73). Die soziale Dimension (äußeres Coming-out oder auch Identitätsintegration) meint das sich nach außen öffnen, zu seiner nicht-heterosexuellen Orientierung zu stehen und einen eigenen Lebensstil im eigenen Rahmen zu finden (vgl. *Rauchfleisch et al.* 2002, S. 38). Beide Dimensionen sind untrennbar miteinander verknüpft und bedingen sich gegenseitig (vgl. *Rauchfleisch* 2011, S. 73). Es braucht eine soziale Umgebung, die dem Menschen Möglichkeiten eröffnet, wie die eigene Nicht-Heterosexualität in der jeweiligen Gesellschaft gelebt werden kann, und es braucht die eigene Gewissheit, nicht-heterosexuell zu sein, um sich in dieser Lebenswelt zu verorten. Das Resultat ist die Entwicklung eines eignen Umgangs mit der nicht-heterosexuellen Orientierung. Mit diesem Umgang sind auch die sexuellen Vorlieben, die Partner*innenwahl, die eigene Außendarstellung der sexuellen Orientierung sowie persönliche Einstellung gegenüber Homo- und Heterosexualität gemeint (vgl. *Fiedler* 2004, S. 102). Dabei geht es zentral um die Umwertung der erfahrenen und internalisierten gesellschaftlichen Stigmatisierung der sexuellen Orientierung und deren Lebenswelten. So können eigene Stärken und Kompetenzen herausgebildet werden. Sie stehen in permanenter Wechselbeziehung mit anderen Lebensaufgaben. Die sexuelle Orientierung wird durch die Öffnung nach außen nicht nur sichtbar, sondern auch kommunizierbar. Dies führt zur Vereinigung der zuvor getrennten Bereiche soziales Leben, Kommunikation mit Anderen und Selbstwahrnehmung. Darunter ist der Abbau von Inkongruenz zwischen Selbstbild, Handlungen und Fremdwahrnehmung zu verstehen (vgl. *Wolf* o.J., S. 3), hierzu mehr im Modell von Cass.

Zunächst wird auf die möglichen Risiken und Chancen, die bei einem Coming-out zu bedenken sind, eingegangen.

8.2 Risiken und Chancen des Coming-outs

Die sexuelle Orientierung ist kein äußerlich sichtbares Merkmal der Person. Erst das Coming-out in seiner sozialen Dimension führt dazu als nicht-heterosexuelle Person wahrgenommen zu werden. In manchen Fällen wird einer Person eine abweichende sexuelle Orientierung auch einfach nur unterstellt, ggf. aufgrund von normabweichendem Verhalten. Es obliegt der betroffenen Person, ob sie sich zeigen und eine mögliche Abwertung riskieren möchte oder nicht (vgl. *Plöderl* 2005, S. 23). Um sich nicht zu zeigen, kann sich eine

Person für „straight acting“ oder Vermeidung als konkrete Handlungsstrategie entscheiden (vgl. *Baer/Fischer* 2019, S. 16) – es bleibt empirisch zu prüfen, ob diese beiden an Fachkräften Sozialer Arbeit ermittelten Strategien als allgemeingültig postuliert werden können. Diese Verhaltensweisen werden bewusst oder unbewusst verwendet. Sie können jedoch folgende negative Auswirkungen im öffentlichen Leben haben:

- „sich mehr und mehr in Lügenkonstruktionen verstricken
- erpressbar oder bloßgestellt werden können
- nicht erfahren können, was die anderen wirklich über einen denken
- enge vertraute Personen können das Geheimhalten als Vertrauensbruch werten, wenn sie doch über das Stigma erfahren
- Aufteilen der Lebenswelt in öffentliche und geheime Bereiche (z. B. wenn Homosexualität in einschlägigen Parks gelebt wird), mit dem Risiko, dort ertappt zu und somit unfreiwillig geoutet zu werden“ (*Plöderl* 2005, S. 23).

Dies führt zu einer psychischen Zerrissenheit und kann vermutlich dazu führen, dass homonegativen Positionen und Äußerungen nicht widersprochen oder ihnen gar zugestimmt wird, wenn diese im sozialen Umfeld geäußert werden (vgl. *Plöderl* 2005, S. 23 f.). Dazu können negative Folgen, wie internalisierte Homonegativität oder Beschädigung des Selbstwerts, kommen (vgl. *Baer/Fischer* 2019, S. 31 ff.).

Ein Coming-out sollte im gesellschaftlichen Kontext in jedem Fall gut überdacht sein, da es anschließend zu Diskriminierungen bis hin zu Gewalt kommen kann, wie z. B.

> „die psychische Belastung (Coming Out kann manchmal mit einer extremen psychischen Belastung einhergehen), die ökonomische Sicherheit (Arbeitsplatzverlust), persönliche Sicherheit (homo- und bisexuelle Menschen sind einem beträchtlichen Risiko ausgesetzt, Opfer von physischer und/oder psychischer Gewalt zu werden), Gefährdung von Beziehungen, Verlust der Elternschaft oder die Angst vor Diskriminierung der eigenen Kinder“ (*Plöderl* 2005, S. 26).

Die Erfahrungen des sozialen Coming-outs wirken zurück auf die weiteren Entscheidungen zur Öffnung und die daraus resultierende Identitätsentwicklung sowie die Strategien des Coming-out. So werden zu Beginn eher vermeidende Strategien genutzt und in einem fortgeschrittenen Prozess, die eigene nicht-heterosexuelle Orientierung weniger geleugnet. Das Coming-out und dessen Verlauf sollte jedem Menschen selbst überlassen sein und von diesem gestaltet werden können. Ein „Zwangsouting“ von Angehörigen oder Dritten sollte unter allen Umständen vermieden werden, da es, wie die die

Erkenntnisse aus dem Bereich des Minderheitenstresses beschreiben, zu folgereichen Belastungen bis hin zu erhöhtem Drogengebrauch und deviantem Verhalten führen kann (vgl. Plöderl 2005, S. 26).

> „Nicht der Homosexuelle ist pervers, sondern die Situation, in der er lebt" (*Rosa von Praunheim*, 1970).

Durch die Homosexuellenbewegung wurden auch bisexuelle Menschen und ihre Sichtbarkeit gestärkt. (vgl. *Fiedler* 2004, S. 104). In der Wissenschaft galt sie zunächst als Übergangsform zwischen Hetero- und Homosexualität (vgl. *Fiedler* 2004, S. 104), da sich viele Homosexuelle zunächst als bisexuell outen, um sich selbst nicht direkt in die stärker abgewertete Kategorie der Homosexualität zu platzieren (vgl. *Göth/Kohn* 2014, S. 21). Diese Position ist mittlerweile nicht mehr haltbar, es ist wissenschaftlich anerkannt, dass es Bisexuellen nicht gleichgültig ist, welches Geschlecht ihr*e Partner*in hat. Die Erotisierung beider Geschlechter kann dabei unterschiedliche Ausprägungen aufweisen oder gar miteinander verbunden werden (vgl. *Fiedler* 2004, S. 105). Sie könnte somit auch als Brücke zwischen den beiden Lebenswerten aufgefasst und – wie Zinik deklariert – als „das beste beider Welten in Erfahrung zu bringen" (*Zinik* 1985, S. 9) verstanden werden. Erfahrungen, die in der eigenen Lebenswelt gemacht wurden können auf die Partner*innenwahl entscheidenden Einfluss nehmen (vgl. *Göth/Kohn* 2014, S. 21). Bisexuelle haben aber auch darunter zu leiden, beide Geschlechter anziehend zu finden. Zum einen werden sie je nach Partner*in als homo- oder heterosexuell angesehen (vgl. *Göth/Kohn* 2014, S. 21), was ihre eigene sexuelle Orientierung aufzulösen und unsichtbar zu machen droht. Zum anderen können sie Diskriminierung sowohl von heterosexuellen als auch homosexuellen Menschen erfahren, da sie zu keiner binären Zuordnung dazugehören und ausgegrenzt werden können. Ihnen wird von beiden Seiten unterstellt, sich nicht entscheiden zu können oder dass ihnen ein Geschlecht nicht genüge (vgl. *Göth/Kohn* 2014, S. 21).

Das Coming-out kann als identitätsstiftender Prozess gedacht werden, mit dem Ziel der Selbstakzeptanz, Verbundenheit mit der Community und einem selbstsicheren Auftreten nach außen (vgl. *Plöderl* 2005, S. 22). Kann dieser enorm wichtige Anteil der eigenen Ich-Identität nicht adäquat bearbeitet und in die eigene Persönlichkeit integriert werden, kann dies massive gesundheitliche Risiken zur Folge haben. Die Verinnerlichung homonegativer Reaktionen führt zur Herabsenkung des Selbstwertes und den schon beschriebenen Konsequenzen. Gerade in der Jugend und in Kombination mit dem eigenen Coming-out können Störungen des Sozialverhaltens in Verbindung mit gesteigertem Sexualverlangen zu einem erhöhten risikoreichen Sexualverhalten führen. Es kann zu ungewollten sexuellen Handlungen und ungeschütztem Geschlechtsverkehr, mit dem Risiko, sich mit sexuell übertragbaren Infektionen, wie HIV zu infizieren, kommen (vgl. *Fiedler* 2004, S. 99 f.). Das Infektionsrisiko mit HIV steigt durch Faktoren, wie starke Vorurteile gegenüber Homosexuellen im nahen Umfeld, der fehlenden Möglichkeit, nicht nach außen outen zu können, sowie der Bisexualität. Dies kann auf die subjektive Belastung durch Stress und soziale Ausgrenzung zurückgeführt werden (vgl. *Fiedler* 2004, S. 108). Nicht zu unterschätzen ist dabei das subjektive Gefühl von bzw. die tatsächlich erlebte soziale Isolation, da so kaum Partner*innen gefunden werden zu können, um die eigene Orientierung und Identität auszuprobieren. Bei sozialer Isolation drohen Reaktionsketten mit Folgeerscheinungen. Steigende Vereinsamung kann zu Anpassungsstörungen führen, die wiederum zur Depression und in der Folge zu Suizid führen kann (vgl. *Fiedler* 2004, S. 100).

Aufgrund von steigender Akzeptanz in der Gesellschaft gleicht sich das Alter, in dem sich nicht-heterosexuelle Menschen outen, immer weiter an das Alter an, in dem heterosexuelle Jugendliche erste sexuelle Erfahrungen machen und erste Beziehungen eingehen. Positiv kann eine altersgerechte Identitätsfindung angemerkt werden. Negativ ist die noch starke Abhängigkeit vom sozialen Umfeld (vgl. *Göth/Kohn* 2014, S. 24). Das Dilemma besteht dabei in der Gefahr einer zu frühen Abwertung der sexuellen Orientierung. Ist ein negatives Gefühl mit gleichgeschlechtlicher Orientierung verbunden, wird es einem heranwachsenden Menschen schwerfallen, sich damit zu identifizieren und Kontakt zu Menschen mit dem gleichen Identitätsmerkmal zu knüpfen. Konnten im Vorfeld genügend positive Erfahrungen gemacht und eine entsprechende Resilienz ausgebildet werden, kommt der Mensch mit späteren Abwertungen besser zurecht. Hierzu ist aber der Kontakt zur gleichen Peergroup von unschätzbarem Wert. Je höher die eigene Resilienz ist, desto besser können wirksame und schützende Ressourcen in der Umwelt erkannt und aufgebaut werden. Bei fehlenden oder mangelnden Ressourcen ist ein entsprechendes Hilfesystem von außen umso entscheidender für eine bessere Unterstützung im Prozess und somit für eine gesunde Entwicklung. Gerade zu Beginn, beim ersten Coming-out und den einschneidenden stark prägenden ersten Erfahrungen damit (vgl. *Göth/Kohn* 2014, S. 24 f.).

> „Verletzungen durch invalidierende und diskriminierende Erfahrungen können aufgrund der heteronormativen Ordnung der Gesellschaft in keiner Phase der nicht-heterosexuellen Entwicklung vollständig vermieden werden und so ist es eine Frage der Konstellation innerer und äußerer Bedingungen, wie vulnerabel bzw. resilient ein nicht-heterosexueller Mensch sein kann, wie stark seine Verletzungen ausfallen und wie viel Kraft und neue Ressourcen er aus der Bewältigung

> dieser zusätzlichen Entwicklungs- und Lebensaufgabe gewinnen kann“ (*Göth/ Kohn* 2014, S. 25).

Bevor anhand zwei verschiedener Modelle der Coming-out-Prozess dargelegt wird, werden zunächst die allgemein zu berücksichtigenden Aspekten beider genannt.

8.3 Coming-out-Modelle

Es wurden primär zwei Konzepte/Modelle entwickelt, die das Coming-out beschreiben. Diese werden in unterschiedlichen Variationen in der einschlägigen Literatur verwendet, sind doch im Kern jedoch weitestgehend stabil erhalten. Die Modelle sind vor allem für die psychotherapeutische Begleitung im Prozess gedacht, unterstützen aber auch Beratungsprozesse und helfen dem Menschen selbst sich in seinem Prozess zu verorten (vgl. *Fiedler* 2004, S. 101 ff.). Dabei muss bedacht werden, dass jeder Coming-out-Prozess so einzigartig ist, wie der Mensch, der ihn durchläuft. Um empirisch forschen zu können, müssen Daten erhoben und ausgewertet werden. Damit dies überhaupt möglich ist, wird Komplexität reduziert. Dies geschieht z. B. allein durch die Reduktion auf die drei Begrifflichkeiten der Homo-, Bi-, Heterosexualität und sollte stets mitgedacht werden. Die entwickelten Modelle/Konzepte zur Einstufung des Coming-out-Prozesses sind unterschiedlich in ihren Stufen, Phasen und deren Zeitspannen (vgl. *Göth/Kohn* 2014, S. 25).

Im Kern haben sie alle den prozesshaften Charakter, die innerpsychische und soziale Dimension gemein. Der Coming-out-Prozess ist in seiner Komplexität und den Wechselwirkungen von individuellen Faktoren und sozialen Erfahrungen, immer wieder zu Rückkopplungen und Schleifen im Prozess führen, kaum eindeutig zu analysieren. Der Prozess wird lebenslang immer wieder durchlaufen und endet somit nie (vgl. *Rauchfleisch* 2011, S. 73). Er verläuft seltengradlinig und kann in jedem Lebensalter beginnen. Einzelne Phasen werden wiederholt oder übersprungen. Manchmal kommt es zu Brüchen oder Zeiten, in denen die sexuelle Orientierung wieder verheimlicht wird. Die Modelle entsprechen somit einem Idealverlauf, der in der Realität so wohl kaum zu finden ist (vgl. *Wolf* o. J., S. 4). Zudem kann der Prozess je nach Ort und Zeit immer wieder neu entfacht werden, wie bei:

> „Gesetzesänderungen, neue Beziehungskonstellationen, Migration, Arbeitsplatzwechsel, Ortswechsel (Stadt-Land, Ost-West u. A.), erlebte und sich ändernde Diskriminierungen und Privilegierungen setzen immer wieder innerpsychische

Prozesse in Gang und machen erneute Anpassungsleistungen notwendig" (*Göth/Kohn* 2014, S. 22).

Besondere Bedeutung wird dem ersten Coming-out zugeschrieben. Dabei sind die Lebensphase und deren Faktoren, wie auch die inneren und äußeren Umstände entscheidend (Identitätsfindung und -integration), in denen sich jemand outet oder geoutet wird (vgl. *Göth/Kohn* 2014, S. 23).

> „Bei allen Schritten nach außen, bei allen sozialen Ereignissen, unabhängig davon, ob sie eigen- oder fremdinitiiert sind, macht es einen großen Unterschied, wie klar und innerlich gefestigt die betreffende Person zu diesem Zeitpunkt ist. Vor allem für die Bewältigung möglicher negativer Erfahrungen ist dies von entscheidender Wichtigkeit. Ebenso ist das Lebensalter eine wichtige zu berücksichtigende Variable" (*Göth/Kohn* 2014, S. 23).

Outet sich ein Mensch im späten Erwachsenenalter, kann dies ein Hinweis auf Schwierigkeiten in der Vergangenheit im Zusammenhang mit der eigenen nicht-heterosexuelle Orientierung sein, die nicht nach außen kommuniziert wurde. Die etablierte Lebenswelt und mögliche Partner*innen wie auch Kinder gilt es zu berücksichtigen. Eine stabilere Persönlichkeit im höheren Alter kann, im Vergleich zur Persönlichkeit in der Pubertät, eine positive Ressource darstellen und innerpsychische Stabilität gewährleisten (vgl. *Göth/Kohn* 2014, S. 23).

Der im weiteren Verlauf oft benutzte Begriff der „Phase" erscheint im Kontext des Coming-out nicht passend zu sein. Er suggeriert eine Übergangszeit, die vorübergeht und beendet wird. Für manche Menschen stellen die einzelnen Phasen aber eine dauerhafte Lebensweise dar (vgl. *Wolf* o.J., S. 4).

Die in unserer Gesellschaft bestehenden Unterschiede zwischen cis-Männern und cis-Frauen zeigen sich auch in Bezug auf Homosexualität. Historisch betrachtet wurden Schwule gezielter strafrechtlich verfolgt und bestraft als Lesben (vgl. *Grau* 2011, S. 7 ff.). Auch die gesellschaftlichen Bilder von Sexualität spielen eine Rolle, Lesben werden eher mit der romantischen Liebe und Schwule mit dem Sexualakt in Verbindung gebracht (vgl. *Plöderl* 2005, S. 27). Eine erotische Beziehung zwischen zwei Frauen wird in der patriarchalen Gesellschaft als anziehend und schön deklariert. Wohingegen der Sexualakt zwischen zwei Männern mit Analverkehr, Machtgefälle, Ekel und Abartigkeit bewertet wird (vgl. *Döring* 2011, S. 1). Die jeweiligen kulturellen und religiösen Gegebenheiten sind ebenfalls nicht außer Acht zu lassen und haben Einfluss auf das Coming-out (vgl. *Plöderl* 2005, S. 28).

Die Autoren dieser Thesis zweifeln daran, ob nicht jeder Mensch zumindest den ersten Schritt des inneren Coming-out durchläuft, der nicht nach außen kommuniziert werden muss. Wie dargelegt, findet ein Teil der gleichgeschlechtlichen Kontakte in der Kindheit und oder Jugend statt. Nach diesen Erfahrungen oder, sobald die Begrifflichkeiten der Homo- und Bisexualität aufkommen und deren Bedeutung klar erkannt wird, kann eine kurze, innere Auseinandersetzung mit der eigenen Identität erfolgen.

Im Folgenden werden zwei Coming-out-Modelle ausführlich aufgezeigt. Zu beachten gilt es, dass diese „zur Abbildung von Coming-out-Prozessen für westliche Kulturen am Ende des 20. Jahrhunderts aufgestellt und für weiße, selbstdefinierte Lesben und Schwule entwickelt worden sind" (*Wolf* o.J., S. 3 f.).

8.4 Das Coming-out-Modell nach Rauchfleisch

In Anlehnung an Colemann entwickelte Rauchfleisch ein fünf Phasen Modell, in dem die spezifischen Erfahrungen, als auch unterstützende und hemmende Faktoren berücksichtigt werden. Im Fokus stehen die Person und ihre Interaktion mit der Umwelt. Das Modell kann ohne die Spezifika nicht-heterosexueller Personen angewandt werden. (vgl. *Rauchfleisch* 2011, S. 74). Dieses wird folgend ausführlich dargelegt.

Abbildung 7: Phasenmodell Coming-out nach Rauchfleisch

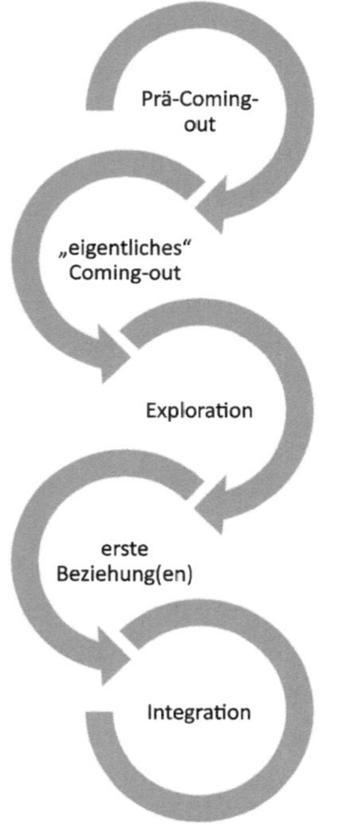

8.4.1 Die Prä-Coming-out-Phase

Die *Prä-Coming-out-Phase* erstreckt sich von der Geburt bis zum Zeitpunkt der Wahrnehmung des eigenen „Anders-Seins". Orientierungspunkte finden die Heranwachsenden bei ihren engsten Bezugspersonen und deren Verhalten. Die unterschiedlichen, teils subjektiven Wahrnehmungen und Rückmeldungen projiziert die Person auf sich selbst und gleicht dabei die Differenzen ab. Wie positiv und negativ sich dies auf den Menschen niederschlägt, hängt von den engsten Bezugspersonen und deren Umgang mit Nähe und Distanz zu anderen Menschen, wie auch deren Einstellung zu „geschlechterunspezifischen Verhaltensweisen“, wie Hausmann oder Mechanikerin, ab. Gehen diese tolerant mit devianten Verhaltensweisen um, geben sie dem Heranwachsenden einen größeren Spielraum, sich selbst auszuprobieren und zu entdecken. Dies ermöglicht eine freiere, vor allem wertungsfreiere Selbstdefinition im sozialen Kontext der Gesellschaft unter Berücksichtigung ihrer tatsächlichen Gefühle. Ist dies nicht der Fall kommt es zu einer frühen und schmerzlich empfundenen Entfremdung von der Familie (vgl. *Rauchfleisch* 2011, S. 74 f.).

Bei der Wahrnehmung einer nicht-heterosexuellen Entwicklung des Kindes kann dies eine Herausforderung für alle Beteiligten sein, da meistens grundsätzlich von einer heterosexuellen Entwicklung ausgegangen wird. Die Herausforderung liegt in der Annahme des Kindes und seiner Verhaltensweisen, auch wenn diese nicht den stereotypischen binären Geschlechtszuschreibungen entsprechen. Diese Annahme wirkt regelrecht befreiend, gleichzeitig stärkt und entspannt es die interfamilären Beziehungen (vgl. *Rauchfleisch* 2011, S. 75).

Wird dem Kind direkt oder subtil vermittelt, es sei „nicht normal“ kann es in der Prä-Coming-out-Phase zu einem Rückzug der Kinder in sich selbst kommen. Die Folge ist eine Störung des Vertrauensverhältnisses und damit einhergehender Nichtäußerung von Identitätsfragen, die in der Familie gestellt werden. Sie sind essenzieller Bestandteil des Entwicklungsprozesses der eigenen Persönlichkeit und finden hierdurch keine Resonanz. Im schlimmsten Fall wird gegen die sexuelle Orientierung des Kindes vorgegangen und dadurch massive psychische Verletzungen riskiert (vgl. *Rauchfleisch* 2011, S. 76 f.).

Grundsätzlich kann eine ablehnende Haltung, verbale oder nonverbale Äußerungen schon in der Prä-Coming-out-Phase zu einer internalisierten Homonegativität führen und den gesamten Folgeprozess beeinflussen (vgl. *Rauchfleisch* 2011, S. 77).

Rauchfleisch stellt die Abweichung von geschlechterspezifischen Verhaltensweisen in direkten Zusammenhang mit der Entwicklung einer nicht-heterosexuellen Orientierung.

Nach Meinung der Autoren sollten diese starren und persönlichkeitsunterdrückenden Stereotype grundsätzlich auf keinen Heranwachsenden projiziert bzw. abweichendes Verhalten nicht per se bestraft werden. Präventiv können Fachkräfte in sozialen Bereichen bei der basalen Wissensvermittlung helfen, bevor die Frage nach einer nicht-heterosexuellen Orientierung beim eigenen Kind aufkommt. Hierdurch lassen sich Belastungen von vorneherein herabsenken.

8.4.2 Das eigentliche Coming-out

Das *eigentliche Coming-out* ist gekennzeichnet durch die Gewissheit nicht-heterosexuell zu sein (Identitätsfindung) und den nächsten Schritt, an die Öffentlichkeit zu gehen (Identitätsintegration). Die Identitätsfindung verläuft nicht gradlinig und ist mit der Erkenntnis, nicht-heterosexuell zu sein, meist abgeschlossen. Gefühle von Unsicherheit, Zweifel und Ungewissheit verbleiben meistens noch eine längere Zeit und legen sich mit immer größer werdender Sicherheit, die eigene sexuelle Orientierung für sich als stimmig zu erleben. Wenn Menschen sich der Öffentlichkeit mitteilen wollen, stellen sich die zentralen Fragen: wem zuerst, wem alles und wem auch nicht? Die gemachten Erfahrungen aus der Prä-Coming-out-Phase werden herangezogen und bewertet (vgl. *Rauchfleisch* 2011, S. 77). Hinzu kommt die Art der aktuellen Eltern-Kind-Beziehung, die Vertrauensbasis innerhalb der Familie und die Haltung der Umwelt. Ist die Umwelt eher konservativ oder liberal ausgerichtet. Diese individuelle Sachlage lässt keine pauschalen Ratschläge zu, sondern bedarf einer genauen Einzelfallprüfung.

Ein Coming-out kann zuerst im Kreis der Familie oder der Freund*innen stattfinden, je nach Gegebenheiten. Wichtig ist eine grundlegende Gesprächsbereitschaft zum Dialog auf der Basis der Akzeptanz und ggf. Geduld, wenn ein direktes Gespräch darüber nicht möglich ist. Ohne Akzeptanz kann ein Coming-out als Katastrophe erlebt werden. Das aufmerksame Zuhören, Verstehen und der Austausch darüber sind besonders wichtig. Das Coming-out ist nicht nur ein Prozess für den nicht-heterosexuellen Menschen, sondern auch für dessen Umfeld. Sie machen teilweise ähnliche Phasen durch und benötigen in unterschiedlichem Maß Zeit für diesen Reifungsprozess (vgl. *Rauchfleisch* 2011, S. 78 ff.).

Bemerkenswert sind der enorme Kraftaufwand, der zuvor aufgebracht werden musste, um die eigene nicht-heterosexuelle Orientierung zu verstecken, und welcher Druck, sich durch die Ängste, entdeckt zu werden, aufstaute. Die Mitteilung löst diese Anspannung und ein befriedendes Gefühl kann einsetzen. Kann ein Coming-out im Umkreis, in dem die Kinder herangewachsen sind, nicht befriedigend durchgeführt werden, kann ein Ortswechsel hilfreich sein (vgl. *Rauchfleisch* 2011, S. 84 ff.).

> „Insgesamt ist für ein positiv verlaufendes Coming-out eine recht große *Ich-Stärke* notwendig, erfordert es doch ein hohes Maß an sozialer Kompetenz und Geschick, jeweils abzuschätzen, wem was zu welcher Zeit gesagt werden soll und wie mit den unterschiedlichen Reaktionen des Umfeldes umzugehen ist“ (*Rauchfleisch* 2011, S. 86).

8.4.3 Die explorative Phase

Nach dem eigentlichen Coming-out folgt die *explorative Phase.* In ihr geht es um das Ausprobieren und Finden eines eigenen Lebensstils. Vor dem Hintergrund, dass es historisch und wahrscheinlich im Umfeld der nicht-heterosexuellen Heranwachsenden wenige Vorbilder gibt, bleibt oftmals nur das eigene Experimentieren und Erforschen eines eigenen stimmigen Lebensentwurfes. Hierzu gehören verschiedene, eng verknüpfte, in wechselseitiger Beziehung wirkende Dimensionen, wie die eigene Geschlechtlichkeit in Bezug auf die Liebe zum gleichen Geschlecht zu definieren. Zentrale Fragen von Nähe und Distanz, Über- oder Unterordnung und damit den zwischenmenschlichen Umgang in einer Beziehung, Erproben der ersten Liebesbekundungen und sexueller Beziehungen. An dieser Stelle sei das Stigma von schwulem Sex und HIV genannt, das unter anderem als negatives Bild durch die Medien transportiert wird. Dies kann zu einer Hemmung und Verzögerung von sexuellen Beziehungen führen (vgl. *Rauchfleisch* 2011, S. 86 f. und *Rihl* 2015, S. 271 ff.).

Die Entwicklung der nicht-heterosexuellen Heranwachsenden umfasst darüber hinaus dieselben Aufgaben wie bei heterosexuellen Jugendlichen. Die Ausnahme besteht darin, dass diese in der Adoleszenz gestört, nicht stattfinden bzw. unterbrochen werden können und gegebenenfalls zu einem (sehr viel) späteren Zeitpunkt nachgeholt werden. Zur Bewältigung der Identitätsbildung als Entwicklungsaufgabe des Jugendalters ist es jedoch von Vorteil, wenn die Rahmenbedingungen hierzu in dieser Lebensphase geschaffen werden, falls das Bewusstsein über die nicht-heterosexuelle Orientierung zu diesem Zeitpunkt bereits ausgebildet ist. Dies hilft bei der Festigung der eignen Identität und der sozialen Rolle. Die besondere Herausforderung liegt im Konflikt zwischen Isolation und Intimität. Dabei spielt die Umwelt eine entscheidende Rolle, weniger der betroffene Mensch. Je eingeschränkter die Möglichkeiten in der Gesellschaft für nicht-heterosexuelle Menschen sind, desto höher wird der Druck in der Subkultur das Bedürfnis zu stillen. Im Vergleich zu den heterosexuellen Gleichaltrigen besteht so ein viel geringerer Erfahrungsraum und hierdurch können feste Beziehungen oft erst zu einem späteren Zeitpunkt eingegangen werden (vgl. *Rauchfleisch* 2011, S. 87 f.).

Gerade im Kontakt mit anderen Menschen wirken sich die gesellschaftlichen Normen und Bedingungen aus. Die Datenbasis ist gering, doch lassen sich einige Unterschiede benennen. Lesbische Frauen gehen homosexuelle Kontakte im Schnitt fünf Jahre später ein als ihre männlichen Pendants. Junge Frauen verlieben sich allerdings deutlich früher als junge Männer (vgl. *Senatsverwaltung für Schule, Jugend und Sport* 2001, S. 14 f.). Eine weitere Diskrepanz besteht in der Wahrnehmung der eigenen gleichgeschlechtlichen

Gefühle. Nach *Rauchfleisch* (vgl. 2011, S. 88 f.) kann dies vereinfacht veranschaulicht werden: Lesben verbinden diese meist mit einer bestimmten Frau und einer außergewöhnlichen Anziehung. Schwule hingegen spalten diese eher von der Person ab und reduzieren die Gefühle auf den sexuellen Akt allgemein. Viele betonen dabei den Genuss von Alkohol. Einige lesbische Frauen pflegen nach ihrem Coming-out weiterhin auch sexuellen Kontakt zu Männern, da sie unbewusst fürchten, dass ihnen die errungenen sozialen Privilegien, die sie zusammen mit einem Mann erhalten haben, wieder aberkannt werden. Diskriminierung kann dabei in einer intersektionalen Betrachtungsweise doppelt wirken: aufgrund der sexuellen Orientierung und der Geschlechtsidentität.

Die frühkindlichen Erfahrungen wirken sich auch in der explorativen Phase aus. Ein Kind, das negative Gedanken in der Bindung mit seinem gleichgeschlechtlichen Elternteil gemacht hat und diese Feindseligkeiten nicht auflösen konnte, verinnerlicht diese in Verbindung mit dem Geschlecht. Um nicht wieder diesem Verletzungspotenzial ausgesetzt zu werden, kann es sein, dass Beziehungen abgebrochen werden oder sich diesen langsam entzogen wird. Jeglicher Sehnsucht nach Liebe zum Trotz. Dabei findet ein Rollentausch, vom Opfer zum*zur Täter*in, statt. Es kann auch sein, dass eine zurückgebliebene Leere mit einer Vertreterperson gefüllt werden soll. Damit gehen hohe Erwartungen einher, die auf die liebste Person projiziert werden, die diese nicht erfüllen kann. Daraus resultieren ebenfalls Beziehungsabbrüche bei der Suche nach dem perfekten Partner (vgl. *Rauchfleisch* 2011, S. 90 f.).

Aus diesen Vorgehensweisen lassen sich Muster erkennen, die auf die tiefgreifende Störung der Beziehungsebene zurückzuführen sind. Ist das der Fall, kann therapeutische Unterstützung bei der Bearbeitung helfen (vgl. *Rauchfleisch* 2011, S. 91 f.).

In Zeiten von HIV sei auf die nicht mehr völlig frei und sorglose Exploration hingewiesen. Ungeschützter Sex bekommt in diesem Kontext eher eine fahrlässige, wenn nicht sogar eine gefährliche Komponente. Auf der Kehrseite fördert dies die Kommunikation über eingegangene Beziehungen, Treue und gegenseitige Verantwortung. Dies kann für nicht-heterosexuelle Menschen in dieser Phase eine Überforderung darstellen und zu weiterer Verunsicherung führen. Dabei sind die Aspekte gemeint, sich in seinen Unsicherheiten auszuprobieren mit noch bestehenden Schuld- und Schamgefühlen besetzt, dass es nicht möglich ist, sich tiefgreifend und weitreichend hiermit auseinandersetzen zu können. Der Austausch mit anderen Personen ist zu diesem Zeitpunkt ungemein wichtig. Die Gefahr besteht im Rückzug, bzw. Vermeiden von Beziehungen, um sich dieser Thematik erst gar nicht auszusetzen oder einer Verdrängung und Aussetzung potenzieller Risiken (vgl. *Rauchfleisch* 2011, S. 92 f.).

8.4.4 Das Eingehen erster (fester) Beziehungen

Nach dem Ausprobieren folgt *das Eingehen erster (fester) Beziehungen*. Hierbei kommen sexuelle wie auch emotionale Aspekte zum Tragen:

> „Es kommt in dieser Phase vielmehr zu einer ganzheitlichen, personalen Beziehung, die körperliche und seelische Aspekte gleichermaßen umfasst und dadurch, dass die Partnerinnen respektive Partner sich nun auch in der Öffentlichkeit als Paar präsentieren, eine andere soziale Realität erhält als die früheren, in der Regel unbekannt bleibenden Beziehungen" (*Rauchfleisch* 2011, S. 94).

Tiefgreifendere, stabilere emotionale Beziehungen mit hoher Intensität können aufgebaut werden, was zuvor so nicht möglich war. Die zuvor gemachten Erfahrungen von Nähe und Distanz gilt es auszubalancieren. Themen, wie eingegangene Beziehungen, Treue, gegenseitige Verantwortung, Unterstützung, Fürsorge, Verbundenheit kommen auf und werden gemeinsam bearbeitet. Auch die Frage nach der gelebten Beziehungsform wird aufgeworfen. Ein Beziehungsalltag mit all seinen Pflichten und Rechten, Auseinandersetzungen sowie Kompromissen wird kreiert (vgl. *Rauchfleisch* 2011, S. 94 f.).

Längere Beziehungen mit ihren gemeinsam erlebten Erfahrungen führen meist zu einem starken Zusammengehörigkeitsgefühl mit tiefer emotionaler Verbundenheit. Dieses hilft, belastende Krisen gemeinsam zu überstehen und weiter dadurch zu reifen.

Neben der Auseinandersetzung mit und der möglichen Umsetzung eines Kinderwunsches, der noch immer einigen Beschränkungen, vor allem für schwule Männer, unterworfen ist, suchen viele Paare nach einem gemeinsamen Feld der Verwirklichung. Hierzu gibt es berufliche, politische, freizeitliche, soziale und kirchliche Bereiche. Maßgeblich für eine Verwirklichung in diesen Bereichen ist wiederum die Umwelt. Sie kann durch Homonegativität den Zugang zu diesen Bereichen verwehren (vgl. *Rauchfleisch* 2011, S. 96 f.).

Die Begrifflichkeit, „Eingehen erster (fester) Beziehungen" wurde gewählt, da die meisten Beziehungen relativ stabil eine längere Zeit bestehen, sich aber auf längere Sicht wieder trennen und neue Beziehungen eingehen. Im Vergleich zu heterosexuellen Menschen gehen aus den vergangenen Beziehungen öfters Freundschaften hervor. Erklärungsversuche der Trennungen weisen auf die mangelnden Vorbilder, die individuelle, strukturelle und institutionelle Diskriminierung oder es liegt, nach *Rauchfleisch* (vgl. 2011, S. 100 f.), einfach im „Wesen“ von lsb Menschen. Diese Argumentationen konnten, bis auf den „Wesenszug“ in unterschiedlichen Studien die durch *Watzlawik und Heine* (vgl. insg. 2009) zusammengetragen wurden, bestätigt werden. Zusammengefasst kann gesagt werden, dass gleichgeschlechtliche Partnerschaften auf den gleichen Prinzipien, Prozessen und Beziehungsdynamiken basieren, wie heterosexuelle.

> „Entgegen mancher bestehender Vorurteile unterscheiden sich nichtmonogame und monogame schwule Paare weder in Bezug auf die Partnerschaftszufriedenheit noch in Bezug auf die sie beeinflussenden Faktoren. Für die Partnerschaftszufriedenheit scheint nicht der Faktor Monogamie, sondern viel eher die Einigung auf transparente, konkrete und praktikable Vereinbarungen (wie Offenlegung und Verlagerung des Sexualverhaltens sowie die Verhinderung einer Übertragung sexueller Krankheiten) entscheidend zu sein“ (*Kirchhof/Heine/Kröger* 2009, S. 41).

Der Unterschied liegt allein in der differenzierten Unterstützung von Seiten der Gesellschaft mit Blick auf Hetero- und Homosexualität und nicht im „Wesen“.

Auffällig scheint zu sein, dass heterosexuelle Menschen nach einem Beziehungsabbruch längere Zeit alleine bleiben und ähnliche Partner*innen wie zuvor wählen. Lsb Menschen scheinen eher dazu zu lernen und Nähe/Distanz in der nächsten Beziehung noch besser ausbalancieren zu können, was für eine bessere Wahrnehmung eigener und Partner*innenschaftlicher Bedürfnisse spricht (vgl. *Rauchfleisch* 2011, S. 101).

8.4.5 Die Integration, dauerhafte Paarbeziehungen und das höhere Lebensalter

Als letzte Phase kann *die Integration, dauerhafte Paarbeziehungen und das höhere Lebensalter* gesehen werden. Lsb Menschen gehen in ihr langfristige und, wie schon bei den ersten (festen) Paarbeziehungen erwähnt, tiefgreifende Beziehungen ein. Lesbische Frauen früher als schwule Männer. Es geht dabei darum sich

> „[…] aufeinander einzustellen, den Alltag mit seinen kleinen und großen Problemen miteinander zu meistern und eine ganzheitliche, personale Beziehung aufzubauen, zu der die seelische Verbundenheit und die sexuelle Beziehung ebenso gehören wie die gemeinsamen Interessen und die Gestaltung einer spirituellen Dimension“ (*Rauchfleisch* 2011, S. 103).

Der gravierende Unterschied im Vergleich zur vorherigen Phase, ist die nun entstehende starke Verbindlichkeit, mit der die Partner*innen ihre Beziehung führen. Dies geht einher mit längeren Zeiträumen der Beziehung sowie einer gesteigerten emotionalen Intensität bei gleichzeitig sinkender emotionaler Steuerung. Diese Phase erreichen nicht nur lsb Personen, sondern Menschen aller sexueller Orientierungen und sie ist insbesondere durch eine Verbesserung der zwischenmenschlichen Kommunikation gekennzeichnet.

Allgemein postuliert kann werden, dass emotionsgesteuerte Beziehungen auf der einen Seite mit hoher Zufriedenheit, Geborgenheit, Vertrauen und Nähe einhergehen. Auf der anderen Seite können sie jedoch auch zu massiven Enttäuschungen führen, aus denen Hass und Gewalt resultieren können (vgl. *Rauchfleisch* 2011, S. 103 ff.).

Im Alter sind nicht-heterosexuelle Menschen mit denselben Problemen konfrontiert wie Heterosexuelle. Anzumerken ist nicht die sexuelle Orientierung als Besonderheit, sondern eher die Lebensform. Alleinstehende Menschen ohne Partner*in und Kinder können nicht auf den Familienkreis aus mehreren Generationen zurückgreifen. Dies erhöht die Gefahr von Alterseinsamkeit. Die große Chance liegt in der schon früh sehr ausgeprägten Reflektion der Beziehungssituation von nicht-heterosexuellen Menschen und darin, bewusst Beziehungen zu knüpfen und zu pflegen. Sie sind in dieser Hinsicht oft ihr Leben lang auf sich alleine gestellt und kommen daher besser mit solchen Herausforderungen zurecht (vgl. *Rauchfleisch* 2011, S. 106 ff.).

Zusammenfassend kann gesagt werden, dass nicht-heterosexuelle Menschen einen besonderen Bedarf an Unterstützung in diesem Prozess haben. Ihnen kann z. B. durch Beratung geholfen werden. Dabei gilt es auf folgendes zu achten:

> „[…] vonseiten der Beraterinnen und Berater eines sehr subtilen Vorgehens, bei dem insbesondere jeder in irgendeiner Richtung gehende Druck moralischer, weltanschaulicher oder sonstiger Art und jegliche suggestive Einflussnahme unbedingt vermeiden werden müssen. Die Berater sollten sich mit ihrem Fachwissen und mit einer unvoreingenommenen Haltung den Heranwachsenden als Gegenüber zur Verfügung stellen und es den Ratsuchenden ermöglichen, im Dialog mit ihnen sich selbst zu finden, sich zu artikulieren und sich zu akzeptieren …" (*Rauchfleisch* 2011, S. 82).

Angesichts der großen Bedeutung der ersten Erfahrungen mit dem eigenen Coming-out ist es besonders von Seiten der Fachkräfte wichtig adäquat zu reagieren:

> „Die in Beratungsstellen, Kliniken und privaten Praxen Tätigen sollten sich umfassend über den neuesten Erkenntnisstand zum Thema ‚Homosexualität‘ informieren und allenfalls bestehende eigene Vorurteile selbstkritisch reflektieren. Nur so kann es ihnen gelingen, lesbische, schwule und bisexuelle Menschen ebenso wie ihre Angehörigen im Prozess des Coming-out fachlich fundiert und menschlich einfühlsam zu begleiten“ (*Rauchfleisch* 2011, S. 82).

Nach dem Modell von Colemann und Rauchfleisch folgt nun das Modell von Cass. Dabei werden neue Aspekte aufgeworfen, um das Verständnis des Coming-out-Prozesses zu vertiefen.

8.5 Das Coming-out-Modell nach Cass

Das Modell beruht auf der zwischenmenschlichen Kongruenztheorie. Es bezieht sich eher auf die innerpsychischen Vorgänge von nicht-heterosexuellen Menschen und wurde in der praktischen Arbeit mit homosexuellen Menschen entwickelt. Gemeinsam haben beide Modelle die Identitätsfindung und -integration. Das Modell von Cass ist unterteilt in eine vorangegangene Vorstufe und sechs Hauptphasen. Die Phasen werden nicht als starr angesehen, sondern individuell auf den einzelnen Menschen gedeutet. In jeder Phase ergeben sich einzigartige alternative Entwicklungspfade. Dabei kann jeder Mensch auf allen Stufen für sich zu einem stimmigen Endpunkt kommen und in diesem verbleiben. Dem Menschen wird in diesem Modell auch eine selbststeuernde Rolle zugeschrieben, es orientiert sich an dessen Wahrnehmung, Verhalten und der Handlungen, die aktiv veränderbar sind. Dabei handelt der Mensch übereinstimmend mit dem, was er aus seiner Umwelt wahrnimmt. Die soziale Struktur stellt darin das zwischenmenschliche Umfeld von der Person her, indem reguliert wird, wie sich andere gegenüber ihr verhalten. In diesem Umfeld entwickelt die Person eine Annahme, wie sie von den anderen Menschen betrachtet wird. Diese Wahrnehmung spielt eine entscheidende Rolle bei der Aufrechterhaltung von Verhaltensmustern. Die Basis für Stabilität und Veränderung wird in diesem Modell somit in der zwischenmenschlichen Matrix verortet (vgl. *Cass* 1979, S. 219 ff.). Sie besteht aus drei Kernelementen:

- Die Wahrnehmung eines eigenen Merkmals, das man sich selbst zuschreibt.
- Das eigene Verhalten als direktes Resultat dieser Eigenschaft.
- Die Wahrnehmung der Sichtweise beruht auf der Wahrnehmung einer anderen Person und deren Perspektivübernahme. Also ob die Person ei-

nen genauso wahrnimmt wie man sich selbst – Fremdwahrnehmung. Der Fremdwahrnehmung von außen mit Möglichkeit der Perspektivadaption.

Eine zwischenmenschliche Matrix ist eine wiederkehrende funktionale Beziehung zwischen diesen drei Komponenten, der Selbst- und Fremdwahrnehmung. Jede dieser Komponenten hat einen aktiven Teil, und wirkt sich positiv oder negativ aus, je nach Stärke der Wahrnehmung, die der Mensch ihr zukommen lässt. Das Bedürfnis eines Menschen liegt in der Kongruenz aller drei Kernelemente. Passen diese nicht überein, kann die entstandene Inkongruenz wie folgt gelöst werden:

- Die Wiederherstellung der Ursprungsmatrix, sodass keine Veränderung der Wahrnehmung des Selbst nötig ist.

oder

- Die Bildung einer neuen sozialen Matrix mit neuer Selbstwahrnehmung.
- Die Auflösung von Inkongruenzen kann wiederum zu einem Handeln führen, die das zwischenmenschliche Umfeld verändert.

Je mehr zwischenmenschliche Unterstützung eine oder mehrere Matrizen bietet, desto resistenter wird sie gegen Veränderungen. Ein weiterer Einfluss besteht in der Bewertung des dritten Kernelements (vgl. *Cass* 1979, S. 221).

Zugrunde liegt die Annahme, dass jeder Mensch Homosexualität als positiv bewerteten Status akzeptieren kann. Grundlegend sind auch die Annahmen, dass die Identität, die mit der sexuellen Orientierung einhergeht, durch die Umwelt und die Interaktion mit ihr gebildet wird. Es wird unterschieden in persönliche, private und öffentliche, soziale Aspekte der sexuellen Orientierung. Die privaten und beruflichen Outing-Prozesse verlaufen in diesem Modell getrennt, haben dennoch großen Einfluss aufeinander. Menschen können somit privat ihre Homo- bzw. Bisexualität leben, aber im beruflichen Kontext als heterosexuell gedeutet werden. Das gleiche gilt beispielsweise für Travestiekünstler*innen, denen oft automatisch eine nicht-heterosexuelle Orientierung unterstellt wird. Mit zunehmender Identitätsentwicklung wächst die Kohärenz zwischen den beiden Identitäten und führt im Endstadium zu einer umfassenden und integrierten homosexuellen Identität. Dabei stellt die Inkongruenz die motivierende Ausgangslage dar, sich mit den eigenen Gefühlen, Gedanken und Verhalten auseinanderzusetzen und die Phasen zu durchlaufen. Die Entwicklung beginnt, wenn die Person die Inkongruenz zwischen Selbst- und Fremdwahrnehmung aufzulösen versucht. Eine vollkommende Auflösung der Inkongruenz stellt Cass aufgrund der westlichen

Einstellung zur Homosexualität nicht in Aussicht, aber diese kann auf ein erträgliches Niveau reduziert werden (vgl. *Cass* 1979, S. 219 ff.).

Das Modell bezieht sich auf die Erfahrungen von Schwulen und Lesben. Es wird erwartet, dass sozialisationsbedingt beide Gruppen unterschiedliche Ansätze in Bezug auf ihre Identitätsentwicklung benötigen. In ähnlicher Weise hat das Alter eines Individuums aufgrund des ausgeprägten Kontrasts zwischen früheren und gegenwärtigen gesellschaftlichen Einstellungen und Erwartungen einen erheblichen Einfluss darauf, wie er mit dem Entwicklungsprozess umgeht (vgl. *Cass* 1979, S. 221 ff.). Folgend werden nun die Stufen der Identitätsentwicklung nach Cass ausführlich dargelegt. Zum besseren Überblick dient die nachfolgende, zusammenfassende Abbildung.

Abbildung 8: Phasenmodell Coming-out nach Cass

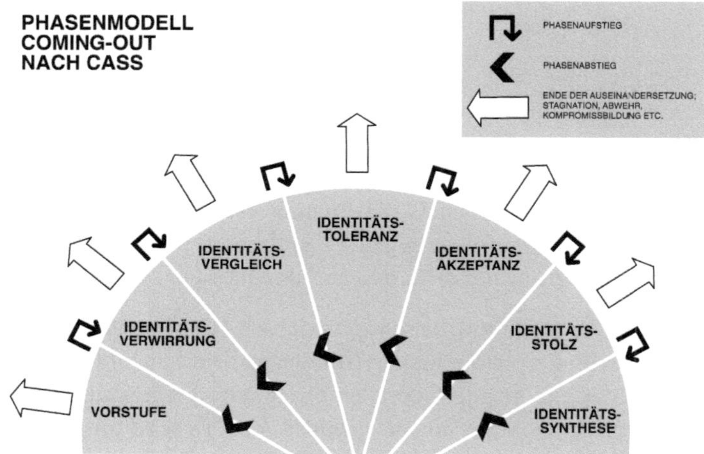

8.5.1 Vorstufe

In der *Vorstufe* betont Cass vorneweg die persönliche Beurteilung, die eine Person vor ihrem Coming-out von Homosexualität hat. Sie spricht hier die heteronormative Gesellschaft, in der jeder antihomosexuell sozialisiert wird, an, wie im dritten Kapitel beschrieben. Heterosexualität und, unter bestimmten Umständen, Asexualtität gelten als einzig akzeptierte Lebenswelten. Homosexualität wird indes nur in geringem Maß, wenn überhaupt positiv bewertet und mit einem Stigma besetzt. Hierdurch kommt der sozialen Struktur der Kultur, in der eine Person lebt, eine starke Bedeutung zu. (vgl. *Cass* 1979, S. 221 ff.).

In dieser vorläufigen Phase unterstützt das zwischenmenschliche System die Vorstellung heterosexuell und ein Teil der Mehrheit zu sein. Kognitive Kongruenz besteht zwischen allen drei Kernelementen mit dem Passus heterosexuell (vgl. *Cass* 1979, S. 222).

8.5.2 Phase 1: Identitäts-Verwirrung

In der ersten Phase, der *Identitäts-Verwirrung* nimmt die nicht-heterosexuelle Person alle Informationen über Homosexualität wahr und bezieht diese auf sich selbst, während heterosexuelle Menschen die Informationen als persönlich irrelevant einstufen. Erst das Verknüpfen und der Bezug zur eigenen Person starten den Identitätsbildungsprozess und können als Ausgangspunkte hierfür gesehen werden. Das alleinige Wahrnehmen ohne persönlichen Bezug reicht nicht aus. Mit fortschreitender Personalisierung der Informationen wächst das Bewusstsein der Inkongruenz, bis es nicht mehr ignoriert werden kann. Die Erkenntnis, dass die eigenen Gefühle, Gedanken oder das eigene Verhalten von der zuvor vermittelten heterosexuellen Lebenswelt abweichen, stellt eine Inkongruenz zur vorherigen stabilen Situation dar. Dieser Widerspruch zur Selbst- und Fremdwahrnehmung ist paradoxerweise umso größer, je klarer die Person diese als homosexuell definiert. Die Inkongruenz führt zur Verwirrung und daraus resultierendem Aufruhr. Für die Person ergibt sich die Frage nach der eigenen nicht-heterosexuellen Orientierung, tiefgreifende Fragen nach der eigenen Identität mit dem Gefühl der eigenen persönlichen Entfremdung kommen auf (vgl. *Cass* 1979, S. 222 f.). Die Inkongruenz kann gelöst werden durch die folgenden Muster:

1. Die Gefühle, Gedanken oder das Verhalten werden als zutreffend und akzeptabel eingestuft. Es kommt zu keiner Verhaltensänderung, jedoch zur Zuschreibung und Definierung eines anderen Merkmals, der Homosexualität. Weitere Informationen werden herangezogen. Hierdurch verstärkt sich die Inkongruenz, die in Stufe 2 versucht wird aufzulösen.
2. Die Gefühle, Gedanken oder das Verhalten werden wahrgenommen sind aber unerwünscht, inakzeptabel.

Hieraus ergeben sich wiederum drei Ansätze in der interpersonalen Matrix:

- Verhaltensweisen, die mit Homosexualität in Verbindung gebracht werden, werden gehemmt/unterdrückt.
- Jegliche Informationen über Homosexualität wird eingeschränkt und kontrolliert.
- Die persönliche Relevanz solcher Informationen wird abgelehnt.

Gelingt die Anwendung einer der drei Strategien werden die Konflikte und die Verwirrung verdrängt und eine Abschottung der Identität findet statt. Mit Abschottung der Identität ist eine Stagnation, Abwehr, Rückkehr zur vorherigen Phase oder Kompromissbildung gemeint (vgl. *Göth/Kohn* 2014, S. 26). Diese Strategien sind umso erfolgreicher, wenn die Existenz von eigenem homosexuellem Verhalten in der Vergangenheit geleugnet wird und eine homonegative Haltung eingenommen wird.

3. Es kann auch eine Position der vermeintlichen Asexualtität eingenommen werden um persönliche Konflikte aus dem Weg zu gehen. Manche Menschen versuchen auch durch eine Bestärkung und Bekräftigung ihrer Heterosexualität Konflikten entgegenzuwirken.

Ob das homosexuelle Verhalten erfolgreich gehemmt werden kann, hängt an den folgenden drei Faktoren ab:

- Dem Geschick, sich potenziell provokanten Situationen zu entziehen.
- Der erfolgreichen Anwendung von Verweigerungs-, und Bewältigungsstrategien
- Dem Durchhaltevermögen, sich als asexuell oder heterosexuell auszugeben.

Das eigene Überstülpen einer nicht passenden sexuellen Orientierung versucht in dessen Folge durch unpassende sexuelle und emotionale Reaktionen Stress und „aufgesetztes Verhalten“. Familiärer Druck kann in einigen Fällen zu einer Verschärfung der Situation führen (vgl. *Cass* 1979, S. 223 f.).

Wenn es nicht gelingt die interpersonale Matrix wieder in ihre ursprüngliche Form zurück zu versetzen, verändert sich die eigene Merkmalszuschreibung zwangsläufig. Hier setzt eine starke Internalisierung von Homonegativität ein, die zu einer selbsthassenden Identität werden kann. Manchmal spalten Menschen das Merkmal der Handlung ab und legitimieren so ihre Verhaltensweisen. Dies schützt die interpersonelle Matrix und eröffnet einen Raum, sich auszuprobieren, und kann in der Folge zu einer neuen Selbstdefinition oder der erneuten Hemmung des Verhaltens führen. Homosexualität kann auch neu definiert werden. So können Zungenküsse, Emotionen etc. als homosexuell gewertet werden, während genitale Kontakte nur als „herumalbern“ definiert werden können. Der Kontext des Verhaltens oder das Verhalten in unterschiedlichen Kontexten kann neu definiert werden. Das eigene Selbst kann so von der Situation abgetrennt und eine künstliche persönliche Unschuld generiert werden. Wird diese Eigendefinition aufgelöst, wird die ursprüngliche Bedeutung der Verhaltensweise wiederhergestellt und von der

Person zurückgewiesen. Bei der Anerkennung der eigenen Nicht-Heterosexualität, kann sich die Definition des Verhaltens wieder an die Merkmalszuschreibung anpassen (vgl. *Cass* 1979, S. 224 f.).

In der Phase 1 teilen sich nicht viele Menschen einer anderen Person mit, da die innere Auseinandersetzung nebulös und als sehr intim wahrgenommen wird. Aufgrund dessen versuchen die meisten Menschen dies mit sich alleine auszumachen, außer es ist erforderlich, um Strategien zur Bewältigung der Inkongruenz beizubehalten oder zu initiieren (vgl. *Cass* 1979, S. 225). Zur Verdeutlichung kann dies an einem kurzen Fallbeispiel erläutert werden:

Ein Jugendlicher spürt, dass er schwul ist und teilt sich keinen außenstehenden Personen mit. Auf Nachfragen von Freunden, ob er denn auch endlich eine Freundin hat, gibt er an, dass er sich regelmäßig mit einem Mädchen trifft und mit ihr öfters ein Eis essen geht. Er gibt sich also als heterosexuell aus. Irgendwann findet ein Klassenkamerad heraus, dass das Mädchen eigentlich ein Junge ist. Um nicht vollständig geoutet zu werden, sucht der Junge das Gespräch mit seinem Klassenkameraden und outet sich bei ihm, mit der Bitte dem Rest der Klasse nichts davon zu erzählen und seine Geschichte mit dem Mädchen zu bestätigen, um weiterhin als heterosexuell vom Rest der Klasse gesehen zu werden.

8.5.3 Phase 2: Identitäts-Vergleich

Bei der Annäherung an eine Akzeptanz der eigenen nicht-heterosexuellen Orientierung folgt Phase 2, der *Identitäts-Vergleich*. Die nicht-heterosexuelle Orientierung wird für sich in Betracht gezogen und die Verwirrung und der Aufruhr der vorigen Phase reduzieren sich hierdurch. Die Person kann sich nun der Frage nach dem eigenen Selbst widmen und so die persönliche Identitätskrise bearbeiten. Die Akzeptanz der nicht-heterosexuellen Orientierung führt zu einem Konflikt mit dem erlernten Verhalten, Erwartungen, Normen und Werte der Gesellschaft. Sie sind nicht mehr in dem Ausmaß zutreffend und damit relevant. Eine neue Bedeutungsfindung für das eigene Leben sowie das Auseinandersetzen mit heteronormativen Strukturen beginnt (vgl. *Cass* 1979, S. 225 f.). Die Unterschiede der drei Kernelemente werden bewusst und mit dem eigenen Verhalten in Verbindung gebracht. Somit wird die Inkongruenz in der Außenwahrnehmung in der interpersonalen Matrix deutlich. (vgl. *Cass* 1979, S. 225).

Die „Andersartigkeit“ wird bewusst und das Gefühl einer Entfremdung zur gesamten Gesellschaft kommt auf. Faktoren wie geographische und soziale Isolation können das Gefühl der Entfremdung verstärken. Die aus der Entfremdung entstehende Angst kann durch die Zugehörigkeit zu einer Bezugsgruppe verstärkt oder verringert werden.

Der Verlust der vertrauten Strukturen kann dazu anregen, Kontakt zu anderen Menschen aufzunehmen. Oft wird professionelle Hilfe gesucht. Der Fokus sollte sich dabei nicht auf die Homosexualität als Problem beziehen, sondern auf die Entfremdung und den Verlust der alten Strukturen. Es gibt vier Ansätze, welche im Folgenden aufgeführt werden, die das Gefühl der Entfremdung verringern (vgl. *Cass* 1979, S. 225 f.).

Der *erste Ansatz* kommt zum Tragen, wenn die Person die eigene Orientierung und die Verhaltensweisen angenommen hat und als positiv bewertet. Dabei werden drei Personengruppen unterschieden:

- Personen, die das Gefühl haben schon „immer anders" gewesen zu sein und sich nun endlich identifizieren und zu einer Gruppe zählen können.
- Personen, die in ihrem gesamten Leben die heterosexuelle Rollenerwartung ablehnten und für die Gewissheit homosexuell zu sein eine Legitimation ihrer Ablehnung bedeutet.
- Personen, die es aufregend finden „anders" zu sein und sich als etwas Besonderes ansehen.

Die Fremdwahrnehmung der eigenen Person keine zu große Bedeutung zukommen zu lassen verringert die Inkongruenz zu ihr. In der Öffentlichkeit existiert weiterhin das Bild der eigenen Heterosexualität durch das Aufrechterhalten alter Verhaltensmuster und verhindert somit negative Bewertungen durch andere. Dies verschafft Zeit um sich mit der eigenen Nicht-Heterosexualität auseinanderzusetzen und sich mit ihr zu arrangieren (vgl. *Cass* 1979, S. 226).

Wie effektiv eine Coming-out Strategie genutzt werden kann, hängt dabei von der Fähigkeit ab mit sozialen Rollen spielen zu können. Hierbei helfen folgende Strategien:

- Vermeiden von Bedrohungssituationen
- Kontrolle persönlicher Informationen
- Inszenierung der eigenen „Heterosexualität oder Asexualtität"
- Einnahme von Rollendistanz zur Homosexualität

Wenn dies gelingt kann die Inkongruenz weiter verringert, aber nicht beseitigt werden. Die Reduktionsversuche münden in der Phase 3 (vgl. *Cass* 1979, S. 227).

Der *zweite Ansatz* zur Verringerung der Inkongruenz in Phase 2 greift, wenn die homosexuelle Bedeutung des Verhaltens akzeptiert, jedoch ein homosexuelles Selbstbild nicht angenommen werden kann. Es werden Strategien entwickelt um die Annahme der Identität nicht durchzuführen, aber auch das Verhalten nicht verändern zu müssen.

- Sonderfallstrategie: Es wird ein direkter Bezug zur begehrten Person hergestellt. Homosexuelles Begehren wird nur an diese eine Person geknüpft.
- Bisexuelle Strategie: Die Person nimmt sich sowohl als frauen- als auch männerliebend wahr. Auch wenn kein heterosexuelles Verhalten ausgeübt wird, bleibt diese Option in der eigenen Wahrnehmung offen. Sie bietet den einfachsten Umgang mit Entfremdungsgefühlen, da die Entfremdung nicht vollständig vollzogen wird und ja „alle" Menschen etwas bi sind.
- Temporäre Identitätsstrategie: Die eigene Homosexualität wird als vorübergehend und wählbar angesehen. Sie sei in der Zukunft jederzeit änderbar.
- Persönliche Strategie der Unschuld: Sie wird oft von Menschen angewandt, die ein homosexuelles Selbstbild als sehr negativ betrachten. Sie akzeptieren es und lehnen es zugleich ab, um die Verantwortung hierfür nicht übernehmen zu müssen. Im Fokus steht die Aussage „nichts dafür zu können". Dies ermöglicht homosexuelles Verhalten und die Akzeptanz dieser, nimmt aber nur gering das Gefühl der Entfremdung. Die Folge ist internalisierte Homonegativität.

Wie beim ersten Ansatz wird so die soziale Inkongruenz verringert. Der Fokus wird auf die sexuelle Identitätsmatrix gerichtet und kann durch den Menschen verstärkt werden. Der Mensch kann enorme Energie aufwenden, um sein Umfeld und sich selbst glaubhafter in diesen Strategien zu verorten und damit diesen Aspekt als von allen anderen in seinem Leben getrennt darzustellen (vgl. *Cass* 1979, S. 227 f.).

Der *dritte Ansatz* der Annäherung der Inkongruenz in Phase 2 erfolgt, wenn homosexuelles Selbstbild und Verhalten übereinstimmen, aber die Fremdwahrnehmung die Homosexualität aufgrund des starken Gefühls der Entfremdung als negativ ansieht. Dies ist bei homonegativen Reaktionen des Umfelds von Bedeutung. Bewältigungsstrategien können helfen verdeckte oder offene Verhaltensweisen zu ändern, um nicht mehr im Fokus homonegativer Diskriminierung zu gelangen (vgl. *Cass* 1979, S. 228 f.).

Offene Verhaltensweisen werden gehemmt und verdeckter gelebt, dies hat den Vorteil, dass die Person nicht bloßgestellt wird und ihr Selbstbild kongruent bleibt. Die Hemmung aller sexuellen Verhaltensweisen kann eine asexuelle Wahrnehmung der eigenen Person fördern, sie birgt jedoch die Gefahr einer Abschottung der Identität (vgl. *Cass* 1979, S. 228 f.). Verdecktes Verhalten und Selbstbild sind kongruent und offenes Verhalten und Fremdwahrnehmung ebenfalls. Aus diesem Vorgehen bleibt eine Spannung für die betroffene Person zurück und führt zu zwei Maßnahmen:

- Die Person kann offenes und verdecktes Verhalten hemmen und damit eine Abschottung der Identität auslösen.

oder

- Die Person versucht den Einfluss anderer zu verringern, sodass die Verhaltensweisen freier gelebt werden können (vgl. Cass 1979, S. 228 f.).

Der *vierte Ansatz* wird verwendet, wenn Identität und Verhaltensweisen als unerwünscht wahrgenommen und verändert werden sollen. Dies geschieht bei extremer Entfremdung, der Hemmung aller homosexueller Verhaltensweisen und der negativen Darstellung von Homosexualität. Das Selbst als homosexuell wird komplett abgelehnt. Die Person versucht sich als asexuell oder heterosexuell zu sehen. Bei Erfolg kommt es zur Abschottung der Identität. Wenn dies nicht gelingt, kann dies zu extremen Selbsthass führen (internalisierter Homonegativität), aus dem ein Suizid hervorgehen kann (vgl. *Cass* 1979, S. 229).

8.5.4 Phase 3: Identitäts-Toleranz

Nach Beendigung der Phase 2 ist die Identitätsentwicklung von „heterosexuell“ zu „homosexuell“ weiter vorangeschritten und besteht die Annahme, „wahrscheinlich“ homosexuell zu sein. Darauf folgt die dritte Phase, die der *Identitäts-Toleranz*. Die vorschreitende Annahme der eigenen Identität hat wichtige Konsequenzen. Zum einen befreit sie die Person von der Identitäts-Verwirrung und des daraus folgenden Aufruhrs, wodurch soziale, emotionale und sexuelle Bedürfnisse erkannt werden. Zum anderen verstärkt sie die Inkongruenz zwischen Selbst- und Fremdwahrnehmung. Daraus folgt eine verstärkte Wahrnehmung der Entfremdung. Linderung verschafft der Kontakt zur Community, die oftmals als nötig angesehen wird, um der gefühlten Isolation und Entfremdung von anderen entgegenzuwirken. Die Homosexualität wird dabei eher toleriert anstatt akzeptiert. Die Kontakte zur Community helfen bei der Modifikation der interpersonalen Komponente der Matrix und deren Struktur (vgl. *Cass* 1979, S. 229).

Die Person nimmt aufgrund ihres eigenen Selbst und dem daraus resultierenden Verhalten die anderen homosexuellen Personen akzeptierend wahr. Durch die Wahrnehmung anderer „Gleichgesinnter“ fühlt sich die Person nicht mehr so entfremdet, durch das positive Feedback. Gleichzeitig wird das Gefühl nicht heterosexuell zu sein bestärkt. Einzelne Personen werden ausgesucht und agieren als Vorbilder, wodurch das Gefühl der zuvor empfundenen Hilflosigkeit abnimmt. Die Verantwortung für die eigene Lebenssituation wird erkannt und übernommen.

Die emotionale Qualität im Kontakt zu den anderen Homosexuellen ist kritisch zu betrachten. Negative und positive Erfahrungen sind dabei maßgeblich. Nicht gut ausgeprägte soziale Fähigkeiten, Schüchternheit, geringes Selbstwertgefühl, Angst vor dem Unbekannten erhöhen die Schwierigkeit positive Erfahrungen zu machen. Das jeweilige Setting kann für den einen ansprechend und für den anderen abstoßend wirken (vgl. *Cass* 1979, S. 230). Es lassen sich zwei Darstellungen der positiven und negativen Kontakte skizzieren:

- Personen, die Selbstbild und Verhalten in ihrer Matrix als wünschenswert empfinden.
- Personen, die das Verhalten als wünschenswert empfinden, aber nicht das eigene Selbstbild. Sie wendet die in Phase 2 erwähnten Strategien an, um das Selbstbild akzeptabler zu machen. Außenstehende Personen in der Community, die die Person als homosexuell wahrnehmen und diese damit konfrontieren, erzeugen hierdurch eine Spannung. Ob diese Spannung gelöst wird, hängt davon ab, ob der Kontakt als positiv oder negativ wahrgenommen wird. Gestaltet er sich positiv führt dies zu einem stärkeren Bedürfnis, zu der eigenen homosexuellen Identität zu stehen und weiteren Kontakt mit der Community zu haben.

Nach dem positiven Kontakt und dem verringerten Gefühl von Entfremdung scheint ein positives Selbstbild von der eignen Homosexualität viel akzeptabler. Das Engagement für eine homosexuelle Identität nimmt zu.

Negative Kontakte führen zu einer Abwertung der Community. Durch die Kongruenzmechanismen wertet die Person Selbstbild und Verhalten ab und es kann wieder zu einer internalisierten Homonegativität und daraus resultierendem Selbsthasskommen (vgl. *Cass* 1979, S. 230 f.).

Um mit dem Selbsthass fertig zu werden, wendet die Person eine von zwei verfügbaren Strategien an:

- Reduktion der Kontakte zu Homosexuellen: Wird angewendet bei einem geringeren Ausmaß negativ bewerteten Selbstbild und Verhalten.

oder

- Hemmung aller homosexuellen Verhaltensweisen: Wird angewandt, wenn die Person ihr Selbstbild und Verhalten extrem negativ bewertet.

Wenn das Verhalten erfolgreich gehemmt wird, führt dies zu einer Abschottung der Identität. Wird der Kontakt nur eingeschränkt, weist das darauf hin, dass die Person nach der Erfüllung sozialer, emotionaler und sexueller Bedürfnisse sucht.

Durch den Kontakt zur Community kann die Person positive Aspekte wahrnehmen und sich dieser bedienen, wie der Gelegenheit, eine*n Partner*in zu finden, dem Finden von Vorbildern, die Homosexualität als akzeptabel erachten, der Möglichkeit, Strategien für ein besseres Management der eigenen homosexuellen Identität zu erlernen, der Sozialisation in der Community und der Möglichkeit Selbsthilfegruppen zu finden (vgl. *Cass* 1979, S. 231).

Gleichzeitig wird die Person mit den negativen Aspekten konfrontiert, wie die eigene Wahrnehmung, sich mehr mit der eigenen Homosexualität zu arrangieren oder der Möglichkeit des Entdeckt-Werdens innerhalb und außerhalb der Community. Die Gefahr besteht in gering gehaltenen Kontakten zur Community und der Überbetonung dieser negativen Aspekte. Dies kann dazu beitragen die Strategie des geringen Kontaktes beizubehalten.

Bei gelungenem Abschluss der Phase 3 wird das Engagement für ein homosexuelles Selbstbild so weit gefestigt, dass die Person zu ihrer eigenen Homosexualität steht (vgl. *Cass* 1979, S. 231).

8.5.5 Phase 4: Identitäts-Akzeptanz

Diese vierte Phase, die *Identitäts-Akzeptanz* ist gekennzeichnet durch anhaltende und zunehmende Kontakte mit anderen Homosexuellen. Durch den Vergleich mit anderen innerhalb der Community werden homosexuelle Lebensweisen normalisiert. Das homosexuelle Selbstbild wird nun eher akzeptiert anstatt nur toleriert. Freundschaften werden aufgebaut und die Vorzüge sozialer Kontakte werden weiter entdeckt. Andere Homosexuelle werden positiver bewertet und die Kontakte zu ihnen erhalten eine Bedeutung für das eigene Leben. Die Frage nach der Zugehörigkeit kann zunehmend positiver beantwortet werden. Das zwischenmenschliche Umfeld wird durch den Einfluss der Community immer weiter umgebaut. Die Art wie die Menschen, mit denen die Person sich umgibt, die eigene sexuelle Orientierung bewerten, hat starken Einfluss auf die verbleibenden Phasen. Manche Homosexuelle vertreten die Einstellung, dass ihre Homosexualität im privaten, wie auch im öffentlichen Leben vollkommen legitimiert ist. Andere weisen ihr nur eine teilweise Legitimation im privaten Umfeld und getrennt vom Rest der Gesellschaft zu (vgl. *Cass* 1979, S. 231 f.).

Wenn sich die Person der Bewertung der vollständigen Legitimation anschließt, steigt die innere Spannung. Die bisherige Gewichtung der Nicht-Legitimation und der nun steigende innere Druck führt zur Phase 5, der Identitätsentwicklung.

Bei der teilweisen Legitimation entsteht keine hohe Spannung, da die Personen durch vermeidendes Verhalten wie „straight acting“ im öffentlichen Leben mit der bestehenden intrapersonalen Matrix übereinstimmen (vgl. *Cass* 1979, S. 232). Die Person widmet sich nun der Verringerung der Inkongruenz durch drei Strategien:

- Aushalten
- Begrenzung von Kontakten
- Selektive Offenlegung

Die ersten beiden Strategien verhindern eine Zunahme der Inkongruenz und die dritte reduziert sie. Ab der Phase 4 ist die selektive Offenlegung zur Routine geworden und soll vor der Konfrontation mit Heterosexuellen schützen. Negative Kontakte können weiter begrenzt werden, um die Inkongruenz weiter herabzusetzen. Die Lebens- und Arbeitsbedingungen können angepasst werden, um sich freier zu bewegen. Inkongruenz kann durch die selektive Mitteilung der eigenen sexuellen Orientierung gegenüber Vertrauenspersonen und den damit einhergehenden Schutz weiter abgebaut werden. Die Mitteilung minimiert den Druck, der auf einer Person in dieser Phase lastet, dahingehend, dass außenstehende Personen miteinbezogen werden. Beim Erfolg dieser Strategie verbleibt die Matrix unverändert und eine Abschottung der Identität tritt ein. Mit einer geringen Inkongruenz, einer positiv formulierten homosexuellen Identität und einer genügenden Stabilität in zwischenmenschlichen Beziehungen passt die Person zur Community und etablierten Institutionen. Für viele stellt dies eine zufriedenstellende Art von homosexuellem Leben dar.

Bei erfolglosem Anwenden dieser Strategien kann sich die Person für einen erneuten Versuch entscheiden oder die Legitimation ablehnen. Die Inkongruenz wird dann erhöht, was zu einer Transition in die Phase 5 führt (vgl. *Cass* 1979, S. 232).

8.5.6 Phase 5: Identitäts-Stolz

Die Phase 5, *Identitäts-Stolz*, beginnt mit der Inkongruenz zwischen dem akzeptierten Selbstverständnis und der Ablehnung durch die Gesellschaft. Um mit dieser Inkongruenz umgehen zu können, werden Strategien herangezogen, um die Bedeutung der heteronormativen Gesellschaft für sich selbst abzuwerten und die Homosexualität positiver zu bewerten. Dies reduziert den Druck auf die Selbstwahrnehmung. Hierzu wird die Welt eingeteilt, in die Homosexuellen, die als glaubwürdig bewertet werden und denen die Person zustimmt, und die Heterosexuellen, die als diskreditiert bewertet werden und denen die Person nicht zustimmt. Die Identifikation mit der Community führt zu einem Wir-Gefühl und einer damit einhergehenden Gruppenidentität und Zugehörigkeit. Die Person taucht in die Subkultur ein und konsumiert community-spezifische Wissensbestände. Sie schließt sich mit Personen, die die gleiche Philosophie vertreten, zu Gruppen zusammen. Andere Homosexuelle werden als Primärquelle für erfüllende emotionale Beziehungen gesehen. Ein starkes Gefühl des Stolzes, nicht-heterosexuell zu sein, tritt ein (vgl. *Cass* 1979, S. 233).

Mit dieser Identifikation wird die heteronormative Lebensweise weiter abgelehnt, da sie zur homonegativen gesellschaftlichen Stimmung beiträgt. Die starke Identifikation bietet eine alternative und befriedigende Vielfalt von neuen Werten. Ab diesem Zeitpunkt wird eine homosexuelle Identität einer heterosexuellen vorgezogen. Die Inkongruenz wurde auf ein überschaubares Maß reduziert. Im täglichen Leben ist die Person jedoch ständig damit konfrontiert und gezwungen, sich an einen festgelegten Bezugsrahmen zu halten, der die Inkonsistenz zwischen heterosexuellen und homosexuellen Werten verstärkt. Der daraus resultierende Konflikt (Inkongruenz) erzeugt Wutgefühle, die aus Frustration und Entfremdung entstehen. Aus der Kombination von Wut und Stolz entsteht ein Aktivismus, sich für die Belange der Community einzusetzen. Eine gezielte Konfrontation mit dem Establishment wird als der einzige Weg angesehen, die eigene Überzeugung zu bestätigen, dass Homosexualität gut ist (vgl. *Cass* 1979, S. 233).

Die Konfrontation führt zum Ablegen der bisherigen Strategien, die der Verheimlichung der homosexuellen Identität gedient hatten. Die Bedeutung der Wahrnehmung der eigenen sexuellen Orientierung durch heterosexuelle

Menschen wird immer nichtiger. Ein offener Umgang wird weiter gefördert. Hieraus resultieren immer mehr Situationen, in denen die nicht-heterosexuelle Orientierung bekannt ist, wodurch das Selbstbild weiter unterstützt wird, und es bringt die private und öffentliche Identität in Einklang. Andererseits kann dies auch zu Situationen führen, in denen die Inkongruenz zunimmt. Ist der Druck in diesen Situationen zu stark kann es sein, dass die eigene Identität nicht mehr offengelegt wird. Wenn bei einer Offenlegung eine persönliche Bedrohung besteht, kann dies zu einem Konflikt zwischen Ideal und Realität führen. Wird der Konflikt als nicht aushaltbar empfunden, kann eine Veränderung der Lebenssituation oder ein konfrontatives Vorgehen erforderlich werden. Die Wahrnehmung der betroffenen Person entscheidet, ob die Entwicklung fortgesetzt wird oder nicht. Die negativen Reaktionen können als konsistent mit der intrapersonalen Matrix wahrgenommen werden. Bei häufiger Wiederholung von negativen Reaktionen kommt es zur Abschottung der Identität. Wenn jedoch Reaktionen als positiv empfunden werden, entspricht dies nicht den Erwartungen, die entstehende Inkonsistenz führt in die Endphase der homosexuellen Identitätsbildung (vgl. *Cass* 1979, S. 233 f.).

8.5.7 Phase 6: Identitäts-Synthese

Die Endphase geht mit dem Bewusstsein einher, dass weder Heterosexualität noch Homosexualität per se als positiv oder negativ bewertet werden können. Diese Erkenntnis führt wiederum zum Überdenken der Komponentenstruktur der interpersonalen Matrix. Es wird erkannt, dass alle Menschen sämtliche sexuelle Orientierungen akzeptieren können. In der Matrix ist nun eine größere Kongruenz möglich. Im Kontakt mit Heterosexuellen kann das Vertrauensverhältnis wieder verbessert werden. Nicht unterstützende Menschen werden weiter abgewertet (vgl. *Cass* 1979, S. 234).

Die intrapersonale Matrix zeichnet sich nun durch eine maximal mögliche Kongruenz aus, mit einer Inkongruenz auf einem leicht handhabbaren Niveau. Die Wut von Phase 5 wird immer noch erlebt, jedoch mit geringerer Intensität aufgrund der Verringerung der Inkongruenz. Ebenso ist das Gefühl von Stolz immer noch vorhanden, fühlt sich jedoch weniger stark an, durch die Überwindung einer strengen Zweiteilung zwischen heterosexueller und homosexueller Welt. Die Überlappung beider Lebenswelten mit Unterschieden und Gemeinsamkeiten wird angenommen. Persönliche und öffentliche sexuelle Orientierung werden als Teil der Selbstverwirklichung innerhalb der zwischenmenschlichen Umwelt angesehen.

Nach Abschluss dieses Entwicklungsprozesses ist die Person nun in der Lage, die homosexuelle Identität in alle Aspekte des Selbst zu integrieren. Sie wird nicht als herausragender Aspekt der eigenen Identität, sondern als einer von vielen wahrgenommen. Dieses Bewusstsein vervollständigt den Prozess der homosexuellen Identitätsbildung (vgl. *Cass* 1979, S. 234 f.).

Cass betont, dass ihr Modell eine umfassende Leitlinie für das Verständnis der Annahme einer homosexuellen Identität durch eine Person darstellt. Es ist nicht beabsichtigt, dass dies in jeder Hinsicht für alle Menschen zutrifft, da Individuen und Situationen von Natur aus komplex sind. Darüber hinaus ist zu erwarten, dass Änderungen der gesellschaftlichen Einstellungen und Erwartungen im Laufe der Zeit Änderungen im Modell erforderlich machen (vgl. *Cass* 1979, S. 235).

Wie dargelegt werden konnte, kann das Coming-out insbesondere für Jugendliche und junge Erwachsene eine enorme Herausforderung darstellen, die sich zusätzlich zu den zu bewältigenden Entwicklungsaufgaben, in der Pubertät und Adoleszenz, ergibt. Die Soziale Arbeit ist hier aufgefordert Hilfestellung für betroffene Personen zu geben. Das folgende Kapitel liefert hierfür die rechtliche Grundlage, bzw. Verpflichtung den betroffenen Heranwachsenden zu helfen und darüber hinaus gesellschaftspolitisch für sie Stellung zu beziehen.

9 „Mehr als nur Hilfen zur Erziehung" – Das Handlungsfeld der Kinder- und Jugendhilfe unter Beachtung rechtlicher Aspekte der Vielfalt

Die Kinder- und Jugendhilfe (KJH) ist im Achten Sozigesetzbuch verankert und lässt sich allgemein zusammenfassen als:

> „[...] ein sozialer Dienstleistungsbereich, der sich sowohl auf eine öffentliche Infrastruktur zur Pflege, Erziehung und Bildung von Kindern und Jugendlichen als auch auf Interventionsaufgaben und das sog. ‚Wächteramt des Staates' bezieht" (*Struck/Schröer* 2011, S. 724).

Hierunter ist die allgemein gefasste Gesetzeslage des Rechtes „auf Förderung der Entwicklung und Erziehung der Heranwachsenden" (*Struck/Schröer* 2011, S. 724) gemeint. Sie umfasst alle Kinder, Jugendlichen und deren Personensorgeberechtigten mit deren unterschiedlichen Lebenswelten (vgl. *Bernzen/Bruder* 2018, S. 134). Begrenzt wird die KJH durch das Alter. Sie endet mit dem Erreichen des 27. Lebensjahres. Wobei der Übergang, zwischen Jugend- und Erwachsenenalter, fließend ist und somit die starre Altersgrenze der Lebensrealität und der Anwendung der Gesetzesgrundlage nicht gerecht wird (vgl. *Struck/Schröer* 2011, S. 729). Es lassen sich fünf große Sektoren der KJH herauskristallisieren:

- Jugendarbeit, Jugendsozialarbeit, erzieherischer Kinder- und Jugendschutz (§§ 11–15 SGB VIII/KJHG)
- Förderung der Erziehung in der Familie (§§ 16–21 SGB VIII/KJHG)
- Förderung von Kindern in Tageseinrichtungen und Tagespflege (§§ 22–26 SGB VIII//HJHG)
- Hilfen zur Erziehung, Eingliederungshilfe für seelisch behinderte Kinder und Jugendliche, Hilfe für junge Volljährige (§§ 27–41 SGB VIII/KJHG)
- Andere Aufgaben (§§ 42–60 SGB VIII/KJHG)

Diese umschließen folgende Aufgabenbereiche nach § 1 Abs. 3 SBG VIII:

- junge Menschen in ihrer individuellen und sozialen Entwicklung fördern und dazu beitragen, Benachteiligungen zu vermeiden oder abzubauen,
- Eltern und andere Erziehungsberechtigte bei der Erziehung beraten und unterstützen,
- Kinder und Jugendliche vor Gefahren für ihr Wohl schützen,
- dazu beitragen, positive Lebensbedingungen für junge Menschen und ihre Familien sowie eine kinder- und familienfreundliche Umwelt zu erhalten oder zu schaffen.

Aus den Aufgaben und den daraus folgenden Zielen lassen sich individuelle Rechtsansprüche und hoheitliche Aufgaben des Staates ableiten. Diese lassen sich einteilen in Regelversorgungen und deren präventiven Charakter, wie auch Interventionen, die eine Gefährdung des Kindes- und Jugendwohls abwenden sollen (vgl. *Struck/Schröer* 2011, S. 727).

Exekutiv wird die KJH durch die Landesjugendämter vertreten, die sich wiederum in die Verwaltung und den Jugendhilfeausschuss aufgliedern. Die einzelnen Jugendämter in den Kommunen unterstehen ihrerseits dem jeweiligen Landesjugendamt. Sie sind zusammengeschlossen in der Bundesarbeitsgemeinschaft der Landesjugendämter und Mitglied der Arbeitsgemeinschaft für Kinder- und Jugendhilfe (AGJ) (vgl. *Klausch/Struck* 2018, S. 199 ff.).

Da Kinder und Jugendliche noch nicht so stark differenzierte Bewertungsstandards wie Erwachsene für sich implementiert haben, werden Vergleiche und deren Bewertungsprozesse stärker wahrgenommen. Spezifische Selbstwerteinbußen können aus den Vergleichen mit der Lebenswelt anderer Gleichaltriger resultieren. Das alltägliche Bewältigungserleben ist dabei zentral, mit dem „Mangel an der eigenen Person“ und der sozialen Anerkennung (vgl. *Struck/Schröer* 2011, S. 729). Ein lebensweltorientierter Blick auf die Bewältigung der Lebenslage scheint bei der Analyse mit folgender Hilfestellung äußerst hilfreich zu sein. Wie für Kinder und Jugendliche die Teilhabe- und Partizipationsmöglichkeiten adäquat gestaltet werden müssen, bleibt dabei ein offener Diskurs. (vgl. *Struck/Schröer* 2011, S. 730). Wichtig ist nur, dass ihnen Teilhabe und Partizipation grundsätzlich eingeräumt werden muss, nur so ist eine Gleichberechtigung möglich. Diese ist wiederum an der gleichwertigen Verteilung materieller Ressourcen und der sich hieraus ergebenen Unabhängigkeit des Stimmrechts gekoppelt (vgl. *Höblich/Kellermann* 2019, S. 106).

Anzumerken ist hier der bereits erwähnte Beschluss der Bundesarbeitsgemeinschaft der Landesjugendämter, dass die „sexuelle Orientierung ein relevantes Thema aller Bereiche der KJH“ (*BAGLJÄ* 2003) ist. Hierbei stellt sich die Frage, wieso die Relevanz im fachlichen Diskurs und wissenschaftlich fundiert anerkannt, aber in seiner Umsetzung kaum vorgenommen wird (vgl. *Höblich/Kellermann* 2019, S. 105). Die Lebenslagen und deren Besonderheiten, mit stabilisierenden/destabilisierenden Ressourcen, unterstützenden Systemen, wie auch ihren Chancen zur Veränderung, müssen fokussiert werden (vgl. *Struck/Schröer* 2011, S. 730).

Böhnisch arbeitete drei zentrale Bedürfnisstrukturen für Kinder und Jugendliche heraus:

- „[...] das Verlangen nach einem stabilen Selbstwert,
- nach sozialer Anerkennung und
- nach der Erfahrung von Selbstwirksamkeit (aus dem Gefühl, etwas zu bewirken und seine Handlungen kontrollieren zu können)“ (*Struck/Schröer* 2011, S. 730 und *Böhnisch* 2012, S. 139 ff.).

Diese Bedürfnisse werden in sozialen Räumen und Beziehungen aufgesucht und erfahren, um den individuellen Alltag der Individuen zu bewältigen (vgl. *Struck/Schröer* 2011, S. 730).

Wie in der Problemstellung dargelegt weisen unzählige Studien die desaströse Lage von lsb Menschen und ihre Diskriminierung in vielfältigen Lebenssituationen, vor allem in der Kindheit und Jugend, auf. Die unzureichende Berücksichtigung der sexuellen Orientierung als eine Kernidentität des „Mensch-Seins“ in der KJH kann gravierende Folgen für die Betroffenen nach sich ziehen. So können Problemursachen für deviantes Verhalten wie Schulabstinenz, schlechter werdende Noten, Schwierigkeiten im Elternhaus oder mit Freund*innen, soziale Isolation, Drogengebrauch, Depression oder gar Suizid nicht im Kontext der sexuellen Orientierung erkannt werden, da diese zu wenig in den Fokus rückt (vgl. *Höblich/Kellermann* 2019, S. 105). Empirische Befunde hierzu liefert *Hofsäss* (vgl. 2006, S. 6), welcher belegt, dass die Thematik nur von einzelnen, besonders sensibilisierten Fachkräften wahrgenommen wird. Gründe hierfür sind laut *Höblich* (vgl. 2018, S. 194 f.) in zwei Bereichen zu verorten. Zum einen die vorwiegende Tabuisierung der Sexualität in der Praxis Sozialer Arbeit, zum anderen die Sorge, selbst mit Homosexualität in Verbindung gebracht zu werden. Dies meint die Sorge von Heterosexuellen als Homosexuell gesehen und von Homosexuellen die Sorge, ungewollt geoutet zu werden (vgl. *Perels* 2006, S. 56). *Baer* und *Fischer* konnten dies in einer empirischen Untersuchung nachweisen und differenzierter darstellen (vgl. insg. 2019). Menschen, die von Homonegativität betroffen sind, offenbaren aus Scham oder anderen Gründen, ihre eigene sexuelle Orientierung gegenüber den Fachkräften, die ihre Hilfe anbieten, nicht. Wenn sie diesen Zusammenhang überhaupt selbst wahrnehmen und sich nicht gleich die Schuld aufgrund ihrer sexuellen Orientierung selbst geben (vgl. *Steffens/Geisler* 2009, S. 4 ff.). Selbst wenn das Thema benannt wird, besteht die Gefahr, dass die sexuelle Orientierung als wirklich relevant nicht abgetan wird und es zu einer anschließenden Fehlanalyse und -einschätzung der möglichen Handlungsansätze kommt. Eine passgenaue und bedarfsgerechte Hilfe bestmöglicher Qualität und entsprechender Wirksamkeit wird so verfehlt (vgl. *Höblich/Kellermann* 2019, S. 105).

Um genannte zentrale Bedürfnisse erfüllen zu können, müssen die Einschränkungen der Lebensverhältnisse erkannt, die Überwindung der Opferrolle und eine Emanzipation angestrebt werden, damit das Individuum zum Subjekt werden und handlungsmündig aus ihnen hervorgehen kann. Grundlegend erscheint hierbei die Öffnung der Lebensräume (vgl. *Struck/Schröer* 2011, S. 731):

> „Darum bedarf es sozial abgesicherter und damit überdauernder sozialer Sorge, Erziehungs- und Bildungsumwelten sowie -beziehungen für die Kinder und Jugendlichen, in denen sich Strukturen zur Selbstwertschöpfung, Erlangung von Anerkennung und Entwicklung sozial gerichteter Selbstwirksamkeit herausbilden können" (*Struck/Schröer* 2011, S. 731).

Die Bedürfnisstrukturen bekommen vor dem Hintergrund der „Abhängigkeit" und dem daraus resultierenden „Ausgeliefert-Sein" an das gesellschaftliche System, wie z. B. soziale Schicht, Familie, Schule/Klasse, für Kinder und Jugendliche eine besondere Bedeutung. Sie können sich diese meist nicht aussuchen und müssen sich mit den Gegebenheiten und ihrer vulnerablen Lebenssituation arrangieren. Besonders lsb Kinder und Jugendliche können sich hierdurch in einer aussichtslosen Lage befinden, wenn das Umfeld homonegativ agiert (vgl. *Höblich/Kellermann* 2019, S. 104 f.). Als hoheitliche Aufgabe des Staates gilt das „staatliche Wächteramt". Dieses greift ein, sobald die elterliche Fürsorgepflicht an ihre Grenzen stößt und eine Gefahr des Wohles des Kindes besteht. In den Fokus genommen wird allein das Wohl des Kindes aufgrund der Verpflichtung des Staates, für dessen sicheres und kindgerechtes Aufwachsen zu sorgen. Wird ein Heranwachsender aufgrund seiner sexuellen Orientierung in seinem Elternhaus diskriminiert oder erfährt Gewalt, muss der Staat eingreifen und entsprechende Interventionen einleiten (vgl. *Bager/Göttsche* 2015, S. 123). Offen bleibt, wie die KJH die Erfüllung ihrer ordinären Aufgaben und Ziele angesichts der mangelhaften Berücksichtigung der sexuellen Orientierung gewährleistet und den Schutz der Kinder und Jugendlichen sicherstellt.

Die Stadt München hat eine „Befragung von Fachkräften der Kinder- und Jugendhilfe zur Situation von lesbischen, schwulen und transgender Kindern, Jugendlichen und Eltern in München" (*Landeshauptstadt München* 2011) durchgeführt. Die Ergebnisse bestätigen die Missstände in der KJH und können, wie folgt, zusammengefasst werden:

- Die Lebenswelt von lsb Heranwachsenden ist wenig bekannt, das spezifische Fachwissen fehlt.
- Es gibt kaum Angebote für betroffene lsb Heranwachsende in der KJH und wenn, sind sie in der Öffentlichkeitsarbeit nicht sichtbar.
- Ausformulierte Qualitätsstandards bzw. Interventionsformen bei homonegativen Vorkommnissen fehlen.

Wie sich die rechtlichen Rahmenbedingungen und die daraus resultierenden Verpflichtungen diesen auch nachzukommen, im Kontext einer professionellen Sozialen Arbeit einbetten lassen, wird folgend aus professionstheoretischer sowie berufsethischer Perspektive näher beleuchtet. Hierbei wird ein Bezug zur Lebensweltorientierung als Ausgangspunkt des SGB VIII in der heutigen Fassung hergestellt.

10 „Work in progress" – Die Anerkennung sexueller Orientierung als Bestandteil professioneller Sozialer Arbeit

Die nachfolgenden Ausführungen beleuchten die Bedeutung sexueller Orientierung für die Soziale Arbeit aus einer zusammenfassenden, normativ-theoretischen Perspektive. Hierbei wird die Thematik in den Kontext der Lebensweltorientierung, als theoretisches Konzept eingebettet sowie aus berufs- und forschungsethischen Perspektiven beleuchtet. Exemplarisch wird die Methode der Einzelfallhilfe bzw. der sozialpädagogischen Fallarbeit dargelegt. Aufbauend wird ein bestehendes Modell einer affirmativen Praxis aus dem amerikanischen Raum vorgestellt, welches die Grundlage für die professionstheoretischen Überlegungen am Ende des Kapitels bildet. Die hier aufgeführten theoretischen Konstrukte bilden den Kontrast zu den empirisch erhobenen Daten.

10.1 Sexuelle Orientierung im Spiegel einer lebensweltorientierten Kinder- und Jugendhilfe

Um die Frage zu klären, welchen Stellenwert die sexuelle Orientierung der Adressat*innen im Kontext einer Lebensweltorientierten Sozialen Arbeit einnimmt, bedarf es zunächst einer Klärung hinsichtlich des Verständnisses von Lebenswelt und Alltag.

Nach Thiersch lässt sich die Lebenswelt auf drei Ebenen rekonstruieren. Erstens meint das Konzept eine phänomenologische Beschreibung der Bewegung eines Individuums in seinen sozialen Bezügen. Innerhalb dieser versucht das Individuum alltägliche Situationen zu bewältigen und zu gestalten. Die Gestaltungsmöglichkeiten und Einflussfaktoren variieren in Abhängigkeit von Raum, Zeit, sozialen und kulturellen Bezügen (vgl. *Grunwald/Thiersch* 2015, S. 936). Die Art und Weise, wie die Bewältigung des Alltags vonstattengeht, verdichtet sich zu Mustern, die anhand der Biografie Verläufen von Menschen rekonstruiert werden können. Biografien erfassen hierbei neben den statischen Daten des Lebenslaufs auch subjektive Deutungsmuster und Strukturen sowie die jeweilige Interpretation dieser (vgl. *Miethe* 2017, S. 12 f.). Insbesondere in der Arbeit mit Lesben, Schwulen und Bisexuellen kann die intensive Arbeit an der Biografie hilfreich sein, um die individuellen Erfahrungen hinsichtlich der sexuellen Orientierung zu erschließen und nachvollziehbarer zu machen.

Zweitens orientiert sich die Lebenswelt eines Menschen immer auch an historisch-sozialen Gegebenheiten. Bewältigungsaufgaben der Lebenswelt verändern sich je nach Generation und historischer Lebensphase. Dementsprechend gilt es, den jeweiligen Kontext gesellschaftlicher Strukturen hinsichtlich der Lebenswelt mit zu rekonstruieren (vgl. *Grunwald/Thiersch* 2015, S. 937). Auch hier, kann die nachhaltige besondere Bedeutung für die Soziale Arbeit mit lsb Adressat*innen verdeutlicht werden: strukturelle Diskriminierung und Pathologisierung sind in ihrer wissenschaftlichen Relevanz und Anerkennung so jung, dass Menschen, die dies in ihrer Jugendzeit miterlebt haben auch heute noch Adressat*innen Sozialer Arbeit in angrenzenden Handlungsfeldern sein können. Drittens baut die Lebenswelt als kritisch-normatives Konzept auf Erwartungen, Wünschen und Hoffnungen des Individuums auf, die hinsichtlich eines „[Kampfes] um Anerkennung bestimmt [ist]" (*Grunwald/Thiersch* 2015, S. 937). Dass Schwule, Lesben und Bisexuelle diesen Kampf in besonderer Weise führten und auch heute noch führen, zeigen die vielen Veranstaltungen im Rahmen der Christopher Street Days (CSDs), die ihren Ursprung in der Revolte in der New Yorker Bar „Stonewall" 1969 haben. Dort kam es zu einer Massenauseinandersetzung zwischen Community und Polizei, bei der sich die lsbttiq Menschen gegen die jahrelange, massive Diskriminierung und Gewalt durch die Polizei wehrten (vgl. *Krell/Oldemeier* 2017, S. 24).

Alltag meint in Thiersch Konzept den Bezug zum Vertrauten – also räumliche, zeitliche und soziale Erfahrungen von Individuen. Für ihn stellt der Alltag das dar, was von Adressat*innen Sozialer Arbeit als ein sicher erlebtes Feld beschrieben wird. Alltagswelten sind darauf aufbauend die Konstruktionen des alltäglichen Handelns in unterschiedlichen Situationen, also Schule, Arbeit oder Familie (vgl. *Dörr/Füssenhäuser* 2015, S. 13 f.). Wie anhand der aktuellen Studien aufgezeigt werden konnte, stellen diese Bereiche des Lebens für viele Jugendliche und junge Erwachsene jedoch keine „sicheren" Bereiche dar, sondern sind Ausgangspunkte für Exklusions- und Abwertungsprozesse. Zudem verändern sich Alltagswelten je nach gesellschaftlich-sozialen Einflüssen und/oder Modernisierungstendenzen was für Soziale Arbeit die Folge hat, diesen Veränderungsprozess ebenfalls zu durchlaufen und nicht in Bestehendem zu verharren (vgl. *Thiersch/Böhnisch* 2014, S. 32). Aus dieser Perspektive heraus müssen auch Sozialarbeiter*innen einen Veränderungsprozess anstreben und ihre Haltungen, Einstellungen und Sichtweisen reflektieren.

Will Soziale Arbeit im Kontext lebensweltorientierter Sozialer Arbeit verstanden werden, so muss die vorgestellte Lesart der Rekonstruktion dieser auch gleichwertig neben dem theoretischen Konzept der Lebensweltorientierten Sozialen Arbeit agieren. Es ergibt sich daher ein enger Bezug von Lebenswelt und Lebensweltorientierter Sozialer Arbeit, welcher beachtet werden muss und sich dementsprechend in der Ausgestaltung Sozialer Arbeit niederschlägt.

> „Die Vermittlung von Teilhabe an der Lebenswelt und Transzendieren der Lebenswelt repräsentiert sich im Konzept Lebensweltorientierung in spezifischer Weise, nämlich in einer Spannung von Respekt und Anerkennung für die gegebenen lebensweltlichen Verhältnisse der AdressatInnen auf der einen Seite und der Eröffnung von Chancen, Notwendigkeiten, Zumutungen und Provokationen (Destruktionen) zu einem gelingenderen Alltag auf der anderen Seite“ (*Grunwald/ Thiersch* 2015, S. 938).

Dieser Respekt stützt sich auf drei Säulen: Respekt vor den Erfahrungen der Adressat*innen Sozialer Arbeit; Verständnis von und über auffällige und abweichende Verhaltensweisen sowie die Fähigkeit, sich auf pragmatische Arrangements im gemeinsamen Handeln beschränken zu können (vgl. *Grunwald/Thiersch* 2015, S. 938).

Lambers (vgl. 2016, S. 99 f.) konkretisiert die Bedeutung des Konzepts einer Lebensweltorientierten Sozialen Arbeit mit Blick auf die Individualisierungs- und Pluralisierungstendenzen der modernen Gesellschaft. Aufgrund technokratischer Veränderungen und Modernisierungen hat sich auch der Alltag der Menschen verändert. Individuen können beziehungsweise dürfen heute die Ausgestaltung ihrer Lebensführung weitestgehend selbst bestimmen. Generative Muster haben kaum noch Bedeutung. „Stattdessen differenzieren sich unterschiedliche Lebenswelten aus“ (*Lambers* 2016, S. 99 f.). Doch diese Lebenswelten sind heute im Schwerpunkt heteronormativ geprägt, was eine solche Ausgestaltung negativ beeinflussen kann. Aus diesen Möglichkeiten ergibt sich das Dilemma, dass lebensweltbezogene Freiheit mit „der Notwendigkeit zur eigenen Alltagsorganisation bezahlt werden [muss]“ (*Lambers* 2016, S. 99 f.). Die Autoren skizzieren folgend das Konzept einer lebensweltorientierten Jugendhilfe, um darauf aufbauend einen allgemeinen Bezug zur sexuellen Orientierung in übergeordneter Form für das gewählte Handlungsfeld zu konstruieren.

Die Lebensweltorientierung in der Jugendhilfe soll nicht als Alternative zu einer rechtlich gerahmten und strukturierten Jugendhilfe verstanden werden. Es bedarf jedoch innerhalb dieser Rahmung die Orientierung an der Lebenswelt der Adressat*innen Sozialer Arbeit um gelingende Prozesse in Gang zu setzen (vgl. *Thiersch* 2014, S. 23 f.). Gleichzeitig muss eine Jugendhilfe, die nach Thierschs Konzept ausgerichtet ist „in den Offenheiten und Zerissenheiten unserer Zeit [agieren]“ (*Thiersch* 2014, S. 24). Im übertragenen Sinne bedeutet dies, aktuelle Diskurse und Themen in die Arbeit einfließen zu lassen und sich nicht vor Veränderungen und Randthemen zu sperren. Gleichzeitig impliziert Thiersch hiermit aber auch ein politisches Mandat, gesellschaftliche Strukturen und Ressourcen im zeitlichen Kontext zu sehen und sich für eine Gleichbehandlung unterschiedlicher Arbeitsfelder einzusetzen. Dies sowohl auf der Ebene der Ressourcen als auch auf der Ebene der Ausrichtung der Hilfen. Daher postuliert Thiersch, dass sich eine lebensweltorientierte Jugendhilfe vor randständigen, vernachlässigten Themen nicht verschließen darf – ebenso wenig wie vor Themen des Alltags und der „Normalität“ (vgl. *Thiersch* 2014, S. 24). Hierdurch kann der in der Einleitung erwähnte Beschluss der BAGLJÄ nur noch verstärkt und intensiviert werden. Zuletzt muss eine lebensweltorientierte Jugendhilfe auch in der Lebenswelt der Adressat*innen agieren und darf nicht darauf ausgelegt sein, einzelne Inseln Sozialer Arbeit zu schaffen. Die Leistungen sollen so angelegt werden, dass diese die Lebenswelt der Adressat*innen widerspiegeln. Hieraus ergibt sich eben auch die Notwendigkeit, mehr Angebote für lsb Jugendliche und junge Erwachsene zu schaffen und Angebote anzupassen. Eine „lebensweltorientierte Jugendhilfe bedeutet den Bezug von Jugendhilfe auf die Vielfältigkeit und Komplexität gegebener Lebenserfahrungen und Lebensprobleme [zu wahren]“ (*Thiersch* 2014, S. 26). Resultierend aus den Überlegungen zur Lebenswelt, einer lebensweltorientierten Jugendhilfe und der Alltagsbewältigung postuliert Thiersch erstmals im Achten Jugendbericht des Bundesministeriums für Familie, Senioren, Frauen und Jugend (BMFSFJ) Handlungs- und Strukturmaximen einer Lebensweltorientierten Sozialen Arbeit (vgl. *Füssenhäuser* 2005, S. 201): Prävention, Regionalisierung/Dezentralisierung, Alltagsorientierung, Integration und Partizipation. Diese sind jeweils in den Bedeutungskontexten der jeweiligen Arbeitsfelder und Arrangements differenziert zu betrachten und müssen dementsprechend gegebenenfalls modifiziert werden (vgl. *Grunwald/Thiersch* 2015, S. 939). Die Autoren nutzen die aufgeführten Maximen als Kontrastfolie für die Auswertung der Interviews, insbesondere für die Erfahrungen und Wahrnehmungen der Adressat*innen Sozialer Arbeit.

Nachfolgend werden daher wesentliche Aspekte der sozialpädagogischen Fallarbeit im Kontext sexueller Orientierung aufgegriffen und verdeutlicht.

10.2 Sexuelle Orientierung und professionelles Handeln in der Sozialen Arbeit

Eine eindeutige Antwort auf die Frage, was professionelles Handeln in der Sozialen Arbeit allgemein kennzeichnet, ist derzeit nicht zu formulieren. Der aktuelle Fachdiskurs beschäftigt sich diesbezüglich mit den unterschiedlichsten theoretischen und empirischen Ansätzen. Dies zeigt auf der einen Seite die Komplexität der Thematik und auf der anderen Seite aber auch, die Vielfalt dessen, was in der Sozialen Arbeit als professionell angesehen wird (vgl. *Becker-Lenz/Busse/Ehlert/Müller-Hermann* 2013, S. 11). Eng verwoben mit dieser Fragestellung ist die grundsätzliche Diskussion über die Anerkennung Sozialer Arbeit als eigene Profession. Aufgrund der thematischen Fokussierung als auch des Umfangs dieser Diskussion wird der Diskurs hier nicht näher behandelt. Für die Autoren dieser Arbeit stellt die Soziale Arbeit eine eigenständige Profession als auch Disziplin dar, dementsprechend finden die nachfolgenden Ausführungen aus dieser Betrachtungsperspektive heraus statt. Die Darstellungen sind hierbei auf die Fachkräfte Sozialer Arbeit sowie deren professionelles Handeln mit lesbischen, schwulen und bisexuellen jungen Adressat*innen gerichtet und aus den relevanten theoretischen Beständen abgeleitet. Kernaufgabe der Sozialen Arbeit ist entsprechend der Definition von *Dewe* (vgl. 2013, S. 99), Bildungsprozesse und Bewältigungskompetenzen seitens der Adressat*innen zu fördern. Dabei fungieren die Adressat*innen als Ko-Produzent*innen der Hilfeleistung. Koproduktion kann hierbei als die gemeinsame Zielaushandlung von Hilfeprozessen verstanden werden. Dies bedeutet, dass für das Gelingen Sozialer Arbeit sind sowohl Fachkräfte als auch Adressat*innen gleichermaßen verantwortlich (vgl. *Mennemann/Dummann* 2016, S. 72 f.). *Oevermann* (vgl. 1996, S. 70 ff. und 2013, S. 119 ff.) fasst dies in zwei Kompetenzbereichen Sozialer Arbeit zusammen und bildet hiermit gleichzeitig einen fachlichen Spagat ab: Schaffung nützlicher, zielgerichteter Angebote und gleichzeitig die Einlassung auf die „verletzliche Seite“ der Adressat*innen respektive einer vertrauensvollen Beziehungsarbeit. Die Wissenserzeugung und Wissensverwendung, die hierbei aufseiten der Fachkräfte die Grundlage dafür ist, dass aus Individuen Adressat*innen werden, wird nach dem uno actu Prinzip generiert. Dies impliziert jedoch immer auch Unbestimmtheiten und Ungewissheiten, die den Arbeits- und Aushandlungsprozess mitgestalten (vgl. *Dewe* 2013, S. 97 f.). Insbesondere für die Arbeit mit lsb Adressat*innen liegt hier ein Spezifikum vor, das bedacht werden muss. Lebenswelten homo- und bisexueller Menschen sind nicht gleich – sie divergieren zum Teil untereinander als auch im V zu den Lebenswelten heterosexueller Menschen. Wissensbestände, die die Fachkräfte im Rahmen ihres Studiums erwerben, sind allerdings oftmals von heteronormativen Bildungsprozessen gekennzeichnet. Spezifische Wissensbestände werden oftmals nicht bzw. nur rudimentär vermittelt. Dies führt im Übertrag auf die gängige Theorie-Praxis-Rhetorik dazu, dass bei psychosozialen Problemlagen ein Übertrag erworbener Kenntnisse aus dem heteronormativen Spektrum auf lsb Adressat*innen übertragen wird. Spezifisches, disziplinäres Wissen wird nur dann angewandt, wenn dies überhaupt erkannt wird (vgl. *Dewe* 2013, S. 97). Es wäre vermessen, von Fachkräften Sozialer Arbeit zu verlangen, sich alle spezifischen Wissensbestände über bzw. für eine Personengruppe anzueignen, insbesondere da bereits im Spektrum lsbttiq immense Unterschiede identifizieren lassen. Das bereits vorgestellte Modell von Catherine Crisp fordert dies allerdings in Teilen. Entscheidend ist aus Sicht der Autoren, dass die Fachkräfte wissen, WO und WIE sie sich Wissen über eine Personengruppe aneignen können. Der Aspekt des „Nicht-Wissens", die Unbestimmtheit einer Situation fordert von Fachkräften zudem, dass diese ihr berufliches Handeln stetig reflektieren. Dabei müssen auch die Wissensbestände der Adressat*innen über ihre eigene Lebenswelt respektiert und anerkannt werden. *Schön* (vgl. 1983, S. 60 ff.) formulierte hier eine Differenzierung zwischen Expert*innen und reflektierenden Praktiker*innen. Es wird von Sozialarbeiter*innen also erwartet, nicht als „Einzelkämpfer*innen" zu agieren, sondern die Wissensbestände und Deutungsmuster der Adressat*innen reflexiv mit in die Praxis zu integrieren. „Many practitioners, locked into a view of themselves as technical experts, find nothing in the world of practice to occasion reflection" (*Schön* 1983, S. 69). Zur Verdeutlichung kann dies an einem kurzen Fall praktisch dargestellt werden.

Ein 16-Jähriger Jugendlicher, der bei seinen Eltern lebt und für sich selbst erkannt hat, dass er schwul ist, bittet beim örtlichen Jugendamt um Unterstützung zur Lebensbewältigung. Da die zuständige Sozialarbeiterin selbst offen lesbisch lebt, gewinnt der Jugendliche schnell das Vertrauen und outet sich bei der Fachkraft des Sozialen Dienstes als bisher einzige Person (was diese jedoch nicht weiß). Die Sozialarbeiterin gewährt Hilfen zur Erziehung in Form einer Erziehungsbeistandschaft und wählt hierfür einen Träger und eine dort arbeitende, ebenfalls nicht-heterosexuelle Fachkraft zur Erbringung der Leistung. Im Hilfeplan wird ohne Wissen des Jugendlichen das Ziel formuliert „Integration in eine Jugendgruppe des Trägers XY". Bei diesem Träger handelt es sich um eine anerkannte Stelle in der Beratung von lsbttiq Personen. Der Hilfeplan wird dem Jugendlichen, der mittlerweile in einer eigenen Wohnung lebt, aber auch den Eltern als Personensorgeberechtigten zugesandt. Die Fachkraft des Sozialen Dienstes benötigte diese Formulierung u. A. als Legitimation der Gewährung der Hilfe und war zu dem aus eigener Erfahrung und theoretischem Wissen der Meinung, dass eine solche Jugendgruppe für den Jugendlichen förderlich wäre. Kurze Zeit später erhält der Erziehungsbeistand einen Anruf der Eltern, mit der Frage, was denn mit ihrem Sohn los sei und warum er genau in diese Jugendgruppe soll, denn er sei ja nicht schwul.

Im Rekurs auf die theoretischen Überlegungen hat die Fachkraft hier die Ziele nicht im Sinne der Koproduktion ausgehandelt und aufgrund eigener Erfahrungen und theoretischen Grundlagen ein ungewolltes Outing des Jugendlichen provoziert. Was hätte vermieden werden können, wenn ein reflexiver Umgang mit dem „Nicht-Wissen“ erfolgt wäre.

Die Theorie-Praxis-Rhetorik zeigt sich auch in weiteren Charakteristika einer professionellen Sozialen Arbeit. *Dummann* und *Mennemann* (vgl. 2016, S. 75 f.) führen hier das Technologiedefizit Sozialer Arbeit an. „Keine Methode der Sozialen Arbeit ist 1:1 auf einen ähnlichen Fall übertragbar, selbst wenn die Rahmenbedingungen und die Sozialdiagnose es suggeriert“ (*Dummann/Mennemann* 2016, S. 75). Dies schlägt sich auch auf die Arbeit mit lsb Adressat*inne nieder. Was für einzelne Adressat*innen ein positiver Ansatzpunkt war, kann für andere Adressat*innen Hilfeprozesse eher blockieren. Dementsprechend ist es auch hier ein Kennzeichen professioneller Hilfe, wenn jeder Fall neu beleuchtet und individuell begleitet wird. Besonders aufgrund der Unsichtbarkeiten homo- und bisexueller Lebenswelten neigen Fachkräfte dazu, Spezifika der nicht-heterosexuellen Lebenswelten unbewusst zu übergehen (vgl. *Schmidt/Schondelmayer* 2016, S. 223 ff.) Unterstützungspotenzial bieten hier empirisch erprobte und evaluierte methodische Vorgehensweisen, die im Rahmen der technischen Autonomie der Sozialarbeiter*innen ein methodisches Spektrum eröffnen, durch das positive Effekte wahrscheinlicher werden. Bestehende Methoden Sozialer Arbeit müssen in diesem Sinne an die besondere Vulnerabilität lesbischer, schwuler und bisexueller Lebenswelten angepasst werden. Eine Möglichkeit, dass eigene methodische Repertoire zu erweitern bietet beispielsweise *Steinkemper* (vgl. 2015, S. 344), die erprobte und ggf. modifizierte methodische Zugänge aus der Praxis vorstellt.

Neben den beschriebenen, eher methodisch orientierten Prämissen einer LSB-Professionalität ist diese auch gekennzeichnet durch die Selbstreflexion eigener, subjektiver Wirklichkeitskonstruktionen seitens der Sozialarbeiter*innen. Abgeleitet aus dem Konstruktivismus postuliert Watzlawick Konsequenzen für das eigene professionelle Handeln:

- Die Anerkennung bzw. Toleranz vor der eigenen Wirklichkeit anderer Menschen sowie
- die Verantwortung für die eigene Wirklichkeitskonstruktion und die damit einhergehenden Interventionen (vgl. *Mennemann/Dummann* 2016, S. 69).

Besonders deutlich wird dies bei einer eigenen, heteronormativen Sozialisation der Fachkräfte. Wie aufgezeigt werden konnte, entspricht das binäre, heterosexuell geprägte Gesellschaftssystem nicht der Lebenswirklichkeit der Adressat*innen Sozialer Arbeit. Dementsprechend müssen sozialarbeiterische Interventionen angepasst werden. *Schmidt* und *Schondelmayer* (vgl. 2015, S. 238) konnten in einer Studie jedoch nachweisen, dass geschlechtliche Vielfalt in der Praxis zwar im theoretischen Sinne (beispielsweise in Formulierungen in Leitbildern und Konzeptionen) oft mitgedacht wird, es in der Umsetzung jedoch zu Problemen bis hin zu Verlagerungen der Thematik kommt.

> „Bleiben eigene Vorstellungen von sexueller und geschlechtlicher Vielfalt und damit auch die eigene pädagogische Praxis bezüglich des Themas unreflektiert, werden ein Bedarf und Handlungsoptionen nicht erkannt bzw. ignoriert. Erst in der Konfrontation mit LSBTI Jugendlichen, die sich aber als solche zu ‚erkennen' geben müssen, treten Wissensdefizite und Handlungsunsicherheiten zum Vorschein" (*Schmidt/Schondelmayer* 2015, S. 238).

Daraus resultierende Ansprüche an die Soziale Arbeit lassen sich auch aus einer (berufs-) ethischen Perspektive ableiten. Nachfolgend wird dies sowohl für die Profession als auch die Disziplin Soziale Arbeit differenziert dargelegt.

10.3 Berufs- sowie forschungsethische Aspekte der Anerkennung sexueller Vielfalt in der Sozialen Arbeit

Ethik als eine Teildisziplin der Philosophie versteht sich „als Wissenschaft vom moralischen Handeln" (*Pieper* 2017, S. 15). Hierbei kommen der Ethik zwei Bedeutungsdimensionen zu, denn auf der einen Seite versteht sich Ethik als eigene Wissenschaft und auf der anderen Seite als praktische Disziplin mit engem Verhältnis zu anderen praktischen und theoretischen Disziplinen (vgl. *Pieper* 2017, S. 78). Konkretisiert wird die letztere Ebene dann im Bereich der angewandten Ethik in Form von Prinzipien, die das moralische Handeln einer Disziplin und Profession zeichnen. Da es sich bei der Sozialen Arbeit um eine Profession handelt, die tagtäglich mit Menschen unterschiedlichster Problemlagen und Alltagswelten interagiert, bleibt eine ständige Konfrontation mit ethischen Fragestellungen, die das Handeln nicht nur fachlich, sondern auch ethisch begründbar machen müssen, nicht aus (vgl. DBSH 2014, S. 7). Im Folgenden wird daher die Berufsethik der Sozialen Arbeit näher erläutert um die Anwendung der ethischen Prinzipien als Kennzeichen einer professionellen Sozialen Arbeit in beiden Bereichen mit sexueller Vielfalt zu skizzieren. Grundlegend stützt sich der vom Berufsverband Soziale Arbeit (DBSH e.V.) verfasste Ethikkodex auf Silvia Staub-Bernasconis Ansatz Sozialer Arbeit als Menschenrechtsprofession sowie dem Ethikkodex des IFSW – International Federation of Social Work als Weltverband. Berufsethik ist hierbei als eine „Verdichtung der beruflichen Ethik auf einen [für] die berufliche Praxis leitenden Regelkatalog“ (*DBSH* 2014, S. 9) zu verstehen. Hans Thiersch abstrahiert dies dahingehend, dass aus der Berufsethik der Anspruch sozialer Gerechtigkeit als Handlungskonstante Sozialer Arbeit abzuleiten ist. Dies mit dem Ziel, Menschen zu einem gelingenderen Leben zu verhelfen (vgl. *Thiersch* 2015, S. 1058). Soziale Arbeit tangiert hierbei alle Ebenen angewandter Ethik: medizinische Ethik, Bioethik, Sozialethik, Wirtschaftsethik, Wissenschaftsethik, ökologische Ethik sowie Friedensethik (vgl. *Pieper* 2017, S. 78 ff.).

Die Berufsethik des DBSH gliedert sich hierbei in unterschiedliche Teilbereiche – die durch allgemeine Grundsätze des beruflichen Handelns ergänzt werden. Ein wesentlicher Kern des Teilbereichs „Handeln im eigenen beruflichen Arbeitsfeld“ macht sich in der Einhaltung von Grenzen – sowohl hinsichtlich Machtstrukturen, Kompetenzen und Wissensbeständen deutlich (vgl. *DBSH* 2014, S. 33). Fachkräfte sind aufgefordert diese zu erkennen und zu reflektieren – auch zum Schutz eigener Ressourcen. Die Dimension des Handelns gegenüber anderen Menschen lässt sich ähnlich darstellen, wie die Strukturmaximen einer Lebensweltorientierten Sozialen Arbeit. Mit Blick auf die thematische Richtung der sexuellen Vielfalt zeichnet sich insbesondere Punkt 3.6 aus:

> *„Die Professionsangehörigen vermeiden jegliche diskriminierenden Formulierungen und unterscheiden zwischen prüfbaren Fakten, eigenen Beobachtungen und Fremdbeobachtungen sowie zwischen Hypothesen und Erklärungen bzw. Deutungen“* (*DBSH* 2014, S. 34; Herv. i. O).

Da dies im Bereich der sexuellen Vielfalt oftmals unwissentlich geschieht bzw. die sexuelle Vielfalt nicht immer sichtbar ist, wird dies durchaus zu einem relevanten Thema, welches sich auch im Bereich der Mikroagressionen niederschlägt. Weitere Dimensionen sind die Haltung gegenüber Berufskolleg*innen, gegenüber Angehörigen anderer Professionen, Arbeitgeber*innen und Organisationen sowie der Öffentlichkeit.

Die ethischen Prinzipien Sozialer Arbeit variieren hierbei je nach Land und gesellschaftlicher Struktur voneinander, im Kern beinhalten sie alle die Menschenrechte als Grundlage. Auf internationaler Ebene zeichnet sich hier im Bereich der sexuellen Vielfalt ein Spannungsfeld zwischen völliger gesetzlicher Gleichstellung sowie Marginalisierung, Diskriminierung und Gewalt ab. Dies impliziert nicht, dass die Menschenrechte nicht international gelten, doch werden auch im Jahr 2019 in sieben Ländern weltweit homosexuelle Handlungen mit der Todesstrafe bedroht, in 80 Ländern stehen homosexuelle Handlungen unter Strafe (vgl. *Auswärtiges Amt* 2019). Auch in Ländern, in denen Lesben, Schwule, Bisexuelle, Transidente und queere Menschen juristisch gleichgestellt sind, können ablehnende Haltungen omnipotent sein. Aus diesem Grund scheint es nur adäquat zu sein, die ethischen Besonderheiten der sexuellen Vielfalt im Sinne geschlechterbewusster Sozialer Arbeit darzulegen (vgl. *Martin* 2018, S. 138). „That is, social workers are expected to respect every person's dignitiy, and to uphold the rights that every individual has by virtue of being human" (*Martin* 2018, S. 138). Neben spezifischen Forderungen gilt für eine solche Berufspraxis die Aufgabe, Konstruktionen von Geschlechterverhältnissen aufzudecken und daraus resultierenden sozialen Ungleichheiten entgegenzuwirken (vgl. *Focks/Lob-Hüdepohl* 2007, S. 243).

James Martin postuliert aufgrund der beschriebenen berufsethischen Prinzipien des IFSW sechs ethisch besonders relevante Aspekte für eine Soziale Arbeit mit lsbttiq Adressat*innen, die nun erläutert und auf den Kontext der Kinder- und Jugendhilfe projiziert werden.

Informierte Zustimmung (informed consent)

Prinzipiell sollen Sozialarbeiter*innen nur dann aktiv werden, wenn die Hilfeleistung eingefordert/aufgesucht wird bzw. im Bereich der Hilfen zur Erziehung ein Antrag für eben diese vorliegt. Hierbei sollen notwendige Informationen in einer Sprache weitergegeben werden, die von allen Adressat*innen verstanden wird, damit diese über die Hilfen entscheiden können. Das problematische Spannungsverhältnis zeigt sich dann, wenn Kinder und Jugendliche Hilfen aufgrund ihrer sexuellen Identität wünschen beziehungsweise einfordern. Dies würde implizieren, dass diese in der Lage sind, offen – auch gegenüber Erziehungsberechtigten – hiermit umzugehen, da diese ihre Zustimmung zur Hilfe geben müssen. Allerdings erleben lsbttiq Jugendliche auch im familiären Umfeld Marginalisierung und Diskriminierung, was einen offenen Umgang erschwert, wenn nicht sogar unmöglich macht. Hier muss Soziale Arbeit in der Lage sein, Hilfeleistungen zum Schutz der Adressat*innen auch ohne Zustimmung der Personensorgeberechtigten installieren zu können (vgl. *Martin* 2018, S. 139). Im Kontext einer alleinigen Beratung von Kindern und Jugendlichen ohne Wissen der Personensorgeberechtigten lässt sich aus § 8 Abs. 3 SGB VIII ein entsprechender Anspruch ableiten. Insbesondere dann, wenn eine Gefahr des Kindeswohls im Raum steht, dürfen Kinder und Jugendliche auch ohne Wissen der Personensorgeberechtigten beraten werden. Hierbei sind datenschutzrechtliche Bestimmungen zu beachten (vgl. insg. *Wiesner* 2011). Aus der Praxiserfahrung der Autoren heraus ist dies in der Praxis Sozialer Arbeit ein Themenfeld, das von Sachbearbeiter*innen nicht ausreichend beachtet wird, was ungewollte Outings durch Hilfeplanformulierungen zur Folge hatte. Das Vertrauensverhältnis zwischen Adressat*in und Fachkraft war daraufhin unbeabsichtigt stark beeinträchtigt.

Privatsphäre (privacy)

Im Rahmen Sozialer Arbeit werden durch den zum Teil intensiven Austausch zwischen Fachkraft und Adressat*in vielfache Daten und Informationen erhoben und besprochen. Für die Arbeit mit Adressat*innen nicht-heterosexueller Orientierung gilt hier der ethische Grundsatz, vertrauliche Informationen über die Identität und/oder das Sexualleben nur dann zum Thema zu machen, wenn dies von Nöten ist beispielsweise im Rahmen sexueller Gesundheit. Die ethischen Standards des IFSW geben hierzu keinen konkreten Anlass (vgl. *Martin* 2018, S. 140). In den berufsethischen Prinzipien des DBSH findet sich dies unter Kapitel 3.1 (vgl. *DBSH* 2014, S. 34). Eng einher geht dieser ethische Anspruch mit der informierten Zustimmung bei der Verwendung persönlicher Daten.

Vertraulichkeit (confidentialy)

Der Aspekt der Vertraulichkeit fordert von Sozialarbeiter*innen sorgsam mit Gesprächen über die Sexualität bzw. die sexuelle Identität der Adressat*innen umzugehen. Es soll beispielweise nicht im Rahmen eines Behördentermins aktiv das Gespräch über die sexuelle Orientierung durch die Fachkraft gesucht werden. Diese Thematik soll so besprochen werden, dass es nicht zu einem ungewollten Outing der Adressat*innen kommt. Insbesondere gilt die Vertraulichkeit auch in der Elternarbeit. Wenn Adressat*innen sich outen und um Vertraulichkeit bitten, soll dies auch gegenüber den Sorgeberechtigten gewahrt werden (vgl. *Martin* 2018, S. 142). Auch in Einrichtungen der Jugendhilfe findet dieses Prinzip Anwendung, beispielsweise dann, wenn sich ein Jugendlicher gegenüber der Fachkraft als homosexuell outet und das Gespräch hierzu in einem öffentlich zugänglichen Raum einer Wohngruppe stattfindet. Fachkräfte sind hier aufgefordert, zum Schutz ihrer Adressat*innen eine geschützte Atmosphäre herzustellen.

Interessenskonflikte (conflict of interest)

Ein Interessenskonflikt beschreibt eine Situation, in der Fachkräfte in ihrer professionellen Rolle persönliche oder finanzielle Aspekte gegen ihre berufliche Situation abwägen müssen (vgl. *Martin* 2018, S. 142). Beispielsweise tritt ein solcher Konflikt zu Tage, wenn Fachkräfte aufgrund ihrer Selbstständigkeit auf die Belegung mit ambulanten Fällen angewiesen sind, um ihren Lebensunterhalt bestreiten zu können. Ethisch problematisch wird dies dann, wenn Hilfen trotz positivem Ende künstlich weitergeführt werden, um während einer Phase geringer Anfragen die gleichen Einnahmen zu erzielen. Eine andere ethische Problematik verbirgt sich im persönlichen Bereich, nämlich dann, wenn eigene Überzeugungen und Werte gegen die Lebenswelt der Adressat*innen sprechen, zur Verdeutlichung kann folgendes Beispiel herangezogen werden. Eine streng religiöse Fachkraft arbeitet mit homosexuellen Adressat*innen und wertet diese – aufgrund heteronormativer Vorstellungen – ab oder nimmt die Bedürfnisse der Zielgruppe nicht wahr. Der DBSH führt hierzu den bereits benannten Punkt 3.6 auf – der zwar auf eine Achtung diskriminierender Inhalte und subjektiver Deutungen hinweist, nicht jedoch auf einen Umgang mit eigenen Moral- und Wertevorstellungen. Die IFSW wird hier in ihren allgemeinen Prinzipien beruflicher Handlungen konkreter, hier heißt es:

> *„Sozialarbeiter_innen sollten die Bedürfnisse und Interessen der Menschen, die die Dienste nutzen, nicht ihren eigenen Bedürfnissen und Interessen unterordnen" (DBSH 2014, S. 31, Herv. i. O.).*

Allerdings divergieren die Begriffe Bedürfnis und Interesse von den allgemeingültigen Definitionen von Werten und Normen dahingehend, dass sowohl DBSH als auch IFSW keine direkten Aussagen zu persönlichen Einstellungen ihrer Professionsangehörigen tätigen und somit – überspitzt formuliert – Abweichungen von der Lebenswelt zumindest ethisch toleriert in Kauf genommen werden. Gleichzeitig postuliert Gudrun Perko, dass Sozialarbeiter*innen aufgefordert sind, die Verschiedenheit und Vielfalt von Menschen anzuerkennen und dementsprechend Ressourcen im Sinne sozialer Gerechtigkeit zu verteilen (vgl. *Perko* 2014, S. 7). Hier bedarf es aus Sicht der Autoren einer Spezifizierung und Konkretisierung, wenn sich Soziale Arbeit als Menschenrechtsprofession versteht.

Kompetenzen (competence)

Im Sinne spezifischer Kompetenzen zur Arbeit mit nicht-heterosexuellen Adressat*innen formuliert die IFSW übergeordnet, dass Fachkräfte keine

Maßnahmen anbieten sollen, wenn ihnen die fachliche Kompetenz hierzu fehlt (vgl. *DBSH* 2014, S. 31). Sozialarbeiter*innen sind aufgefordert, „[...] sich fortlaufend aktuelle fachspezifische, wissenschaftliche und methodische Kenntnisse [anzueignen] und [zu] erforschen [sowie diese weiterzuentwickeln]“ (*DBSH* 2014, S. 33). *Martin* (vgl. 2018, S. 143) formuliert, dass neben spezifischem Fachwissen aber auch eine Kultursensibilität und kulturelle Kompetenz zu den Wissensbeständen Sozialer Arbeit zählen muss. „Cultural competence also involves having knowledge about the cultures of diverse clients and understanding how to provide services to them in ways that are both culturally sensitive and effective“(*Martin* 2018, S. 143). Dies impliziert im Sinne des Triplemandats nach Staub-Bernasconi auch den Schutz vor inadäquaten Maßnahmen und Gefahren für die Adressat*innen. Dementsprechend kommt Sozialer Arbeit hier auf politischer Ebene die Aufgabe zu, sich aktiv gegen schädigende Maßnahmen wie beispielsweise Konvertierungstherapien einzusetzen.

Eine bejahende Soziale Arbeit (affirmative social work practice)

Nach Martin genügt eine Aneignung spezifischer Wissensbestände alleine noch nicht aus, um adäquat mit den Minderheiten der sexuellen Orientierungen zu arbeiten. Er fordert eine bejahende Arbeitsweise im Sinne einer berufsethischen Haltung (vgl. *Martin* 2018, S. 145). In den folgenden Kapiteln wird dies anhand des Modells einer „gay affirmative pracitce“, also einer Homosexualität bejahenden Praxis nach Catherine Crisp, näher erläutert. Zuvor werden allgemeine Prinzipien sozialpädagogischer Fallarbeit erläutert und mit der Thematik verknüpft.

Neben den berufsethischen Prinzipien im Rahmen der Sozialen Arbeit als Profession gewinnt zunehmend auch die Forschungsethik Einzug in die Soziale Arbeit als Disziplin. Aus dieser Perspektive heraus können forschungsethische Prinzipien für die Soziale Arbeit mit Lesben, Schwulen, Bisexuellen, aber auch mit trans* und inter* Personen aufgeführt werden. Die Forderung, eigene forschungsethische Leitlinien für lsbttiq Menschen als Forschungsgegenstände zu entwickeln stammt insbesondere aus dem angloamerikanischen Raum, der eine deutlich größere Forschungsdichte als der deutschsprachige Raum hinsichtlich der Thematik aufweist. *Martin* und *Meezan* (vgl. 2009, S. 20) weisen darauf hin, dass Forschungen mit lsbttiq Menschen fast immer im Kontext von Marginalisierung, Diskriminierung und Vulnerabilität stattfinden. Aufgrund dessen sehen sie eine höhere Gefahr für eine Ausbeutung der Teilnehmer*innen an Studien sowie einen unreflektierten Übertrag von Ergebnissen einer Teilpopulation auf eine andere. Zudem postulieren sie, dass aufgrund der Vulnerabilität der Gruppe ein erhöhtes Risiko einer (Re-) Traumatisierung gegeben sein kann.

> „These dangers are likely to be magnified in studies concerned with 'deviant behaviors' or social problems in LGBT Population. Therefore, the lack of attention in the literature to the ethical dilemmas encountered in research involving these populations, or the elaboration of guidelines for protecting members of these populations in the course of research, is extremely troubling" (*Martin/Meezan* 2009, S. 20).

Zur Identifikation der forschungsethischen Grundsätze wird das Eckpunktepapier zur Forschungsethik der DGSA zugrunde gelegt und an entsprechenden Stellen spezifiziert bzw. der Zielgruppe entsprechend modifiziert.

Tabelle 1: Forschungsethische Aspekte hinsichtlich LGBT Identitäten, eigene Darstellung

Forschungsethik DGSA	**Spezifika LGBT – Forschung**
„Bei Minderjährigen ist grundsätzlich die Einwilligung der gesetzlichen Vertretung einzuholen" (DGSA 2018, S. 2).	Für junge Menschen, die nicht geoutet sind und bspw. in heteronormativ/konservativ geprägten Haushalten aufwachsen, kann die Einwilligung zu einem Zwangsouting und Marginalisierung im familiären Umfeld führen. Aus dieser Perspektive heraus sollte auf diese Zustimmung verzichtet werden (vgl. Martin/Meezan 2009, S. 27). Eine Sicherung des Personenrechts ist jedoch obligatorisch und sollte einer Ethikkommission gegenüber erläutert werden (vgl. DGSA 2018, S. 2).
„Für jedes Forschungsvorhaben gilt es sorgfältig zu analysieren, welche Akteur*innen in welcher Weise betroffen sind bzw. sein könnten (auch über die direkt an der Forschung Teilnehmenden hinaus), welche Machtverhältnisse hier wirksam sind und welche Konflikte sich daraus ergeben" (DGSA 2018, S. 2).	Insbesondere dann, wenn das Forschungsvorhaben von einer Einrichtung der queeren Community durchgeführt wird, muss deutlich werden, dass die Adressat*innen nicht nur aus Forschungszwecken heraus generiert werden um weiterhin einen Schutzraum zu erhalten. Dementsprechend sollte wenn möglich nicht an eigenen Adressat*innen geforscht werden (vgl. Martin/Meezan 2009, S. 28)
„[Forschende] müssen Sensibilität dafür zeigen, dass durch Forschung Probleme bei den Forschungsteilnehmer*innen oder anderen Beteiligten auftreten können und sich in diesem Falle verantwortlich zeigen, in angemessene Hilfsangebote zu vermitteln" (DGSA 2018, S. 2).	Forschende müssen damit rechnen, dass durch Fragesituationen negative Gefühle bei den Teilnehmer*innen entstehen. Hierfür sollen ggf. adäquate Hilfen bereitstehen oder vermittelt werden. Insbesondere für bisexuelle und transidente Menschen sind diese jedoch nicht flächendeckend vorhanden. In ländlichen Gegenden ist die Infrastruktur diesbezüglich nach wie vor prekär. Dementsprechend sollten mögliche Netzwerke im Vorfeld der Forschung aufgebaut werden (vgl. Martin/Meezan 2009, S. 28)

Forschungsethik DGSA	Spezifika LGBT – Forschung
Keine spezifische Angabe bzw. nur Hinweis auf einen vertraulichen und fairen Umgang mit Daten (vgl. DGSA 2018, S. 3). Gleichzeitig wurde der Begriff „fair" nicht näher spezifiziert.	„A researcher might be therapist, professor, friend, co-worker or teammate"(Barranti 1995, S. 62). Martin und Meezan (vgl. 2009, S. 29) weisen ausdrücklich darauf hin, dass ein Spannungsfeld hinsichtlich der Vertraulichkeit der Daten entsteht, wenn Forschende und Teilnehmer*innen in einer doppelten Beziehung zueinanderstehen. Es sollte daher vermieden werden, Menschen als Teilnehmer*innen zu mobilisieren, zu denen bereits eine Beziehung besteht. Insbesondere bei LGBT Teilnehmer*innen ist hier eine Gefahr hinsichtlich einer Übertragung bzw. Projektion der Gefühle, wenn die Forschenden selbst auch Teil der LGBT Community sind (vgl. insg. Kurth 2004).
„Forschungsfragen können insofern für die Lebenswirklichkeit von Adressat*innen und Sozialarbeiter*innen in unterschiedlicher Weise relevant sein. Zu prüfen ist, inwiefern und in welcher Weise eine Beteiligung relevanter Akteur* innen an der Entwicklung von Forschungsfragen und am Forschungsprozess sinnvoll und möglich ist oder in-wie fern die o. g. Ziele auf anderen Wegen, die dem Anspruch einer Rekonstruktion impliziter bzw. latenter Sinnstrukturen folgen, zu realisieren sind" (DGSA 2018, S. 2).	Sowohl für Angehörige der Community, als auch Forscher*innen mit heterosexueller Orientierung ist es von Bedeutung, mit Adressat*innen als Expert*innen ihrer Lebenswelt Forschungsfragen zu entwickeln. Aufgrund der Komplexität und Vielschichtigkeit der LGBT Szene ist es nahezu unmöglich, über alle Bereiche das nötige Fachwissen zu besitzen. Eine übergeordnete Fragestellung hinsichtlich der Thematik „sexuelle Vielfalt" kann daher nicht in die Tiefe gehen. Daher kommt der Partizipation der Adressat*innen in diesem Themenspektrum eine besondere Bedeutung zu, welche im Rahmen sozialwissenschaftlicher Forschung nicht ausgeblendet werden darf (vgl. Martin/Meezan 2009, S. 31).
Keine dezidierte Angabe	Forschungsdesigns sollten (allgemeingültig) diskriminierungsfrei gestaltet sein. Dies impliziert eine Vermeidung heteronormativer Fragestellungen oder Item-Gestaltung. Sexuelle Identitäten sollten sich in den Frageformulieren wiederspiegeln. Ebenso ist der Gebrauch von Begriffen wie „eine normale Frau und eine lesbische Frau" oder Ähnliches zu vermeiden (vgl. Martin/Meezan 2009, S. 33). So sollten beispielsweise Fragen zur Partner*innenschaft offen gestellt und keine heteronormative Beziehung vorausgesetzt werden. Dieser Grundsatz gilt nicht nur für die Forschung mit LGBT Populationen, sondern dient allgemein einer Gleichstellung hetero- und homosexueller Lebenswelten.

Insbesondere die berufsethischen Aspekte schlagen sich auch auf die sozialpädagogische Fallarbeit nieder, die im nächsten Kapitel im Kontext sexueller Orientierung beschrieben wird.

10.4 Relevanz der sexuellen Orientierung in der Sozialpädagogischen Fallarbeit

Jugendliche und junge Erwachsene als Adressat*innen Sozialer Arbeit befinden sich oftmals in prekären Lebenslagen und oder sind benachteiligt bzw. von Benachteiligung bedroht.

> „Es sind junge Leute mit geringem Selbstwertgefühl, mangelnder Anerkennung und eingeschränkten bis verwehrten Möglichkeiten, sozial wirksam zu werden und die über sozial auffälliges bis antisoziales Verhalten auf sich aufmerksam machen und so zu Adressaten oder gar Klienten der Jugendhilfe werden. Sie sind am stärksten davon betroffen, dass heute soziale Probleme und Lebensschwierigkeiten, von denen Jugendliche eigentlich verschont bleiben sollten, in das Jugendalter hineinreichen [...]" (*Böhnisch* 2012, S. 139).

Durch eine nicht-heterosexuelle Orientierung können solche Problembereiche noch verstärkter auftreten, wie durch die theoretische Auseinandersetzung der vorherigen Kapitel aus interdisziplinärer Perspektive bereits dargelegt wurde. Im Rahmen professioneller sozialpädagogischer Fallarbeit ist es daher unerlässlich, Fälle in ihrem jeweiligen sozialen Kontext zu betrachten um „individualistisch [verkürzte] und [dekontextualisierte] Interventionsmaßnahmen" (*Braun/Graßhoff/Schweppe* 2011, S. 28) zu vermeiden. Eine reine kontextbasierte Analyse sozialpädagogischer Fälle ist allerdings nicht ausreichend, da ein Charakteristikum Sozialer Arbeit die subjektive Konstruktion der Wirklichkeit seitens der Adressat*innen aber auch seitens der Fachkräfte darstellt. „Die Erschließung eines sozialpädagogischen Falles bedeutet deswegen auch das Erschließen der je subjektiven Sicht [...]" (*Braun/Graßhoff/Schweppe* 2011, S. 28). Insbesondere in der Sozialen Arbeit mit lsbttiq Jugendlichen nimmt das subjektive Erleben von Benachteiligungen und Leidensprozessen einen besonderen Stellenwert ein. Als eindrucksvolles Beispiel kann hier der Film *„Prayers for Bobby"* aus dem Jahr 2009 angeführt werden. Kerninhalt des Filmes, der auf einer wahren Begebenheit aus dem Jahr 1989 beruht, ist der Suizid eines 20-Jährigen schwulen jungen Mannes namens Bobby Griffith. Bobby wächst mit seinen Geschwistern in einer ländlichen Gegend in Kalifornien, USA auf. Die Erziehung ist durch konservative Richtlinien und Presbyterianismus insbesondere durch die Mutter Mary geprägt. Nach ersten Suizidgedanken offenbart sich Bobby seinem älteren Bruder, der aus Sorge die Eltern mit einbezieht. Bobbys Mutter sieht in der Homosexualität des Sohnes eine Sünde und versucht diesen hiervon zu befreien u. a. durch eine Konversationstherapie bei einer Therapeutin. Bobby befindet sich in einem Dilemma zwischen der Anerkennung seiner sexuellen Orientierung, seiner Erziehung und dem Glauben an Gott sowie der Liebe zu seinen Eltern, vor allem seiner Mutter. Zur Verarbeitung der Emotionen beginnt er Tagebuch zu schreiben. Im Laufe des Films werden immer wieder Originalzitate aus diesem Tagebuch eingearbeitet, die die subjektive Sicht Bobbys und seine internalisierte Homonegativität versinnbildlichen bzw. deutlich machen. Insbesondere das folgende Zitat kennzeichnet die Relevanz der subjektiven Konstruktionen und deren Bedeutungsgehälter für die sozialpädagogische Fallarbeit.

> „Egal was ich tue, es nützt nichts. Ich versuche mich so zu verhalten wie sie, aber es fühlt sich unmöglich an. Es ist ein schreckliches Gefühl zu glauben, dass man geradewegs ins Höllenfeuer steuert. Aber es ist noch schlimmer, wenn einem alle erzählen, wie einfach die Lösung ist. Sie haben keine Ahnung wie es ist, weil sie nicht in meiner Haut stecken" (Prayers for Bobby, min 20:45–21:02).

Das Ausblenden der subjektiven Bedeutung homonegativer Verhaltensmuster innerhalb der Familie führte letztlich zu Bobbys Suizid, was durch die nachfolgende Passage nochmals untermauert werden kann:

> „Manchmal tut es so schrecklich weh. Ich habe Angst, bin allein. Ich bin verdammt. Ich versinke langsam in einem riesigen See aus Treibsand. Einem Becken ohne Boden. Ich wünschte ich könnte unter einen Felsen krabbeln und ewig schlafen" (Prayers for Bobby, min 44:01–44:25).

Fritz *Schütze* (vgl. insg. 1993) plädiert daher für eine Rekonstruktion subjektiver Sichtweisen, die eine sozialarbeiterisch – lebensweltorienierte Praxis erst ermöglicht.

Neben der Struktur- und Subjektdimension sozialpädagogischer Fälle unterliegen diese auch einer Zeit- und Prozessdimension und können nicht als statische Einheit erfasst werden und müssen im Kontext der jeweiligen historisch-zeitlichen Perspektive betrachtet werden. Die Wirkung dieser ist allerdings noch heute zu spüren und darf insbesondere im Rahmen sozialpädagogischer Fallarbeit aufgrund eigener Haltungen, Werturteilen und Erfahrungen nicht ausgeblendet werden.

> „Es gibt nach wie vor Personen und Organisationen, die die Überzeugung vertreten und verbreiten, Homo- oder Bisexualität seien eine Erkrankung oder psychische Störung und könnten ‚geheilt' oder gezielt verändert werden. Mit dieser Pathologisierung, die eine Form gruppenbezogener Menschenfeindlichkeit darstellt, wird ein gesellschaftliches Klima befördert, das Diskriminierung, Abwertung und Stigmatisierung homo- und bisexueller Personen verstärkt. […]. Dies kann bewirken, dass vor allem junge Menschen in der Phase ihrer Identitätsfindung ihre sexuelle Identität mit einer behandlungsbedürftigen Krankheit gleichsetzen, was zur Ablehnung der eigenen sexuellen Identität führt und schwerwiegende psychische Belastungen (Depressionen, Angsterkrankungen, erhöhtes Suizidrisiko) nach sich ziehen kann" (*Bundesrat* 2019, S. 5).

Neben dieser zeitlichen Komponente müssen Fälle zirkulär verstanden werden und nicht nach dem kausalen Ablauf der Anamnese, Diagnose und Intervention. Sozialarbeiter*innen sind daher aufgefordert, die Falldynamik mit in den Blick sozialarbeiterischen Handelns zu nehmen.

Als letzte Dimension sozialpädagogischer Fallarbeit wird von *Braun/Graßhoff/Schweppe* (vgl. 2011, S. 30 f.) die Interaktion Sozialer Arbeit mit Problembetroffenen im jeweiligen Handlungsfeld beschrieben. Ausgangspunkt hierbei ist, dass Soziale Arbeit immer einem institutionell-organisatorischen Rahmen unterliegt. Diese Rahmung färbt die Sicht, die eine Fachkraft auf einen Fall einnimmt. Im Umkehrschluss bedeutet dies, dass Soziale Arbeit Probleme der Adressat*innen je nach Handlungsfeld bzw. Rahmenbedingungen und eigenen Normalitätsvorstellungen mit (re-)produziert. So ergibt sich im Arbeitsfeld der Hilfen zur Erziehung eine andere Fokussierung als beispielsweise in der offenen Kinder- und Jugendarbeit. An einem konstruierten Beispiel kann dies verdeutlicht werden.

Eine lesbische (nicht geoutete), insgesamt gut integrierte Jugendliche besucht eine weiterführende Schule und fällt dort durch häufiges Fernbleiben von der Schule und schlechter werdende Noten auf. Gleichzeitig besucht sie immer mal wieder ein örtliches queeres Jugendzentrum, in dem sie sich gut mit anderen Jugendlichen versteht und regelmäßig an Aktionen zur sexuellen Vielfalt (Gruppenangebote, Diskussionen o. Ä.) teilnimmt.

Würde diese Jugendliche nun Adressat*in von Hilfen zur Erziehung bzw. des Jugendamtes sein, würde vermutlich das Fernbleiben von der Schule zum Kern der Interaktion mit Sozialer Arbeit, da der organisationale Rahmen, in dem sich die Soziale Arbeit hier bewegt relativ deutliche Vorgaben macht. Aber vielleicht liegt der Grund des Fernbleibens in der Angst vor Diskriminierung aufgrund der sexuellen Orientierung. In dieser Denkweise wäre ein bloßes Hinwirken auf den Schulbesuch für die Fallarbeit nicht förderlich, sondern könnte den Leidensdruck sogar noch erhöhen. Dies impliziert jedoch, dass die Fachkraft diese Möglichkeit überhaupt mit in Betracht zieht und in ihrer Normalitätsvorstellung verankert. Im Jugendzentrum wird die Jugendliche mehr im Rahmen ihres Freizeitverhaltens wahrgenommen und gesehen, obgleich die schulischen Probleme trotzdem vorhanden sind. Hier bekommt sie allerdings die Möglichkeit, offen über ihre Sorgen und Ängste zu sprechen, da der organisationale Rahmen ein anderer ist. Dies bedeutet nun nicht, dass alle Handlungsfelder Sozialer Arbeit umstrukturiert werden müssen, zeigt jedoch die Bedeutung der Reflexion des eigenen Handelns vor dem Hintergrund der interaktiven Dimension auf.

Ein Modell einer affirmativen Praxisgestaltungsmöglichkeit gegenüber Homo- und Bisexuellen wird folgend exemplarisch dargestellt.

10.5 „A gay affirmative practice" – eine Homo- und Bisexualität bejahende Praxis Sozialer Arbeit

Bei der Betrachtung des Modells muss beachtet werden, dass es sich neben einer Praxisbeschreibung auch um eine Haltung gegenüber LSB-Lebenswelten handelt, die Fachkräfte einnehmen sollten (vgl. *Crisp/McCave* 2007, S. 404).

Die besondere Bedeutung und Relevanz eines solchen Modells kann aus der gegenwärtigen Lebenssituation von Schwulen, Lesben und Bisexuellen abgeleitet werden. Der Ausgangspunkt dieses Modells besteht in einer positiven Einstellung einer Fachkraft gegenüber nicht-heterosexuellen Lebensweisen, dahingehend, dass diese als gleichermaßen positiver Ausdruck menschlicher Erfahrung und Sexualität gleichwertig mit heterosexuellen Identitäten wahrgenommen wird (vgl. *Crisp* 2006, S. 116). Eine bloße Abwesenheit von homonegativen Einstellungen seitens der Fachkräfte genügt hierfür nicht aus. Vielmehr wird von Fachkräften verlangt, dass diese ihre eigene Haltung stetig reflektieren. Geprägt durch eine positive Einstellung sollten sie kooperativ mit ihren Adressat*innen zusammenarbeiten, um deren Themen zu bearbeiten und bei ihnen die Entwicklung einer positiv konnotierten Identität als lesbischer, schwuler oder bisexueller Mensch zu fördern. Insgesamt lässt sich das Modell einer „gay affirmative practice" in folgender Abbildung darstellen, die hierzu aus dem englischen Original übersetzt wurde.

Abbildung 9: Modell einer affirmativen Praxis Sozialer Arbeit

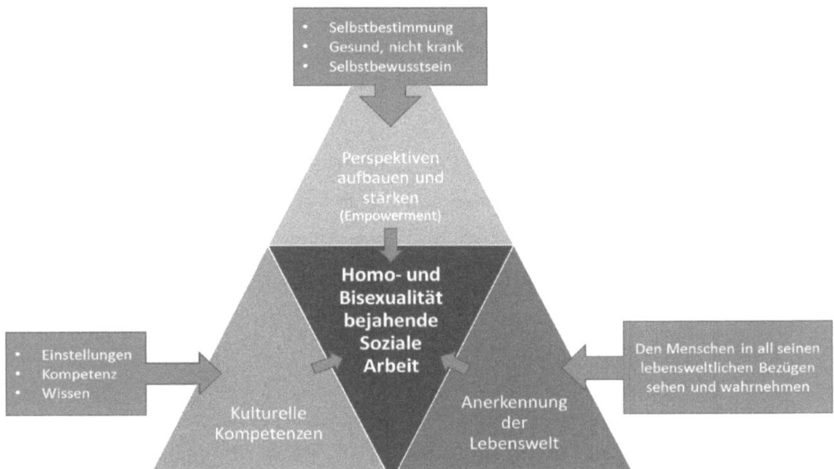

Ausgangspunkt des Modells ist die Wahrnehmung der gesamten Lebenswelt einer lsb Person, dies impliziert sowohl die sozialen Bezüge als auch die unterschiedlichen Rollen, in denen die Person handelt. Beispielsweise ist ein schwuler Mann zwar in seiner privaten Lebenswelt geoutet und lebt mit seinem Partner zusammen, am Arbeitsplatz hingegen suggeriert er den Kolleg*innen ein heterosexuelles Leben. Ein anderes Beispiel aus der Lebenswelt Jugendlicher könnte ein lesbisches Mädchen sein, das in ihrer Freizeit Zeit mit ihrer Freundin verbringt, im familiären Kontext jedoch aus Angst vor Ablehnung durch die Sorgeberechtigten nicht geoutet ist (vgl. *Crisp/McCave* 2007, S. 404). Eine bejahende Praxis versucht, die unterschiedlichen, lebensweltlichen Bezüge der Adressat*innen aufzugreifen und anzuerkennen, ohne diese zu (be-)werten. Dies ermöglicht den Adressat*innen, ein „normales", erfülltes Leben zu führen (vgl. *Pereira et al.* 2019, S. 885)

Dies spiegelt sich auch im zweiten Schwerpunkt des Modells wieder. Eine bejahende Praxis versucht mit den Adressat*innen Perspektiven zu erarbeiten und ihre Kräfte sowie ihren Selbstwert zu stärken. Dies setzt die Haltung, homosexuelle, bisexuelle und heterosexuelle Identitäten gleichwertig und gleich wichtig sind, voraus. In der praktischen Umsetzung kann dies durch Empowerment und Verfahren der Ressourcenaktivierung erfolgen. Hierbei steht im Vordergrund, den Adressat*innen das Gefühl zu vermitteln, nicht „krank" zu sein, ihr Selbstbewusstsein zu steigern und eine selbstbestimmte Gestaltung des eigenen Lebens zu fördern. Dementsprechend benötigen die Fachkräfte ein Mindestmaß an Fachwissen zur Thematik, um adäquate Angebote und Netzwerke zu schaffen, die den Forderungen des Modells Rechenschaft tragen können (vgl. *Crisp* 2006, S. 116). Folgerichtig setzt *Crisp* (vgl. 2006, S. 117) im letzten Schritt eine LSB-bejahende Soziale Arbeit mit einer kultursensiblen Sozialen Arbeit gleich, indem sie postuliert, dass ein spezifisches Wissen über die Population vorhanden sein muss sowie ein Respekt vor den Spezifika der jeweiligen Minorität.

In Anlehnung an *Appleby* und *Anastas* (vgl. 1998, S. 141 ff.) können weitere Prinzipien einer Homo- und Bisexualität bejahenden Praxis identifiziert werden:

- Soziale Arbeit darf keine sexuellen Orientierungen vorwegnehmen bzw. nicht in der Grundannahme agieren, dass jede*r Adressat*in heterosexuell ist. Dementsprechend gilt es in der sozialpädagogischen Anamnese nicht in heteronormativen Mustern zu fragen und zu handeln, sondern eine Dekonstruktion dieser vorzunehmen. Dies kann beispielsweise umgesetzt werden, indem bei der Frage nach Partner*innen nicht nach einem „Freund oder Freundin“, sondern nach einer vorhandenen Partner*innenschaft gefragt wird.
- Soziale Arbeit bedarf der Grundhaltung, dass Homonegativität und gesellschaftliche Strukturen für prekäre Lebenssituationen von lsb Adressat*innen verantwortlich sind, nicht die sexuelle Orientierung selbst.
- Es ist für die Soziale Arbeit ein Erfolg, wenn sich Adressat*innen nach Beendigung eines Hilfeprozesses als schwule, lesbische oder bisexuelle Person anerkennen und identifizieren können. Fachkräfte sollten dies als Erfolg anerkennen und respektieren.
- Soziale Arbeit hat den grundlegenden Auftrag, mit Adressat*innen daran zu arbeiten, Homonegativität in allen Handlungsfeldern Sozialer Arbeit abzubauen, um so die positive Identifikation mit der sexuellen Orientierung einzelner Adressat*innen zu stärken.
- Als Fachkraft Sozialer Arbeit ist es wünschenswert, sich mit unterschiedlichen Theorien über das Coming-out und die Lebenswelt von lsb Adressat*innen auseinanderzusetzen und nicht nur eine Theorie als die einzig wahre anzuerkennen.
- Fachkräfte Sozialer Arbeit müssen eigene homonegative Erfahrungen und Haltungen identifizieren und reflektieren.

Aus diesen Annahmen heraus postulieren Crisp und McCave die praktische Umsetzbarkeit des Modells am Beispiel der Arbeit mit Jugendlichen. Die notwendigen Wissensbereiche in der Arbeit mit schwulen, lesbischen und bisexuellen Jugendlichen differenzieren sie hierbei in sieben Bereiche aus: Terminologie, Sprache und Bedeutung einzelner Begriffe wie beispielsweise „queer“; Demografie, Diversität und dementsprechend Intersektionalität; szenespezifische Wissensbestände, Symbole und deren Bedeutung wie beispielsweise die Pride-Flagge; gesellschaftliche Rahmenbedingungen zur Entstehung von Homonegativität; Ressourcen der Community wie spezielle Beratungsstellen; Kultursensibilität und Wissen über das Coming-out (vgl. *Crisp/McCave* 2007, S. 408 ff.).

Im deutschsprachigen Raum prägte vor allem Ulrike Schmauch den Begriff der „Regenbogenkompetenz", welcher „analog zu den Begriffen „Interkulturelle Kompetenz" und „Genderkompetenz" gebildet [wurde]" (*Schmauch* 2016, S. 43).

> „[Regenbogenkompetenz] bezeichnet die Fähigkeit einer Fachkraft der Sozialen Arbeit, mit den Themen der sexuellen Orientierung und geschlechtlicher Identitäten professionell und diskriminierungsfrei umzugehen. Regenbogenkompetenz setzt sich aus vier Elementen zusammen: der Sachkompetenz, die Wissen über Lebenslage, Diskriminierung und Ressourcen sexueller Minderheiten umfasst; der Methodenkompetenz, die sich auf Handlungsfähigkeit und Verfahrenswissen im Bereich sexueller Orientierung und geschlechtlicher Identitäten bezieht; der Sozialkompetenz mit der Kommunikations- und Kooperationsfähigkeit im Bereich sexueller Orientierung und geschlechtlicher Identitäten, und schließlich der Selbstkompetenz, die die Fähigkeit zur Reflexion eigener Gefühle, Vorurteile und Werte in Bezug auf sexuelle Vielfalt meint" (*Schmauch* 2016, S. 43).

Im Vordergrund in der Arbeit mit Jugendlichen steht es jedoch, einen Schutzraum für diese zu schaffen, in dem lesbische, schwule und bisexuelle Jugendliche sein können wie sie sind und sein wollen. Dies dient auf der einen Seite zur Selbsterprobung, auf der anderen Seite aber auch zum Schutz vor Diskriminierung. Daher ist es für die Soziale Arbeit unabdingbar, für die Zielgruppe spezifische, auch geschlossene Angebote zu schaffen und gleichzeitig in anderen Handlungsfeldern auf die Thematik aufmerksam zu machen (vgl. *Crisp/McCave* 2007, S. 413 f.). Ein passendes Beispiel hierfür ist das queere Jugendzentrum LaVie in Karlsruhe, indem ein solcher Schutzraum geschaffen wurde. Neben solch niederschwelligen, sozialräumlich forcierten Angeboten Sozialer Arbeit gilt es jedoch auch, im Rahmen der sozialpädagogischen Einzelfallhilfe bzw. in sozialpädagogischen Gruppenkontexten einen Raum für Diversität zu schaffen und diese anzuerkennen (vgl. insg. auch *Argüello* 2019, S. 4 ff.).

Aus den theoretischen Überlegungen lässt sich zusammenfassend resümieren, dass eine professionelle Soziale Arbeit mit jungen lsb Menschen insbesondere durch eine Reflexion eigener Haltungen, Interventionen und Praxen gekennzeichnet ist. Daneben gewinnt die Aushandlung gemeinsamer Ziele und Angebote einen enormen Stellenwert. Eine empirische „Überprüfung" dieser Forderungen wird im methodischen Teil dieser Arbeit vorgenommen.

11 Exkurs Queere Sozialarbeiter*innen: Umgangsweisen und Herausforderungen nicht-heterosexueller Fachkräfte Sozialer Arbeit

11.1 Ausgangslage

> „Als ‚normal' gilt, wer eine eindeutige Geschlechtsidentität in Übereinstimmung mit dem bei Geburt zugewiesenen Geschlecht (männlich/weiblich) besitzt und dessen sexuellen Begehren und Lebenskonzept auf das jeweils andere Geschlecht (männlich/weiblich) ausgerichtet ist. In diesem Sinne gelten schwule, lesbische, bisexuelle und transidente Menschen als nicht ‚normal' und werden zu den von der Norm abweichenden Anderen [gezählt]" (*Höblich* 2018, S. 189).

Der gesellschaftliche Umgang mit den genannten Normabweichungen zeigt sich in vielfältiger Weise quer durch Bevölkerungsschichten und Berufsgruppen in Deutschland. *Küpper, Klocke und Hoffmann* (2017, S. 55 f.) postulierten in ihrer bevölkerungsrepräsentativen Studie „Einstellungen gegenüber lesbischen, schwulen und bisexuellen Menschen in Deutschland", dass trotz eines insgesamt zu verzeichnenden Rückgangs homonegativer Haltungen in der Gesellschaft nach wie vor 81% der Befragten die Auffassung teilen, dass homo- und bisexuelle Menschen in Deutschland diskriminiert und benachteiligt werden. Diese Abwertung zeigt sich besonders am Arbeitsplatz, wie die Studie „Out im Office" darlegt (vgl. *Frohn/Meinhold/Schmidt* 2017, S. 9 f.). Für lesbische, schwule und bisexuelle Personen resultiert daraus, dass am Arbeitsplatz Situationen erlebt werden, in denen die sexuelle Identität verschwiegen werden muss, wenn diese nicht der „heterosexuellen-Mehrheitskultur" entspricht (*Frohn* 2014, S. 479) oder Mitarbeiter*innen Angst um ihren beruflichen Status haben (vgl. *ebd.*, S. 30). Gleichzeitig ist die Offenheit im Umgang mit der sexuellen Orientierung am Arbeitsplatz innerhalb der letzten zehn Jahre durch eine positive Entwicklung gekennzeichnet (vgl. *ebd.*, S. 62). Beispielsweise geben 22% mehr der Befragten an, dass sie sich heute offener gegenüber Kolleg*innen über ihre sexuelle Identität äußern. Trotz dieser positiven Tendenzen manifestiert sich auch weiterhin eine problematische Beziehung zwischen nicht-heterosexuellen Fachkräften und traditionell konservativen Berufen und kirchlichen Einrichtungen (vgl. *ebd.*, S. 68). Die Studie, „Out im Office" vergleicht zwar Berufsgruppen miteinander, nimmt jedoch keinen spezifischen Bezug auf diese. Der Anteil an Befragten aus sozialen/psychosozialen Berufen betrug 6,2% (vgl. *ebd.*, S. 24). Wohlfahrtsverbände, zu denen auch die Caritas und Diakonie zählen, bilden die größte Trägereinheit in psychosozialen Einrichtungen (vgl. *Mennemann/Dummann* 2016, S. 108) und somit eines der größten Arbeitsfelder Sozialer Arbeit. Insgesamt beschäftigten in der jüngsten Erhebung 2016 die Wohlfahrtsverbände 4% aller Erwerbstätigen der Bundesrepublik Deutschland (1.912.655). Zur Verdeutlichung kann der Bereich der Kinder- und Jugendhilfe abgebildet werden, 2017 waren hier 49% der Einrichtungen in Trägerschaft der freien Wohlfahrtspflege (vgl. *BAGFW* 2018, S. 6 und *Schilling* 2012, S. 782 ff.). Nach Angaben der Bundesagentur für Arbeit sind zum Stichtag 30.09.2018 1.524.838 sozialversicherungspflichtig Beschäftigte im Bereich Erziehung, Sozialarbeit und Heilerziehungspflege gemeldet, hiervon 309.991 Sozialarbeiter*innen/Sozialpädagog*innen (vgl. *Bundesagentur für Arbeit* 2019). Dalia Research publizierte 2016 eine Studie, in der die Anzahl der lsbttiq Bevölkerung in Deutschland von 7,4% repräsentativ ermittelt wurde (vgl. *Deveaux* 2016). Von 7,4% ausgehend sind dies 112.838 Beschäftigte, die sich selbst als lsbttiq identifizieren, mit einem Anteil von 22.400 Sozialarbeiter*innen.

11.2 Soziale Arbeit: Professionalität und Authentizität

Das Professionsverständnis Sozialer Arbeit übersteigt die bloße Vermittlung „wissenschaftlich erzeugter Erkenntnisse und Ergebnisse an Adressaten und Klienten…" (*Dewe/Stüwe* 2016, S. 40). Dewe und Stüwe postulieren, dass eine professionelle Soziale Arbeit durch eine fallspezifische und individuelle Vorgehensweise gekennzeichnet ist. Die Aufgabe Sozialer Arbeit besteht hierbei darin, Lebensbedingungen als auch die Lebensweise der Adressat*innen zu verbessern (vgl. *Heiner* 2018, S. 12 f.).

Zur Bewältigung dieser Aufgabe müssen Fachkräfte Sozialer Arbeit über Handlungskompetenzen verfügen. Maja Heiner differenziert hier drei Kompetenzbereiche heraus: Selbst-, Fall-, und Systemkompetenz[6] (vgl. *ebd.*). Sozialarbeiter*innen müssen „sich ihrer eigenen Person bewusst zuwenden, ihre Stärken und Schwächen kennen und deren Auswirkungen im Handlungsvollzug beobachten, um *Selbstkompetenz* zu entwickeln" (*ebd.* 2016, S. 63, Herv. i. O.). Dies impliziert auch das Nachdenken über eigene Gefühle

6 Im vorliegenden Bericht werden die Kompetenzbereiche der Fall- und Systemkompetenz vernachlässigt, da es sich in der Studie nicht um eine Untersuchung sozialpädagogischer Fallarbeit handelt.

und Emotionen, welche sich aus beruflichen Handlungssituationen ergeben können. Nach Heiner erfasst die Selbstkompetenz aber auch die Fähigkeit, sich selbst zu regulieren hinsichtlich spontaner, emotionaler Reaktionsmuster und Handlungsimpulse (vgl. *ebd.*, S. 64).

Eng verbunden mit den Kompetenzbereichen professioneller Sozialer Arbeit ist der Begriff der Authentizität. Fachkräfte agieren mit ihrer eigenen Persönlichkeit und setzen diese als professionelles Werkzeug (vgl. *von Spiegel* 2018, S. 93) ein. Dieser Einsatz impliziert einen reflexiven Umgang mit der eigenen Persönlichkeit und Haltung je nach Kontext, in dem personenbezogene Dienstleistungen Sozialer Arbeit erbracht werden. Hans Thiersch postuliert, dass „die Frage nach Authentizität [...] im Mainstream der professionstheoretischen Diskussion [verdrängt wird]" (*Thiersch* 2013, S. 252). Es gilt zwischen Lebensauthentizität und pädagogischer Authentizität zu differenzieren. Lebensauthentizität meint das Leben, biografische Profile und die eigene Lebenspraxis; die pädagogische Authentizität bezieht sich „auf das spezifische Interesse am Werden des Anderen" (*ebd.* 2013, S. 258). Obgleich die beiden Bereiche privat und beruflich getrennt werden können, bedingen sich diese gegenseitig. „Lebenserfahrungen, biografisch erworbene Lebensmuster wirken in [die pädagogische Authentizität] hinein, ebenso wie Probleme, die außerhalb pädagogischer Arbeit im Leben bewältigt werden müssen" (*ebd.*). Der Grad an Authentizität und persönlichem Engagement variiert je nach Handlungsfeld, ist jedoch im Kern immer ein Teil professioneller Sozialer Arbeit.

Mit der Einführung der Bologna-Reform an deutschen Hochschulen veränderten sich auch die Studiengänge Sozialer Arbeit. Der Persönlichkeitsaspekt rückte im Austausch mit einer wissenschaftlichen Qualifizierung der späteren Fachkräfte in den Hintergrund (vgl. *von Spiegel*, 2018 S. 72). Hiltrud von Spiegel bildet in ihrem Kompetenzmodell für professionelles Handeln einen Querschnitt unterschiedlicher Schlüsselkompetenzen ab, die sich in drei Dimensionen darstellen lassen: Wissen, Können und Haltung. Auffallend in diesem Modell ist die ständige Formulierung „Sozialarbeiter*innen sollen/brauchen/müssen", die sich quer durch die Dimensionen widerspiegelt. In der Dimension des Könnens werden Fachkräfte beispielsweise aufgefordert, ihre „Person als Werkzeug" im metaphorischen Sinne einzusetzen, hierfür bedarf es vier Grundkompetenzen: Die Fähigkeit zur Selbstbeobachtung, die Fähigkeit zur Selbstreflexion, Empathiefähigkeit und Ambiguitätstoleranz.

Diese sind jeweils mit den Forderungen verbunden, Aspekte der eigenen Persönlichkeit zu reflektieren und deren Wirkung auf die professionelle Arbeitsbeziehung zu den Adressat*innen und Organisationen Sozialer Arbeit zu kontrastieren. „Sie müssen akzeptieren, dass sich Wertehaltungen, Lebensweisen und Zukunftspläne ihrer Adressaten sehr von ihren eigenen unterscheiden können" (*von Spiegel* 2018, S. 93). Die Grenzen dessen sind dann erreicht, wenn Wertvorstellungen und Lebensentwürfe andere beeinträchtigen oder verletzen (vgl. *Staub-Bernasconi* 2018, S. 231). Hierbei stellt sich die Frage, was geschieht, wenn die Grenzen der Sozialarbeiter*innen verletzt werden oder wenn Wertevorstellungen der Adressat*innen die Person der Fachkraft verletzen? Die Erfahrungen, die Menschen in ihrer Lebenswelt machen – dies impliziert sowohl berufliche als auch private Erfahrungen – können sich auf die Bildung einer beruflichen Identität, auf einer formal – institutionellen Ebene auswirken (vgl. *Schütte-Bäumner* 2010, S. 86 f.). „Professionelle Identität ist eine subjektive, handlungsorientierte, reflexive und flexible Konstruktionsleistung. Die Kategorie ‚Handlungsorientierung' ist am stärksten ausgeprägt. Professionelle Identität wird im Alltag konstruiert und kann nie als abgeschlossen gelten" (*Harmsen* 2013, S. 266).

Die Herausbildung einer professionellen Identität beginnt bereits vor dem Studium. Angehende Fachkräfte werden durch biografische Erfahrungen, familiäre Sozialisation oder Angehörige der Profession geprägt. Das Studium dient als Lernort, eigene biografische Erfahrungen mit Theorie und Praxis zu verknüpfen, um so durch Prozesse der Selbstreflexion und Supervision einen professionellen Habitus ausbilden zu können (vgl. *Füssenhäuser* 2011, S. 116). Gleichzeitig weisen angehende Sozialarbeiter*innen nur wenig Bewusstsein für diese Reflexionsleistung und somit die Bildung einer professionellen Identität auf, wenn Lehrende die Bedeutung der Thematik abschwächen (vgl. *Harmsen* 2014, S. 199 ff.).

Im professionellen Alltag dominiert dann „die Fallarbeit das Bewusstsein [der Fachkräfte]" (*Harmsen* 2013, S. 267), da dies allgemein als Kennzeichen professioneller Arbeit gilt. Möglichkeiten einer Reflexion bietet die Profession Soziale Arbeit hierfür unter anderem durch Methoden wie Supervision oder kollegiale Beratung. Doch hier tritt ein Spannungsfeld in Erscheinung, welches besonders lsbttiq Fachkräfte betrifft: Die Reflexion beruflicher Erfahrungen hinsichtlich der eigenen sexuellen Orientierung. Wie bereits dargestellt, herrscht in der Gesellschaft ein heteronormatives Denkmuster. „Das die Homosexualität seitens der Wissenschaft inzwischen aus dem Bereich der psychischen Störungen gänzlich gestrichen wurde, hat bisher noch keine bedeutende Änderung in der Gesellschaft gebracht" (*Fiedler* 2004, S. 78). Die Frage kommt auf, wie Fachkräfte mit heteronormativen Annahmen, Diskriminierung und Stigmatisierung von Seiten der Adressat*innen adäquat umgehen und diese gerade vor dem Hintergrund der eigenen internalisierten Homonegativität reflektieren können. Wie soll mit Erfahrungen von Fachkräften umgegangen werden, wenn dies an die Angst eines ungewollten Outings gekoppelt und ein Großteil der Träger Sozialer Arbeit kirchlich verortet ist?

Im Kontext professioneller Sozialer Arbeit entsteht ein weiteres Spannungsfeld zwischen pädagogischer Professionalität und Authentizität. Denn die Authentizität einer lsbttiq* Fachkraft wird eingeschränkt, wenn sich diese in ihrem beruflichen Alltag verstellen müssen, um ihre sexuelle Orientierung aufgrund heteronormativer Denk- und Verhaltensmuster aufseiten der Adressat*innen zu verbergen. Dies kann neben den Einflüssen auf die Person der Sozialarbeiter*innen auch Auswirkungen auf die Handlungsantinomie der Nähe und Distanz haben. „Das Gelingen von pädagogischen Beziehungen steht und fällt mit der Balance des Spannungsverhältnisses zwischen Nähe und Distanz" (*Thiersch* 2012, S. 38). Doch genau die Ablehnung, die Ängste vor einem ungewollten Outing sowie die Projektion geschlechtsstereotyper Bilder auf die Fachkräfte Sozialer Arbeit, beeinflussen dieses Spannungsfeld (vgl. *Rendtorff* 2012, S. 99). Daher geht diese Forschungsarbeit den folgenden Fragestellungen nach:

- Wie gehen lesbische, schwule und bisexuelle Sozialarbeiter*innen/Sozialpädagog*innen mit ihrer sexuellen Orientierung am Arbeitsplatz um?
- Wie unterscheiden sich lesbische, schwule und bisexuelle Sozialarbeiter*innen/Sozialpädagog*innen in ihrer Umgangsweise von anderen psychosozialen Berufsgruppen?
- Wie wirkt sich Homonegativität im beruflichen Kontext auf lesbische, schwule und bisexuelle Sozialarbeiter*innen/Sozialpädagog*innen aus?
- Wie müssen Handlungsfelder Sozialer Arbeit gestaltet werden, damit die Homonegativität abnimmt und eine Internalisierung verhindert wird?

11.3 Forschungsdesign

Das Forschungsprojekt kombiniert im Sinne eines Mixed-Methods-Design im formativen Vorstudienmodell (vgl. *Dortz/Böring* 2016, S. 184) qualitative und quantitative Forschungsmethoden um eine optimale Gegenstands-Methodik zu gewährleisten.

Methodik der qualitativen Teilstudie

Für die qualitative Teilstudie wurde als Erhebungsinstrument ein offenes Leitfadeninterview ($n = 11$) gewählt. Im Vordergrund standen hierbei beschreibende und argumentierende Darstellungen der Interviewpartner*innen (vgl. *Przyborski/Wohlrab-Sahr* 2014, S. 126 f.). Das Sampling erfolgte nach vorab festgelegten Kriterien (vgl. *ebd.*, S. 182 f.): Die Interviewpartner*innen mussten sich selbst als lesbisch, schwul oder bisexuell definieren und dem männlichen oder weiblichen Geschlecht zugehörig fühlen. Eine weitere Voraussetzung war, dass die Teilnehmer*innen über einen Studienabschluss der Sozialen Arbeit/Sozialpädagogik oder Sozialarbeit verfügen. Studierende der Sozialen Arbeit sowie deren Bezugsdisziplinen oder auch ähnliche Berufsgruppen waren nicht zugelassen. Dies ergab vier sich selbst homosexuell definierende cis-Männer, zwei bisexuell definierte cis-Frauen, ein bisexuell definierter cis-Mann sowie 4 selbst definierte lesbische cis-Frauen. Der Zugang zum Feld erfolgte über einen Online-Aufruf im sozialen Netzwerk Facebook in spezifischen Gruppen sowie über den Newsletter von PLUS e.V., der psychologischen Lesben- und Schwulenberatung in Mannheim. Alle Teilnehmer*innen wurden zu Beginn der Interviews nochmals über die Pseudonymisierung und den Umgang mit den zu erhebenden Daten informiert. Die Möglichkeit der Nicht-Teilnahme wurde allen Proband*innen eingeräumt. Auf den Aufruf zur Teilnahme folgte eine hohe Nachfrage. Die Transkription fand nach einfachen wissenschaftlichen Standards (vgl. *Dresing und Pehl* 2013) statt.

Ausgewertet wurden die Interviews nach der qualitativen Inhaltsanalyse nach Mayring. Es wurde ein induktives Vorgehen gewählt und im Verfahren der strukturierenden Inhaltsanalyse angewandt (vgl. *Mayring/Gahleitner* 2010, S. 297).

Methodik der quantitativen Teilstudie

Aus den dargestellten theoretischen Ausführungen sowie den aus den Interviews heraus entwickelten Handlungsstrategien und deren Einflussgrößen formulierten die Autoren sechs Hypothesen, die in der quantitativen Teilstudie näher untersucht wurden.

Beschreibung der Stichprobe

Die Datenerhebung wurde im Juni 2019 durchgeführt. Als Verteiler dienten über 500 Vereine und Verbände aus ganz Deutschland, an die der Fragebogen mit einem Anschreiben und der Bitte nach Verbreitung geschickt wurde. Adressiert wurden alle qualifizierten Personen mit erworbenem Abschluss in sozialen Berufen, darunter Sozialarbeiter*innen, Erzieher*innen aber auch andere Berufe.

Der Online-Fragebogen wurde insgesamt von 1.053 Personen im Internet aufgerufen und von 555 lsb Personen vollständig ausgefüllt. Somit beträgt die Grundgesamtheit der Stichprobe $n = 555$ Teilnehmer*innen.

Tabelle 2: detaillierte Stichprobenbeschreibung

	Stichprobengröße $n = 555$					
	weiblich		männlich		divers[7]	
Geschlecht	313	56,4%	200	35,7%	42	7,9%
Sexuelle Orientierung						
Homosexuell	157	50,2%	172	86,0%	11	26,2%
Bisexuell	99	31,6%	19	9,6%	5	11,9%
Andere	57	18,2%	9	4,5%	26	61,9%
Beruf						
Sozialarbeiter*in	142	45,4%	82	41,0%	20	47,6%
Weitere akademische Berufe	62	19,8%	40	20,0%	6	14,3%
Ausbildungsberufe	109	32,8%	78	39,0%	16	38,1%
Art der beruflichen Tätigkeit						
Angestellt	250	79,9%	141	70,5%	34	81,0%
Selbstständig	21	6,7%	21	10,5%	3	7,1%
Leitungsposition	32	10,2%	36	18,0%	3	7,1%
Arbeitssuchend	10	3,2%	2	1,0%	2	4,8%
Alter						
16–27	83	26,5%	25	12,5%	12	28,6%
28–39	164	52,4%	106	53,0%	19	45,2%
40–51	49	15,7%	36	18,0%	9	21,4%
52–63	17	5,4%	29	14,5%	2	4,8%
< 63	–	–	4	2,0%	–	–
Wohnort						
Dorf	58	18,5%	21	10,5%	5	11,9%
Kleinstadt	64	20,4%	33	16,5%	10	23,8%
Großstadt	191	61,0%	145	72,5%	27	64,3%
Zugehörigkeit zu einer Glaubensgemeinschaft	106	33,9%	91	45,5%	16	38,1%

Untersuchungsdesign und Messinstrumente

Die Untersuchung der Hypothesen erfolgte anhand einer Querschnittsstudie zu einem Messzeitpunkt. Untersucht wurden neben den aufgestellten Hypo-

7 *Divers* setzt sich aus den Selbstdefinitionen trans*, inter*, queer, nicht-binär/Enby zusammen. *Andere* setzt sich aus folgenden Selbstdefinitionen zusammen: Queer; genderfluid; Mensch; agender; lesbisch; maskulin weiblich.

thesen weitere Verteilungs- und Einflussmerkmale auf die gebildeten Handlungsstrategien.

Der verwendete Fragebogen wurde technisch mit dem Tool „umfrage-online" umgesetzt. Die erste Seite diente zur Einführung in den Fragebogen und zur Angabe des Verwendungszweckes der Daten. Für Fragen und Anmerkungen wurden die Kontaktdaten der Autoren angegeben. Die zweite Seite des Fragebogens beinhaltete soziodemografische Fragen (1–11). Auf Seite drei wurden Fragen (12–18) zum beruflichen Umfeld gestellt. Seite vier bestand aus 19 Fragen (19–40) zum Umgang mit der eigenen sexuellen Orientierung am Arbeitsplatz, Seite fünf bot die Möglichkeit, eigene Gedanken zum Umgang mitzuteilen (Frage 41). Seite sechs bestand aus Fragen (42–47) zur eigenen sexuellen Orientierung. Seite sieben bestand aus einer abschließenden Frage (48) zu Stimmungen und Einstellungen. Auf der Abschlussseite des Fragebogens wurde die Möglichkeit des Erhalts der Daten der Ergebnisse der Studie beschrieben.

Kern des Fragebogens stellen die durch die qualitative Vorstudie ermittelten Handlungsstrategien im Umgang mit der eigenen sexuellen Orientierung dar. Die Strategien wurden ausgehend des qualitativen Materials in vier Skalen mit vier bis sechs Items transferiert. Für die Skalen wurde eine Reliabilitätsanalyse durchgeführt (Cronbachs α = .58 bis .78). In der Skala „straight acting" wurde aufgrund mangelnder Trennschärfe das Item 35 entfernt[8]. Die validierte Skala zur Klarheit an Identität bzw. Homonegativität entnahmen die Autoren von Martin *Plöderl* (vgl. 2005, S. 154 ff.). Items, welche die gleiche Messung vornehmen, wurden aufgrund der Länge des Fragebogens entfernt[9]. Die Skala zur Messung der Arbeitsplatzzufriedenheit entwickelten die Autoren, aufgrund der Fragenbogenlänge selbst. Die validierte Skala zum Depressivitätserleben wurde von *Hautzinger/Bailer* (vgl. *1993*) reduziert um Items, die das gleiche Konstrukt messen, übernommen[10].

11.4 Ergebnisse der qualitativen Daten

Insgesamt wurden neun Oberkategorien herausgebildet, die sich mit ihren Unterkategorien in drei Bereiche zusammenfassen lassen:

8 Cronbachs α mit Item 35 = .31; Cronbachs α ohne Item 35 = .58

9 Cronbachs α in der Originalversion = .92; Cronbachs α in der Autorenversion = .84

10 Cronbachs α in der Originalversion = .82-88; Cronbachs α in der Autorenversion = .81

1. Handlungsstrategien im Umgang mit der eigenen sexuellen Orientierung am Arbeitsplatz;
2. (Gleichstellung, Vermeidung, Konfrontation und „straight acting“)
3. Einflussfaktoren auf die Ausbildung der Handlungsstrategien
4. (Kirchlich geprägte Sozialisationserfahrungen, Erfahrungen mit Eltern und primären Bezugspersonen, Trägerschaft der Einrichtung, Historische und intergenerative Aspekte, Organisation, Management und Teamstruktur, Studium und Weiterbildung als Selbsterfahrungsraum, Homosexualitätstabu, Homonegativität und Ort [städtisch/ländlich])
5. Lesben, Schwule, Bisexuelle in der Profession Soziale Arbeit.
6. (Selbstreflexion, Haltung, Authentizität, normbildender Umgang, berufspolitische Aspekte der Professionalität, Erfahrungswissensbestände/Expert*innenstatus, methodisches Handeln und inadäquate Verhaltensweisen, Außerschulische Bildung)

Die befragten Fachkräfte beschreiben vier Handlungsstrategien, die in der beruflichen Praxis angewendet werden, welche den Kern der Studie bilden. Die Autoren teilten diese in zwei positiv konnotierte (Gleichstellung und Konfrontation) als auch in zwei vermeintlich negativ konnotierte Umgangsweisen („straight acting“ und Vermeidung) ein.

Handlungsstrategie: Gleichstellung

Die Handlungsstrategie „Gleichstellung“ subsumiert neben einem aktiven Verhalten gegenüber anderen auch eine Haltung zu sich selbst als Person. Fachkräfte, welche „Gleichstellung“ praktizieren, differenzieren in ihrem Alltag nicht zwischen Hetero-, Homo- oder Bisexualität, sondern nehmen alle Erscheinungsformen der sexuellen Orientierung als gleichberechtigt wahr und interagieren dementsprechend. Kennzeichnend für diese Handlungsstrategie ist u. a. eine Irritation durch das Coming-Out, da dies als aktives Tun und etwas Besonderes wahrgenommen wird, als ein Spezifikum der nicht-heterosexuellen Menschen:

> „Da hänge ich mich wieder auf an diesem Wort outen, weil es irgendwie so etwas von aktiv sein hat und ich gebe jetzt offiziell etwas preis, und bitte hört jetzt einmal zu, ich habe etwas zu sagen. Und das ist es nicht mehr. Es wissen Menschen auf der Arbeit, dass ich eine Freundin habe, zum Beispiel. (...) Da ist es einfach kein Geheimnis“ (*B7*, Z. 60–65).[11]

11 Die Interviewpassagen stammen aus einem weiteren Forschungsprojekt der Autoren. Die Form der Transkription gleicht der in Kapitel 12.3 beschriebenen Methodik.

Die Ergebnisse legen nahe, dass Fachkräfte, die „Gleichstellung" praktizieren, versuchen, in ihrem Arbeitsalltag Menschen mit unterschiedlichen sexuellen Orientierungen gleich zu behandeln und nicht in Stereotypen zu denken:

> „Und man könnte davon wegkommen, dass man männliche Klienten nach einer Freundin oder Frau fragt und umgekehrt. Also von diesem Muster wegzukommen, dass da jetzt zwar ein stämmiger, tätowierter, großer Mann vor mir sitzt, der aber nicht zwingend eine Freundin zuhause haben muss" (*B7*, Z. 103–106).

Dies fordert einen hohen Grad an Achtsamkeit und eine positive Haltung zu sich selbst und zur Pluralität der Lebensformen.

Handlungsstrategie: Konfrontation

Die Handlungsstrategie „Konfrontation" wurde von Fachkräften beschrieben, die offensiv mit ihrer sexuellen Orientierung am Arbeitsplatz umgehen. Anwendung findet sie dann, wenn die Person in ihrer sexuellen Identität gefestigt ist und durch ihre konfrontative Haltung Diskriminierung vorbeugen, vermeiden oder abbauen will. „Konfrontation" wird dabei zum einen als vorbeugende Maßnahme gegen ablehnende Haltungen eingesetzt und andererseits, um mit Adressat*innen und Kolleg*innen in einem konstruktiven Austausch – trotz vorherrschender Homonegativität – zu interagieren. Gleichzeitig zeigen die Interviews, dass eine homonegative Haltung der Adressat*innen bei den betroffenen Fachkräften Emotionen und Gefühle wecken können, die steuernden Einfluss auf ihr Handeln nehmen:

> „Ja, ich werde dann sauer. Und dann halte ich so ein kleines Aufklärungsgespräch, von wegen: ‚Warum ist schwul ein Schimpfwort?' Und, warum die das so benutzen. Und was das eigentlich heißt. Und, dass das in Ordnung ist. Und, ja, kläre die so ein bisschen auf und versuche die da so ein bisschen toleranter für zu machen. Aber ich werde sauer" (*B2*, Z. 162–165).

Es wird sichtbar, dass im Rahmen der „Konfrontation" emotionale Reaktionen, wie z. B. Ärger und Wut, gleichzeitig aber auch ein Gefühl von Befreiung erlebt werden kann, da sich die Fachkräfte authentisch erleben können.

> „Also, von meinem Arbeitsfeld jetzt gesprochen ist es einfach, dadurch, dass ich so bin wie ich bin, wird es schon normal einfach für alle, die jetzt ... konfrontiert sind. Und ansonsten weiter Aufklärungsarbeit betreiben vielleicht und einfach drauf aufmerksam machen. Es gibt bisexuelle Sozialarbeiter, homosexuelle Sozialarbeiter. Es ist nichts Schlimmes dabei und, ja, auch wir machen gute Arbeit und gute pädagogische Arbeit" (*B3*, Z. 161–166).

Handlungsstrategie: „Straight acting"

Unter der Handlungsstrategie „straight acting" werden Verhaltensweisen subsumiert, die ein angepasstes, stereotypisiertes heterosexuelles Verhalten betreffen. Die befragten Fachkräfte geben an, dass es in ihrem beruflichen Alltag Situationen gibt, in denen sie es als nicht zielführend empfinden, offen mit ihrer nicht-heterosexuellen Orientierung umzugehen und diese daher verbergen.

> „Also ich habe damals bewusst auf Körperhaltung zum Beispiel geachtet und eben darauf, wie ich mich so grundsätzlich bewegt habe. Dieses Klischee von dieser abgeknickten Hand, dieser Kannenform oder was weiß ich, was man da alles so für Bilder und Klischees hat, habe ich irgendwie darauf geachtet und versucht, das zu reduzieren oder einfach nicht so offen zu zeigen (…)" (*B9*, Z. 172–176).

Die Aufrechterhaltung des vermeintlich heterosexuellen Verhaltens kann die Fachkräfte nicht nur in ihrer privaten Lebenswelt, sondern auch in ihren beruflichen Kontexten und der Arbeitsplatzwahl beeinträchtigen, wie folgendes Zitat belegt:

> „Und die Antwort der potentiellen Vorgesetzten war: ‚Ich habe noch mehr Mitarbeiter, die homosexuell sind, von denen ich es nicht weiß.' Dann habe ich gesagt: ‚Ja, jetzt wissen Sie es aber.' Und dann hat sie gesagt: ‚Ja, aber ich muss es ja nicht so richtig wissen. Und wenn Sie wollen, dass ich das-, dass ich das so genau kläre, dann muss ich meinen Caritasdirektor fragen und der wird ‚Nein' sagen, weil es offiziell nicht geht' " (*B8*, Z. 98–102).

Eine Auffälligkeit zeigt sich bei Einrichtungen in kirchlicher Trägerschaft. „Straight acting" wird scheinbar dann praktiziert, wenn die Fachkräfte Angst davor haben, von Kolleg*innen oder Arbeitgeber*innen abgelehnt oder gekündigt zu werden. Es kann also begründet davon ausgegangen werden, dass die Aufrechterhaltung des „straight acting" mit einer großen Anstrengung und einer massiven Einschränkung von Authentizität im professionellen Handeln verbunden ist.

Handlungsstrategie: Vermeidung

Die Handlungsstrategie der „Vermeidung“ beschreibt Verhaltensweisen, mit denen Fachkräfte sich bewusst Situationen entziehen, in denen sie sich von Adressat*innen oder Kolleg*innen mit ihrer sexuellen Orientierung konfrontiert fühlen. Die Gesprächssituationen werden auch dann vermieden, wenn diese als pädagogisches Instrument aufgegriffen werden könnten, da sich sonst negative Gefühle gegenüber der eigenen Person offenbaren. Hier kann ein Machtaspekt zum Tragen kommen, indem Fachkräfte gezielt ihre Position nutzen, um Themen zu unterbinden. Auf die Frage, wie mit der emotionalen Situation bei negativen Äußerungen gegenüber nicht heterosexuellen Menschen umgegangen wird, antwortet eine Befragte:

> „Ja, vermutlich nicht gut, jedoch gibt es so etwas bei mir nicht. Weil ich bin tatsächlich sehr, wie soll ich sagen, also es ist jetzt- Ich bin kein Mensch, der sich jetzt unbedingt ALLE Meinungen zulässt, also zumindest nicht in meinem Klassenraum, weil das ist MEIN Klassenraum und da möchte ich so etwas nicht hören und das wissen die, also das kommuniziere ich klar, und deswegen kommt so etwas auch einfach nicht“ (*B6*, Z. 101–105).

Hier wird auf einer weiteren Ebene sichtbar, dass „Vermeidung“ von lsb Personen auch eingesetzt wird, um negativen Emotionen vorzubeugen bzw. sich vor negativen Äußerungen und Haltungen zu schützen.

> „Weil ich gar nicht erst wieder in die Gefahr kommen wollte, wenn man erst mal drin ist: Ach, und vielleicht wissen die es nicht und dann sage ich es denen nicht. So, ja, das ist, also, ich habe mich da selber davor geschützt“ (*B8*, Z. 129–131).

Das könnte auf einen Zusammenhang zwischen einer negativen Haltung des Trägers bzw. Arbeitgebers in der Sozialen Arbeit und der Handlungsstrategie von „Vermeidung“ bei den betroffenen Fachkräften hindeuten.

> „die einen können mit Homosexualität umgehen und die anderen finden das als Sünde und da ist alles unten drunter durch. (…), dass ich das jetzt nicht zu einem großen Thema mache, (…), damit es dann bei einer Wahl es erstens funktionieren kann und zweitens nicht Geschütze aufgefahren werden, die dann verletzend werden können“ (*B9*, Z. 309–214).

Die bisherigen Ergebnisse können in folgendem Schaubild zusammengefasst und in ihrer gegenseitigen Beeinflussung dargestellt werden.

Abbildung 10: Bildung der professionellen Identität als lesbisch, schwule, bisexuelle Sozialarbeiter*in

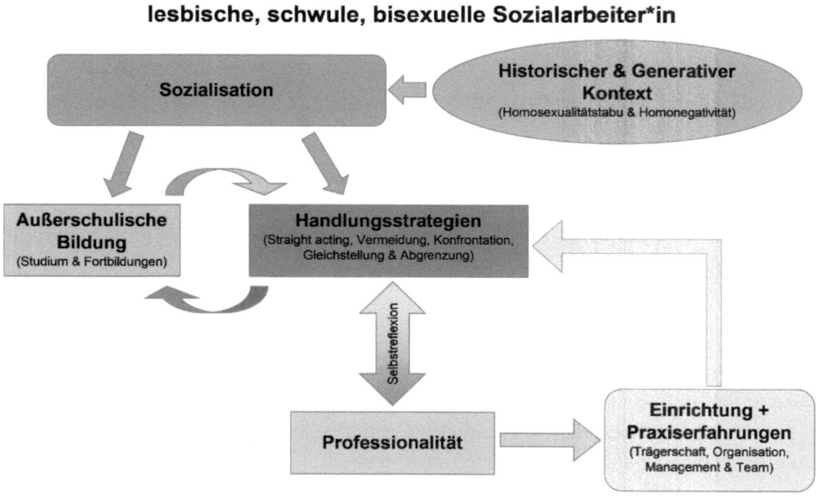

Der historische und generative Kontext hat Einfluss auf die Art und Weise, wie Menschen sozialisiert werden. Diese Faktoren werden geprägt durch Heteronormativität, Homonegativität oder auch das Homosexualitätstabu. Aufgrund der Prägung entwickelt das Individuum Handlungsstrategien im Umgang mit der eigenen sexuellen Orientierung. Das Studium Soziale Arbeit, das anschließend gewählte Handlungsfeld und die daran anknüpfenden Fortbildungen werden ebenfalls hierdurch beeinflusst. Das Studium eröffnet angehenden Fachkräften Möglichkeiten und Potenziale der Selbstreflexion, die sich dann wieder auf die Anwendung der einzelnen Handlungsstrategien auswirkt. Je nach Anwendung der Strategien können die Fachkräfte in ihrer Professionalität gehemmt, beispielsweise durch „Vermeidung" oder „straight acting"- oder gefördert werden – beispielsweise durch das Erlernen eines konfrontativen Umganges. Dies sollte dem Kontext entsprechend abgewogen werden. Die Ausprägung der Anwendung hängt vom Grad der Selbstreflexion und der Fähigkeit zur Selbstreflexion ab, die wiederum die Professionalität auf weiteren Dimensionen berühren. Diese Professionalität wirkt sich auf das gesamte Handlungsfeld in allen Facetten – seien es Träger, das Team oder auch die Adressat*innen, aus. Gleichzeitig wirkt die Einrichtung, in der eine Fachkraft tätig ist, erneut auf die Handlungsstrategien ein. An einem vereinfachten Beispiel verdeutlicht: Eine LSB Fachkraft, welche homonegativ geprägt wurde und im Studium keine Selbstreflexion erfuhr, da eine solche Veranstaltung nicht angeboten wurde, arbeitet bei einem homonegativen Träger. Dort muss sie dann „straight acting" betreiben, da sonst eine Gefahr des ungewollten Outings besteht. Dies hemmt die Fachkraft in ihrer Authentizität, dass keine professionelle Soziale Arbeit mehr möglich ist. Durch Selbstreflexion wird die Fachkraft in die Lage versetzt, dies zu erkennen, um für sich den Entschluss zu fassen, den Arbeitgeber zu wechseln um „straight acting“ nicht mehr betreiben zu müssen und so authentisch als Sozialarbeiter*in tätig zu sein.

11.5 Hypothesen, Ergebnisse und Interpretation

H_{1a}: Lesbische, schwule und bisexuelle Fachkräfte, welche vermehrt funktionale Handlungsstrategien (Gleichstellung und Konfrontation) verwenden, geben höhere Werte bezogen auf Klarheit in ihrer sexuellen Identität an als Fachkräfte, die vermehrt auf dysfunktionale Handlungsstrategien („straight acting“ und Vermeidung) zurückgreifen.

Der Zusammenhang zwischen der Anwendung der Handlungsstrategien und der Klarheit an Identität zeigt ein hoch signifikantes Ergebnis (p = .001) für alle vier Handlungsstrategien.

Tabelle 3: Korrelationsmatrix Klarheit an Identität bei Anwendung der Handlungsstrategien

	straight acting	Vermeidung	Gleichstellung	Konfrontation
Klarheit an Identität/ Homonegativität	−.126**	.227**	.213**	.299**

Anmerkung 1: n = 555; Produkt-Moment-Korrelation nach Pearson; ** p < .001 (1-seitig)

Aufgrund der Ergebnisse kann H_{1a} nur zum Teil angenommen werden. Bezogen auf die funktionalen Handlungsstrategien „Gleichstellung“ r = .213 und „Konfrontation“ r = .299 sowie die dysfunktionale Handlungsstrategie „straight acting“ r = -.126 trifft die Hypothese bei einer geringen Stärke des Zusammenhangs hoch signifikant zu. Die Handlungsstrategie „Vermeidung“ r = .227 befindet sich gegen die Annahme der Hypothese ebenfalls in einem positiven Zusammenhang mit der Klarheit an Identität bezogen auf die sexuelle Orientierung.

Je klarer die sexuelle Orientierung wahrgenommen/angenommen wird, desto häufiger wird auf die drei Handlungsstrategien zurückgegriffen. Um Homonegativität entgegnen zu können, benötigt es eine stark gefestigte Identität. „Straight acting“ weist einen negativen Zusammenhang auf. Dies kann so erläutert werden, dass sich die Person nicht mehr verstellen kann/möchte, je klarer sie in ihrer Identität wird.

H_{1b}: Lesbische, schwule und bisexuelle Fachkräfte, welche vermehrt funktionale Handlungsstrategien (Gleichstellung und Konfrontation) verwenden, geben niedrigere Werte bezogen auf das Depressivitätserleben an als Fachkräfte, die vermehrt auf dysfunktionale Handlungsstrategien („straight acting" und Vermeidung) zurückgreifen.

H_{1b} kann ebenfalls zum Teil angenommen werden, da die Analyse der Daten ein signifikantes Ergebnis abbildet.

Tabelle 4: Korrelationsmatrix Depressivität und Anwendung der Handlungsstrategien

	straight acting	Vermeidung	Gleichstellung	Konfrontation
Depressivität	–.213**	.264**	.106*	.128**

Anmerkung 2: $n = 555$; Produkt-Moment-Korrelation nach Pearson; * $p < .005$;** $p < .001$ (1-seitig)

Je mehr die Handlungsstrategien „Gleichstellung" ($r = .106$) und „Konfrontation" ($r = .128$) angewendet werden, desto niedriger ist das Depressivitätserleben der Stichprobe zum Zeitpunkt der Datenerhebung. Je mehr „straight acting" praktiziert wird, desto höher ist das Depressivitätserleben ($r = -.213$). Mit den angegebenen Werten ist die Stärke des Zusammenhangs als gering einzustufen. Bezogen auf die Handlungsstrategie der „Vermeidung" zeigt sich ein Wert von $r = .264$, was gegen die Annahme der Hypothese spricht und gleichzeitig den stärksten Zusammenhang abbildet.

Die teilweise Annahme der H_{1b} lässt vermuten, dass es sich bei der Handlungsstrategie „Vermeidung" nicht um eine dysfunktionale Strategie handelt. Je häufiger diese angewendet wird, desto eher sinkt die Anfälligkeit für Depression. Eine Erklärung liefert die Funktionsweise der Handlungsstrategie. Durch das Vermeiden von homonegativen Situationen nimmt ebenfalls die internalisierte Homonegativität ab, bzw. entfällt. Durch „Vermeidung" können Situationen überbrückt werden, bis das Individuum in seiner Identität so stark gefestigt ist, dass es sich diesen stellen kann. Für diese Deutung sprechen ebenfalls *Unger* (vgl. insg. 2000) und *Bachmann* (vgl. insg. 2013). Unger postuliert, dass durch ein Verbergen eines Stigmas der Selbstwert sinken kann. Dies hat dann eine erhöhte Vulnerabilität für Depression zur Folge. Bachmann berichtet, dass je höher die internalisierte Homonegativität ist, desto weniger werden Diskriminierungserfahrungen wahrgenommen bzw. verlieren die gemachten an emotionaler Bedeutung. Dies bedeutet im Kontext der Ergebnisse, dass vermeidende Fachkräfte versuchen, Situationen zu entgehen, in denen sie eine weitere Abwertung erwarten, da ihre internalisierte Homonegativität größer ist, als die Resilienz um die Abwertung „abzuwehren".

H_2: Personen, die Soziale Arbeit studiert haben, geben höhere Werte bezüglich Klarheit in Identität und sexueller Orientierung an als Personen psychosozialer Ausbildungsberufe (Jugend-und Heim) Erzieher*in (Sozialassistent*in; Heilerziehungspfleger*in; Heil-pädagog*in; Kinderpfleger*in; Altenpfleger*in; Gesundheits- und Krankenpfleger*in).

Tabelle 5: Mittelwertvergleich Identitätsklarheit zwischen Sozialarbeiter*innen und Ausbildungsberufen

	Sozialarbeiter*innen (n = 244)		Ausbildungsberufe (n = 203)		t
Klarheit an Identität/ internalisierte Homonegativität	M	SD	M	SD	
	87.08	4.34	87.77	4.44	1.64*

Anmerkung 3: Mittelwerte basierend auf einer vierstufigen Skala von 1 = stimme absolut nicht zu bis 5 = stimme absolut zu; * p = <.005

H_2 kann bestätigt werden. Es zeigt sich ein Unterschied zwischen Sozialarbeiter*innen und Ausbildungsberufen wie (Jugend- und Heim) Erzieher*innen oder Heilerziehungspfleger*innen. Sozialarbeiter*innen geben signifikant höhere Werte bezogen auf Identitätsklarheit bzw. niedrigere Werte hinsichtlich Homonegativität an, als Fachkräfte ohne akademische Ausbildung. Gleichzeitig bewegen sich beide Gruppen nah beieinander.

Die Ergebnisse der H_2 sprechen für die Soziale Arbeit als reflexive Profession. Die Fachkräfte gaben geringere Werte der internalisierten Homonegativität an und somit höhere Werte in ihrer Identitätsklarheit. Dies spricht für die reflexiven Anteile, welche im Studium Sozialer Arbeit verankert sind. Gleichzeitig zeigt sich aber auch, dass Sozialarbeiter*innen im Mittelwert nur wenig stärker reflektiert sind, als die Fachkräfte der Ausbildungsberufe. Dies zeigt, dass auch ohne Studium ein hoher Grad an Reflexion möglich ist. Gleichzeitig deutet der nur mäßig höhere Wert auch darauf hin, dass wie bereits von Füssenhäuser postuliert wurde, die Selbstreflexion im Studium stark von den Lehrpersonen abhängig ist und dies daher kein verallgemeinerbarer Wert ist.

H_3: Personen, die stärker mit einer Glaubensgemeinschaft verbunden sind, nutzen häufiger dysfunktionale Handlungsstrategien im Umgang mit der eigenen nicht-heterosexuellen Orientierung als Personen, die weniger mit einer Glaubensgemeinschaft verbunden sind.

Fachkräfte, welche einer Religion zugehörig sind, greifen signifikant (p = .005) mehr auf die Handlungsstrategie der „Vermeidung“ zurück als nicht konfessionelle Fachkräfte. Ebenso nutzen nicht konfessionelle Fachkräfte signifikant stärker die Handlungsstrategie der „Konfrontation“ (p = .001) und

„Gleichstellung“ (p = .005). Konfessionelle Fachkräfte nutzen „straight acting“ häufiger, als Fachkräfte ohne Konfession. Hierfür konnte jedoch kein signifikantes Ergebnis erzielt werden, lediglich eine Tendenz, welche sich in den Daten anzeigt.

Tabelle 6: Vergleich Anwendung der Handlungsstrategien nach Religionszugehörigkeit

	Religionszugehörigkeit (n = 213)	Keine Religionszugehörigkeit (n = 342)	t
Vermeidung	23.43	22.32	2.54*
Konfrontation	23.77	22.42	2.81**
Gleichstellung	23.57	22.64	2.24*
straight acting	7.43	7.94	1.62

Anmerkung 4: Mittelwerte basierend auf einer vierstufigen Skala von 1 = sehr verbunden bis 4 = nicht verbunden; 5 = keine Zugehörigkeit zu einer Gemeinschaft; ** p = < .001, * p = < .005

Tabelle 7: Vergleich Anwendung der Handlungsstrategien nach religiöser Verbundenheit

	(stark) verbunden (n = 99)	wenig bis nicht verbunden (n = 203)	t
Vermeidung	29.02	27.82	1.74*
Konfrontation	23.57	22.09	2.26*
Gleichstellung	23.61	22.43	2.13*
straight acting	7.68	8.07	0.88

Anmerkung 5: Mittelwerte basierend auf einer vierstufigen Skala von 1 = sehr verbunden bis 4 = nicht verbunden; 5 = keine Zugehörigkeit zu einer Gemeinschaft; * $p < .005$

Die Ergebnisse sind deckungsgleich hinsichtlich der Aussagerichtung: „Vermeidung“ und „straight acting“ tritt bei stark verbundenen Fachkräften häufiger auf als bei Fachkräften ohne beziehungsweise mit schwacher Verbundenheit zu einer Glaubensgemeinschaft. Für alle Werte mit Ausnahme des „straight acting“ konnte eine Signifikanz auf dem 5%-Niveau erzielt werden und die Hypothese bestätigt werden.

Die H_3 wurde daher gesamt angenommen. Die über Jahrhunderte andauernde Abwertung von nicht-heterosexuellen Lebensweisen durch die Kirche wirkt sich offenbar auch heute noch negativ auf die Anhänger*innen der jeweiligen Glaubensgemeinschaften aus.

H_{4a} Fachkräfte, die in kirchlich getragenen Einrichtungen arbeiten greifen häufiger auf dysfunktionale Handlungsstrategien zurück als Fachkräfte, die in weltlichen Einrichtungen arbeiten.

Zu H_{4a} kann keine signifikante Aussage getroffen werden. Gleichzeitig zeichnet sich eine Bestätigung der Hypothese in der Datenexploration ab. Fachkräfte in kirchlich getragenen Einrichtungen (n = 76) geben im Mittel einen Wert von M = 22.59; SD = 5.09 bzw. 7.57; SD = 3.19 im Vergleich zu Fachkräften in nicht konfessionellen Einrichtungen (n = 479) mit einem Wert von M = 22.77; SD = 5.09 beziehungsweise M = 7.77; SD = 3.67 bezogen auf „Vermeidung" beziehungsweise. „straight acting" an.

Zur Prüfung wurde nochmals ein t-Test durchgeführt. Allerdings wurden in der zweiten Testung Fachkräfte aus dem Vergleich ausgeschlossen, welche angaben, im Handlungsfeld Sexuelle Bildung bzw. Sexuelle Gesundheit tätig zu sein.

Fachkräfte in kirchlich getragenen Einrichtungen (n = 70) geben im Mittel einen Wert von M = 22.52; SD = 4.67 beziehungsweise M = 7.67; SD = 3.29 im Vergleich zu Fachkräften in nicht konfessionellen Einrichtungen (n = 393) mit einem Wert von M = 22.17; SD = 5.14 bzw. M = 8.01; SD = 3.81 bezogen auf „Vermeidung" beziehungsweise „straight acting" an.

H_{4b}: Die Verwendung dysfunktionaler Handlungsstrategien beeinflusst die Arbeitsplatzzufriedenheit in kirchlich getragenen Einrichtungen stärker als in weltlichen Einrichtungen.

Tabelle 8: Korrelationsmatrix Arbeitsplatzzufriedenheit und dysfunktionale Handlungsstrategien

	straight acting	Vermeidung
Arbeitsplatzzufriedenheit bei kirchlicher Trägerschaft (n = 76)	.265*	–.289*
Arbeitsplatzzufriedenheit bei weltlicher Trägerschaft (n = 479)	.124**	–.141**

Anmerkung 6: Produkt-Moment-Korrelation nach Pearson; * $p < .005$ (2-seitig); ** $p < .001$ (1-seitig)

Hypothese 4b kann mit einem signifikanten Ergebnis angenommen werden. Es zeigt sich ein schwacher positiver Zusammenhang zwischen „straight acting" und der Arbeitsplatzzufriedenheit unter beiden Trägerschaften. In kirchlich getragenen Einrichtungen führt „straight acting" zu einer höheren Arbeitsplatzzufriedenheit, als in weltlichen Einrichtungen. Bei der Handlungsstrategie „Vermeidung" zeigt sich ein schwach negativer Zusammenhang – je mehr die Strategie angewendet wird, desto eher sinkt die Arbeitsplatzzufriedenheit.

Bezüglich der nicht signifikanten Ergebnisses aus H_{4a} kann positiv angemerkt werden, dass sich möglicherweise Veränderungen in kirchlich getragenen

Einrichtungen ergeben haben, die für mehr Akzeptanz von lsbttiq Personen stehen. Hierfür spricht das nahezu identische Ergebnis auch ohne die Fachkräfte aus dem Bereich „Sexuelle Bildung“, da bei einem solchen Tätigkeitsfeld von einer grundlegenden Akzeptanz sexueller Vielfalt auszugehen ist. Gleichzeitig ist die Differenz der Grundgesamtheit beider untersuchter Gruppen extrem hoch. Dies lässt den Rückschluss zu, dass sich lsb Fachkräfte bewusst gegen den Arbeitgeber „Kirche“ entscheiden, um sich nicht verstellen bzw. ihre sexuelle Orientierung nicht verbergen zu müssen. Dieser Rückschluss bestätigt sich zusätzlich aus den geführten Interviews der qualitativen Teilstudie, in der Fachkräfte bewusst angaben, eine kirchlich getragene Einrichtung zu meiden.

Auffallend ist, dass die Fachkräfte nicht häufiger dysfunktionale Strategien nutzen, aber wenn diese zur Anwendung kommen, die Arbeitsplatzzufriedenheit hierdurch beeinflusst wird. Durch „straight acting“ steigt diese, was möglicherweise darauf zurückzuführen ist, dass durch die Anwendung von „straight acting“ keine homonegativen Aussagen bzw. insgesamt Abwertungen verarbeitet werden müssen. Bezüglich vermeidendem Verhalten ergibt sich ein ähnliches Bild. Zwar steigt die Arbeitsplatzzufriedenheit durch die Anwendung, doch ist diese Steigerung mit möglichen Einschnitten in der Bildung einer beruflichen lsb Identität verbunden.

11.6 Empirische Ergebnisse zu queeren Sozialarbeiter*innen

Wie gehen lesbische, schwule und bisexuelle Sozialarbeiter*innen/Sozialpädagog*innen mit ihrer sexuellen Orientierung am Arbeitsplatz um?

Insgesamt wurden fünf Handlungsstrategien zum Umgang mit der eigenen sexuellen Orientierung gefunden: „Vermeidung“, „straight acting“, „Gleichstellung“, „Konfrontation“ und als Ergebnis der quantitativen Auswertung zusätzlich: „Abgrenzung“. Die jeweiligen Strategien weisen unterschiedliche Funktionen und Anwendungsgebiete auf und bedingen sich zum Teil untereinander. Die zu Beginn qualitativ aufgestellte Annahme, dass es sich hierbei um zwei dysfunktionale und zwei funktionale Strategien handelt, konnte nicht bestätigt werden. Gleichzeitig konnte aufgezeigt werden, dass die jeweiligen Strategien im Grad ihrer Einflussnahme auf Depressivitätserleben und Identitätsbildung divergieren. Die Wahl der Handlungsstrategien und die bewusste (teilweise auch unbewusste) Anwendung unterscheiden sich aufgrund der Handlungsfelder und der sexuellen Identität der Fachkräfte. Wann Fachkräfte die Strategien bevorzugt nutzen, konnte mit dieser Arbeit nur umrissen werden. Hier zeigt sich ein Bedarf für weitere Forschungen hinsichtlich der Einflussfaktoren auf die Anwendung der Strategien und die Herausbildung dieser. Auch stellt sich die weiterführende Frage, ob die ermittelten Strategien in einem Zusammenhang mit der Berufsausübung Sozialer Arbeit stehen, oder ob es sich um allgemeine Umgangsweisen nichtheterosexueller Personen mit ihrer sexuellen Orientierung und Identität handelt. Hieraus könnten weitere Schritte in Richtung Prävention von Diskriminierung und Gleichsetzung sexueller Vielfalt in der Gesellschaft unternommen werden.

Wie unterscheiden sich lesbische, schwule und bisexuelle Sozialarbeiter*innen/Sozialpädagog*innen in ihrer Umgangsweise von anderen psychosozialen Berufsgruppen?

Es konnten nur wenige Unterschiede zwischen den einzelnen Berufsgruppen ermittelt werden. Allerdings zeigte sich in den Daten, dass die Anwendung der Handlungsstrategien im Kontext des jeweiligen Handlungsfeldes und der damit einhergehenden beruflichen Sozialisation zu deuten ist. Die Unterscheidung nach soziodemografischen Merkmalen wie Geschlechtszugehörigkeit und sexueller Orientierung weist darauf hin, dass es insgesamt Differenzen innerhalb der lsbttiq* Community gibt, welche auf eine divergierende gesellschaftliche Wahrnehmung hindeuten. Hier könnten weitere Forschungsprojekte anschließen, welche diese Unterschiede stärker in den Fokus nehmen und die von den Autoren angenommenen Gründe weiter eruieren.

Wie wirkt sich Homonegativität im beruflichen Kontext auf lesbische, schwule und bisexuelle Sozialarbeiter*innen/Sozialpädagog*innen aus?

Aufgrund der durchgeführten Untersuchung kann postuliert werden, dass es einen Zusammenhang zwischen der Arbeitsplatzzufriedenheit lesbischer, schwuler und bisexueller Fachkräfte und der Homonegativität gibt. Insbesondere in kirchlicher Trägerschaft scheint es eine stärkere Ausprägung von vermeidenden Verhaltensweisen zu geben. Damit einher kann eine Eingrenzung beruflicher Authentizität gehen, welche Einflüsse auf die Interaktion mit Adressat*innen haben kann. Durch die gezogene Stichprobe kann dies jedoch nur vermutet werden, da die Vergleichsgruppen zu unterschiedlich sind. Hier sind weitere Forschungen nötig, dies zu spezifizieren und detaillierter darzustellen. Auch muss weiter zwischen trans* und cis-Personen differenziert werden, da es hier um sichtbare bzw. nicht direkt ersichtliche Diversitätsmerkmale geht. Insbesondere gilt es weiter zu prüfen, ob ein Zusammenhang zwischen dem Depressivitätserleben und der Arbeitsplatzzufriedenheit besteht und wie sich dieser nach soziodemografischen Merkmalen, wie beispielsweise Geschlecht unterscheidet. Aufgrund der bisherigen Ergebnisse kann hier ein negativer Zusammenhang vermutet werden.

Wie müssen Handlungsfelder Sozialer Arbeit gestaltet werden, dass die Homonegativität abnimmt und eine Internalisierung verhindert wird?

Diese Fragestellung kann durch die Studie nicht abschließend beantwortet werden. Aufgrund des Mixed-Methods Zugangs konnten jedoch Handlungsempfehlungen für Einrichtungen Sozialer Arbeit ausgesprochen werden, die eine Reduktion der Homonegativität zur Folge haben können:

Übergeordnet kann die folgende Aussage getroffen werden: Die Soziale Arbeit muss die Vielfalt, der nicht-heterosexuellen Lebensweisen gleichwertig anerkennen und bereits im Studium mit verankern!

Mitarbeiter*innen der Einrichtungen Sozialer Arbeit müssen zu den Themen eine Wissensbasis erhalten. Die hierdurch stattfindende Sensibilisierung und der Erkenntnisgewinn über nicht-heterosexuelle Lebensweisen können anschließend genutzt werden, um künftig adäquater auf Adressat*innenkontakte reagieren zu können.

Leitende Positionen müssen ihre eigene Rolle und Haltung gegenüber Sexualität und der Vielfalt von Lebensformen reflektieren und eine offenere Umgangsweise finden, bzw. diese Akzeptanz nach außen bekunden. Ein akzeptierender Umgang soll dazu führen, die Bedürfnisse und Themen von lsb Menschen in ihrer Relevanz anzuerkennen und in Einrichtungen Sozialer Arbeit umzusetzen. Dies gilt nicht nur im Sinne der Adressat*innen, sondern auch der Mitarbeiter*innen. Die Anerkennung von Vielfalt bedeutet im Umkehrschluss, wenn möglich die gesellschaftliche Vielfalt in Teams abzubilden. Personalverantwortliche stehen dabei in der Verpflichtung, falls notwendig arbeitsrechtliche Schritte gegen Diskriminierung einzuleiten und für die Mitarbeiter*innen auch bezogen auf diskriminierende Erfahrungen als Ansprechpartner*innen zu fungieren. Ebenfalls sollte der Leitsatz „Fachlichkeit vor Geschlecht/Geschlechterrolle“ angewandt werden. Es ist egal, welches Geschlecht eine Person hat oder zu welchem Geschlecht sie sich hingezogen fühlt, allein die professionelle Fachlichkeit muss Kriterium sein. Reflexive Methoden, wie Supervision und kollegiale Fallberatung, müssen verpflichtend für alle Fachkräfte der Sozialen Arbeit, von der Leitung bis zur Ebene der Mitarbeiter*innen, in allen Einrichtungen verankert werden. Vielfaltsaspekte, wie sexuelle Orientierung sollten stets mitgedacht und offen angesprochen werden.

Ausliegende Materialien, die Verankerung der Thematik im Leitbild, ein*e kenntlich gemachte*r Ansprechpartner*in etc. können zur Sichtbarkeit beitragen und einen Raum öffnen, der die Ansprache der Thematik erleichtert. Eine gendersensible Sprache fördert ebenfalls den offenen Umgang mit Vielfalt.

Alle diese Empfehlungen sollen dazu führen, dass die dysfunktionale Handlungsstrategie – „straight acting" – nicht mehr angewandt werden muss und die vermeidende Strategie nur in Ausnahmefällen zum Tragen kommt. Ob, wann und wie „Vermeidung" als funktionale oder dysfunktionale Handlungsstrategie angewandt wird, sollte stets kritisch reflektiert werden. Dabei spielt die Balance von Nähe und Distanz eine entscheidende Rolle. Die kollegiale Fallberatung, Supervision, der Rückhalt vom Team und der Leitung dienen der Einschätzung und der Aufrechterhaltung eines Schutzraums. Durch eine klare sozialpädagogische Anamnese können entsprechende Vorkehrungen getroffen werden, um die Fachkraft und die Adressat*innen zu schützen. Die Wahrung und Akzeptanz der Autonomie der Fachkräfte ist dabei ebenfalls zu beachten. Es darf keine Fachkraft zur Zusammenarbeit mit einer*m homonegativen Adressat*in gezwungen werden. Hier gilt Autonomie vor Ökonomie. Wenn ein*e homonegative*r Adressat*in von einer Fachkraft konstruktiv konfrontiert wird, ist der Rückhalt der gesamten Einrichtung entscheidend, um negativen Emotionen vorzubeugen, bzw. sich vor Äußerungen und Haltungen zu schützen (Internalisierung von Homonegativität). Die gesamten Handlungsempfehlungen dienen nicht nur der Sensibilisierung gegenüber der Thematik der nicht-heterosexuellen Orientierung. Sie fördern gleichzeitig die gesamte Anerkennung von Vielfalt.

Neben den Forderungen an die Soziale Arbeit selbst, wollen die Autoren eine weitere Forderung an die kirchlichen Einrichtungen formulieren. Die Gesellschaft ist im Wandel und die sexuelle Vielfalt weitestgehend anerkannt. Die kirchlichen Träger sind aufgefordert mitzuziehen und ihrerseits ein modernes Verständnis der Gesellschaft zu etablieren. Der immense Schaden der kirchlichen Einrichtungen durch die Missbrauchsskandale zugefügt wurde, wird durch die starke ablehnende Haltung der nicht-heterosexuellen Orientierungen weiter bestärkt. Nicht nur von Menschen mit nicht-heterosexueller Orientierung, sondern von allen, da, wie schon erwähnt, die sexuelle Vielfalt gesellschaftlich weitestgehend anerkannt ist. Durch die historische Abwertung von nicht-heterosexuellen Lebensweisen, deren kirchlichen Verfolgung sowie die Abwertung im Arbeitskontext litt das Ansehen der Kirche bei der genannten Gruppe. Die Konfessionszugehörigkeit, die notwendig ist, um bei kirchlichen Trägern arbeiten zu dürfen, ist dabei ebenso hinderlich und stellt eine Hürde dar.

Hinsichtlich der Erschließung der Thematik zeigte sich, dass in der empirischen Forschung mit der Zielgruppe ein sensibles Vorgehen von Nöten ist. Insbesondere der Umgang mit geschlechtlichen Selbstdefinitionen und Zuschreibungen ist zu beachten, wie aus Rückmeldungen der Teilnehmer*innen ersichtlich wurde. Die Thematik der sexuellen Orientierung hielt insbesondere in den letzten Jahren verstärkt Einzug in die Forschungslandschaft. Die Perspektive der Adressat*innen ist relativ weit erschlossen, wohingegen die Perspektive der Fachkräfte im Bereich Diskriminierung und Diversität- noch große Lücken aufweist.

12 Fragestellungen und Methodik

Im Folgenden wird anhand der theoretischen Vorüberlegungen das methodische Vorgehen der durchgeführten Studie dargestellt, um die folgenden Untersuchungsfragen zu beantworten, die in der Beantwortung der Forschungsfragen mit theoretischen Erkenntnissen kontrastiert werden:

- Welche (positiven und negativen) Erfahrungen haben lesbische, schwule und bisexuelle Adressat*innen mit Fachkräften Sozialer Arbeit gemacht?
- Wie wirkte sich, aus der Perspektive der Adressat*innen, die sexuelle Orientierung auf die Arbeitsbeziehung mit Fachkräften Sozialer Arbeit aus?
- Wie nehmen lesbische, schwule und bisexuelle Adressat*innen die Soziale Arbeit wahr?
- Welche Bedarfe formulieren lesbisch, schwule und bisexuelle Adressat*innen und Expert*innen gegenüber der Profession und Disziplin Soziale Arbeit?
- Wie muss Soziale Arbeit in der Praxis aus Expert*innen und Adressat*innensicht gestaltet werden, um queere Perspektiven einzunehmen und zu festigen?
- Welche Kompetenzen benötigen Sozialarbeiter*innen zur Arbeit mit Lesben, Schwulen und Bisexuellen?
- Wie müssen sich Einrichtungen der Kinder- und Jugendhilfe verändern, damit lesbische, schwule und bisexuelle Lebenswelten ausreichend Beachtung finden?

Die Autoren zielen durch die Triangulation unterschiedlicher Datenquellen (vgl. *Flick* 2011, S. 13 f.) aus biografischer Forschung und Expert*innenwissen auf eine wissenschaftliche Fundierung Sozialer Arbeit sowie weitere Grundlagenforschung im Bereich sexueller Identität beziehungsweise sexueller Orientierung. Hierbei wird insbesondere die Wechselwirkung zwischen individuellem Handeln und sozialen Konstellationen sowie die daraus resultierende Einwirkung auf Lebenswege lesbischer, schwuler und bisexueller Adressat*innen in den Fokus genommen. Ziel ist eine Kontrastierung unterschiedlicher Perspektiven auf den Untersuchungsgegenstand. Dabei kommen sowohl Expert*innensichtweisen, Adressat*innensichtweisen als auch bestehende normativ theoriegeleitete Aspekte zum Tragen. Im Vordergrund steht die Ableitung von konkreten Praxisimplikationen mit der Zielgruppe zum Ausbau des professionellen Handelns mit dieser (vgl. *Rosenthal/Köttig* 2010,

S. 234). Wie diese forschungsmethodisch erhoben wurden, ist Kerninhalt des nächsten Kapitels.

12.1 Erhebungsmethoden

Für die Erhebung aus Sicht der Adressat*innen wurde eine methodische Triangulation aus narrativem Erzählimpuls und leitfadengestützter exmanenter Nachfragen gewählt. Dieses Vorgehen verspricht eine möglichst detaillierte und umfassende Darstellung der gemachten Erfahrungen aufgrund der von Schütze postulierten Zugzwänge des Erzählens (vgl. *Przyborski/Wohlrab-Sahr* 2014, S. 80 ff.). Hinsichtlich der Durchführung der Interviews lag der Fokus auf sequenziellen Gegebenheiten, die sich auf den Erzählstimulus bezogen. Dies trägt dem Lebensalter der Befragten Rechenschaft. Eine weitere Fokussierung, die durch die Autoren vorgenommen wurde, sind mögliche Einschränkungen des Stegreifcharakters der Erzählungen, da es sich bei den Befragten um eine Personengruppe handelt, die in ihrer Biografie bereits mehrfach aufgefordert war, lebensgeschichtliche Erzählungen zu tätigen (vgl. *Przyborski/Wohlrab-Sahr* 2014, S. 84). Dies wurde durch gezielte, vorbereitete exmanente Nachfragen im Sinne eines Leitfadens relativiert. Um eine möglichst umfassende Erzählung der Interviewten zu fördern, wurde diesen die Wahl des Erhebungsortes freigestellt, um eine möglichst angenehme Atmosphäre zu schaffen, gleichzeitig wurde bei der Terminvereinbarung auf mögliche äußere Störfaktoren an öffentlichen Orten geachtet.

Die Autoren hielten sich bei der Durchführung an das Ablaufschema narrativer Interviews, wie in folgender Grafik dargestellt wird.

Abbildung 11: Ablaufschema narrativer Interviews, eigene Abbildung in Anlehnung an Przyborski/Wohlrab-Sahr 2014, S. 85 f.

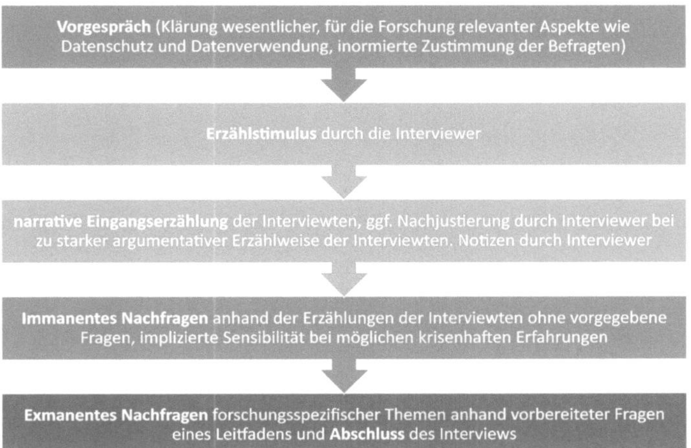

Für die Expert*inneninterviews wurde nach *Meuser* und *Nagel* (vgl. 2013, S. 464) ein offenes leitfadengestütztes Interview gewählt. Hierzu wurden fünf Expert*innen, die sich in Praxis und Forschung mit der Thematik befassen und somit über spezifisches Rollenwissen verfügen ausgewählt (vgl. *Przyborski/Wohlrab-Sahr* 2014, S. 119). Eine Kurzdarstellung der Expert*innen erfolgt unter dem Kapitel Sampling. Aufgrund der offenen und flexiblen Interviewführung erarbeiteten die Autoren keinen Fragekatalog, sondern Themenfelder, abgeleitet aus den theoretischen Teilen dieser Arbeit. Dies trägt dem Status der Interviewten als Expert*innen Rechenschaft und ermöglicht unerwartete Themendimensionierungen (vgl. *Meuser/Nagel* 2013, S. 465). Der Interviewablauf orientiert sich hierbei an folgendem Schema.

Abbildung 12: Ablaufschema Expert*inneninterviews, eigene Abbildung in Anlehnung an Meuser/Nagel 2013, S. 464 f. und Przyborski/Wohlrab-Sahr 2014, S. 85 f.

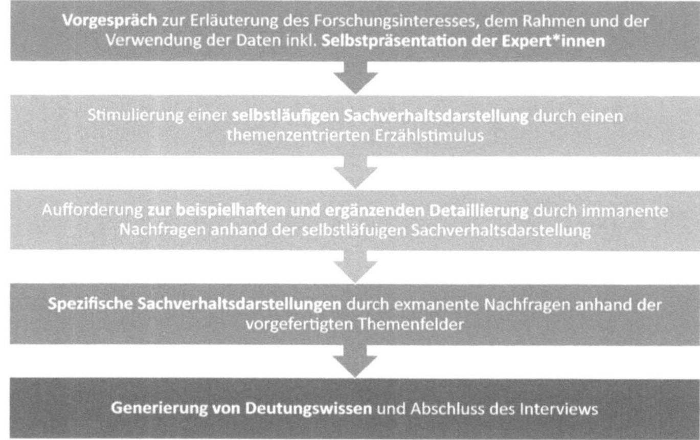

Das zugrundeliegende Sampling der Erhebung und Auswertung wird im Folgenden Kapitel 11.2 beschrieben unter besonderer Bezugnahme auf die Biografien der Expert*innen.

12.2 Sampling

Die der Auswertung zugrunde liegenden Daten wurden aus zwei Perspektiven auf freiwilliger Basis erhoben. Die Beschreibung des Samplings erfolgt hierbei den von Mayring aufgestellten Regeln zur Analyse der Entstehungssituation (vgl. *Mayring* 2010, S. 53). Zum einen wurden Expert*innen, zum anderen Adressaten[12] Sozialer Arbeit befragt. Folgend werden die Expert*innen kurz vorgestellt um dann das Sampling der Adressat*innen Sozialer Arbeit zu beschreiben.

Expert*innen

- *David Kaiser*, Studium der Erziehungswissenschaften: David Kaiser leitet die Jugendgruppe „Gipfelstürmer" von PLUS e.V., eine Jugendgruppe für nicht-heterosexuelle Jungen und Männer von 16 bis 23 Jahren. Außerdem arbeitet er als Workshop Leiter des Programms POWER UP – Aufklärung zur sexuellen Vielfalt an Schulen.

12 Die gendersensible Sprache wurde hier auf Adressaten modifiziert, da nur männliche Adressaten an der Untersuchung teilnahmen.

- *Dr. phil. Ulli Biechele*, Dipl.-Psychologe: Ulli Biechele ist Mitglied der Geschäftsführung von PLUS e.V. und promovierte bei Udo Rauchfleisch zum Thema „Identitätsentwicklung schwuler Jugendlicher“ an der Universität Basel. Derzeit leitet er KOSI.MA, Kompetenzzentrum zu sexuell übertragbaren Infektionen. Mannheim.
- *Kevin Rosenberger*, Bildungswissenschaften und Psychologie M.A.: Kevin Rosenberger koordiniert das Modellprojekt „Akzeptanz für Vielfalt – gegen Homo-, Trans*- und Interfeindlichkeit“ im Bundesprogramm des BMFSFJ „Demokratie leben!“. Kern des Modellprojektes ist die Ausbildung von Multiplikator*innen zur Thematik sexuelle Vielfalt aus unterschiedlichen Handlungsfeldern Sozialer Arbeit.
- *Margret Göth*, Dipl.-Psychologin, app. Psychologische Psychotherapeutin: Margret Göth ist Mitbegründerin der Psychologischen Lesben- und Schwulenberatung Rhein-Neckar e.V. (PLUS e.V.) und derzeitiges Mitglied der Geschäftsführung von PLUS e.V., gemeinsam mit Ralph Kohn veröffentliche sie 2014 das Buch „Sexuelle Orientierung in Psychotherapie und Beratung“ im Springer VS.
- *Thomas Heinrich*, Dipl.-Psychologe, Internationaler Trainer für Bioenergetische Analyse, Bioenergetischer Analytiker (IIBA), Certified Advanced RolferTM, Heilpraktiker in eigener Praxis: Thomas Heinrich ist ebenfalls Mitbegründer von PLUS e.V. sowie ehemaliges Mitglied der Geschäftsführung. Neben beraterischen Tätigkeiten ist Thomas Heinrich Berater und Supervisor der Jugendarbeit von PLUS e.V. sowie Seminarleiter.

Adressat*innen

Als zweite Perspektive wurden Adressat*innen Sozialer Arbeit befragt. Hierfür wurde über soziale Netzwerke wie Facebook und Instagram mittels Flyer (vgl. Anhang) ein Aufruf zur Teilnahme gestartet. Der Rücklauf hierbei war jedoch zu gering, um Interviews führen zu können. Eine Person hatte sich auf den Aufruf gemeldet und eine Teilnahme zugesagt, dann aber aus Gründen aktueller psychischer Belastungen wieder abgesagt. Da die Autoren die Adressat*innenperspektive als obligatorisch erachten, wurden ehemalige Adressaten der Autoren für eine Teilnahme angefragt. Hierdurch konnten zwei Interviewpartner gewonnen werden, die durch die Autoren im Rahmen ambulanter Hilfen zur Erziehung innerhalb der letzten vier Jahre betreut wurden. Leider konnte so jedoch nur die Perspektive männlicher Adressaten eingeholt werden, die Perspektive weiblicher Adressatinnen fehlt so und sollte dringend in weiterer Forschung erhoben werden. Der junge Mensch BA1 war zu Beginn der Hilfe 16 Jahre alt (heute 20), BA2 war zum Zeitpunkt der Begleitung 23 Jahre (heute 27) alt. BA1 definiert sich selbst bisexuell, BA2 als schwul. Die Hilfedauer war jeweils ca. ein Jahr. Keiner der befragten jungen Menschen weist einen Migrationshintergrund auf. Um eine subjektive Färbung der Erhebung zu minimieren versuchten die Autoren die Befragung gegenläufig durchzuführen. Dies gelang bei einem der Befragten. Der andere wollte das Interview mit der ihm vertrauten Person führen. Bei der Auswertung wurde dies bedacht und besondere Hintergrundinformationen, die sich aus dem Kontext des Interviews nicht erschließen, wurden kenntlich gemacht. Zur Durchführung der Interviews wurden die Adressaten nach telefonischer Absprache zu Hause aufgesucht.

Aufbauend folgt nun die Darstellung der Auswertungsmethodik, mit der die Interviews inhaltsanalytisch ausgewertet wurden.

12.3 Auswertungsmethoden

Die Auswertung der Daten erfolgt mittels qualitativer Inhaltsanalyse nach Philipp Mayring. Hierbei werden alle erhobenen Interviews in die Auswertung miteinbezogen um sowohl Adressat*innen als auch Expert*innenperspektiven beachten zu können. Es können zwar keine repräsentativen Ergebnisse für die Grundgesamtheit ermittelt werden, jedoch Handlungsimplikationen aufgrund unterschiedlicher Perspektiven ausgesprochen werden (vgl. *Mayring* 2010, S. 53).

Die Interviews wurden nach einfachen wissenschaftlichen Regeln (vgl. *Mayring* 2010, S. 53) nach Dresing und Pehl transkribiert. Dies bedeutet konkret folgende Transkriptionsregularien (vgl. insg. *Dresing/Pehl* 2011, S. 21 ff. und *Mayring* 2002, S. 89 ff.):

- Die Interviews wurden wörtlich transkribiert und vorhandene Dialekte, wenn möglich ins Hochdeutsche übersetzt. An Stellen, an denen dies nicht möglich war, wurde der Dialekt beibehalten.
- Wortverschleifungen wurden nicht mit transkribiert, sondern ins Schriftdeutsch übersetzt, auch wenn dadurch syntaktische Fehler entstehen.
- Stottern, Wort- und Satzabbrüche wurden sprachlich geglättet. Dopplungen von Worten wurden nur erfasst, wenn diese besonders zur Betonung beitragen.
- Wurden Sätze nicht beendet, wurden diese erfasst und mit einem Abbruchkennzeichen markiert „/".
- Interpunktionen wurden bei Beibehaltung der Sinneinheiten geglättet.
- Pausen wurden durch folgendes Zeichen markiert, wenn diese signifikant sind „(…)".

- Verständnissignale der nicht sprechenden Personen wurden nicht mit transkribiert.
- Alle Sprachbeitrage (auch kurze Einwürfe der anderen Person) wurden in eigenen Absätzen transkribiert. Nach jedem Sprecher*innenwechsel wurde eine Zeitmarke gesetzt.
- Emotionale, nonverbale Äußerungen wurden in Klammern notiert, wenn diese von inhaltlicher Bedeutung waren.
- Worte, die nicht verständlich waren, wurden mit „(unv.)“ gekennzeichnet, waren die Ursachen bekannt, so wurde dies ebenfalls in der Klammer vermerkt. Alle unverständlichen Stellen wurden separat mit einer Zeitmarke markiert.
- Die interviewende Person wurde mit „I“ gekennzeichnet, die befragte Person mit „B“. Die Transkripte sind dementsprechend mit „B1“, B2“ etc. gekennzeichnet.

Nach dem inhaltsanalytischen Kommunikationsmodell fokussiert die Analyse des Materials insbesondere Aussagen über den emotionalen Zustand der Befragten hinsichtlich ihrer Perspektive auf Soziale Arbeit. Weiter sollen Erwartungen und bisherige Erfahrungen auf den Gegenstand bezogen analysiert werden. Der Perspektive der Expert*innen liegt die Analyse des Wissenshintergrundes als auch der bisherigen Handlungen bezüglich der Sozialen Arbeit mit lsb Jugendlichen zugrunde (vgl. *Mayring* 2010, S. 57).

Die Fragestellungen, die der Analyse zugrunde liegen, beziehen sich im Kern auf Erfahrungen der Adressat*innen sowie die durch diese formulierten Wünsche und Bedarfe an die Soziale Arbeit. Insbesondere mögliche Missstände im Bereich Sozialer Arbeit mit der Zielgruppe sollen mittels der Sicht der Expert*innen aufgedeckt werden, die dann mit den Erfahrungen der Adressat*innen kontrastiert werden. Beide Perspektiven sollen hierbei auch notwendige Kompetenzbereiche für künftige Sozialarbeiter*innen in den jeweiligen Handlungsfeldern identifizieren sowie mögliche Modifikationen dieser beschreiben (vgl. *Mayring* 2010, S. 57 f.). Somit ergab sich folgendes Schema zur Auswertung des Materials:

- Erfahrungen und Wahrnehmungen der Adressat*innen
- Desiderate der Praxis aus Sicht der Expert*innen
- Auswirkungen der sexuellen Orientierung auf das Arbeitsbündnis
- Bedarfe aus Adressat*innensicht
- Bedarfe aus Expert*innensicht
- Praxismodifikationen
- Notwendige Kompetenzen der Sozialarbeiter*innen (Expert*innen und Adressat*innensicht)

Als Analysetechnik wurde eine Kombination aus zusammenfassender Inhaltsanalyse und induktiver Kategorienbildung herangezogen (vgl. *Mayring/ Brunner* 2013, S. 362 f.).

Als Kodier Einheit wurde von den Autoren festgelegt, dass der kleinste, auszuwertende Materialbestandteil ein Satz ist. In Ausnahmefällen auch Satzteile, wenn diese in ihrem Zusammenhang einen Sinn bieten. Die Kontexteinheit wurde auf einen Absatz durch eine*n Sprecher*in festgelegt, sofern dieser in einem Sinnzusammenhang steht. Im Rahmen der Auswertungseinheit wurden zuerst die Interviews der Adressat*innenperspektive ausgewertet, anschließend die Expert*innenperspektive. Hierbei bildet jedes Interview eine Auswertungseinheit. Dadurch soll vermeiden werden, dass sich eine subjektive Färbung durch die Expert*innenmeinung bei der Auswertung einschleicht, und eine möglichst objektive Auswertung der ersten Interviews ermöglicht werden (vgl. *Mayring* 2010, S. 59). Die Auswertung fand mit dem Programm f4 Analyse statt. Die Logik der Zusammenfassung des Materials entsprach der von *Mayring* (vgl. 2010, S. 70) postulierten Interpretationsregeln: Paraphrasierung; Generalisierung; Erste Reduktion; Zweite Reduktion. Der Schritt der Paraphrasierung und Generalisierung wurde in einem vollzogen. Gleichzeitig wurde bei den Expert*inneninterviews versucht, den jeweiligen Wortlaut beizubehalten (vgl. *Meuser/Nagel* 1991, S. 457 f.). Im Rahmen der induktiven Kategorienbildung fand eine Revision der Kategorien nach 50% des Materialdurchgangs statt, bevor das Material vollständig in das Kategoriensystem eingearbeitet wurde. Auf eine Prüfung der Intercoder-reliabilität wurde durch die Autoren verzichtet, da das Kategoriensystem vollständig im Diskurs der beiden Autoren entwickelt wurde. Die Autoren arbeiteten somit ähnlich einer Kodierkonferenz (vgl. *Mayring* 2010, S. 117 f.).

Im nächsten Kapitel werden die Ergebnisse der Interviews dargelegt und mit Zitaten der befragten Personen untermauert.

13 Empirische Ergebnisse hinsichtlich einer affirmativen Praxisgestaltung mit nicht-heterosexuellen Adressat*innen

Die zehn identifizierten Kategorien (vgl. Anhang) und Themendimensionen lassen sich in vier Kernbereiche einteilen, die in einem Zusammenhang zueinanderstehen, wie die Grafik verdeutlicht.

Abbildung 13: Zusammenhänge der Ergebnisse hinsichtlich der Bedeutung sexueller Orientierung für die Soziale Arbeit

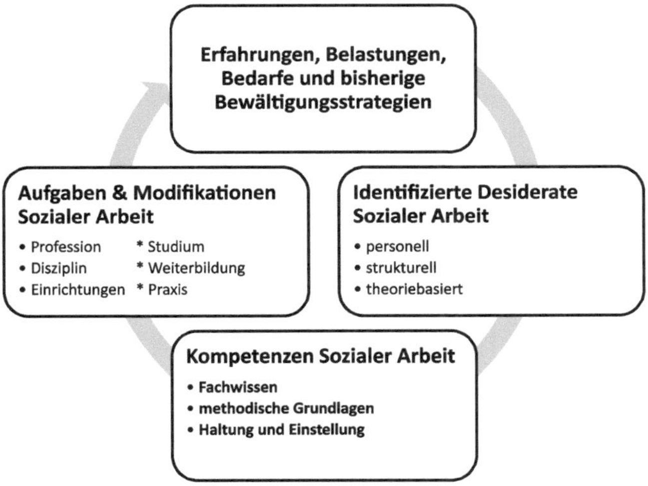

Erfahrungen, Belastungen, Bedarfe und bisherige Bewältigungsstrategien

Aufgaben & Modifikationen Sozialer Arbeit
- Profession * Studium
- Disziplin * Weiterbildung
- Einrichtungen * Praxis

Identifizierte Desiderate Sozialer Arbeit
- personell
- strukturell
- theoriebasiert

Kompetenzen Sozialer Arbeit
- **Fachwissen**
- **methodische Grundlagen**
- **Haltung und Einstellung**

Im Gesamtbild zeigt sich, dass in der Sozialen Arbeit in unterschiedlichen Bereichen Modifikationen vorgenommen werden müssen, um den Beschluss der BAGLJÄ vollständig umzusetzen. Die Modifikationen teilen sich in spezifische Veränderungen und allgemeine Aufgaben auf. Diese Aufgaben beziehen sich global formuliert auf die Profession, die Disziplin als auch die Ebene einzelner Einrichtungen. Die Modifikationen als konkrete Anregungen zur Umsetzung beziehen sich auf die Bereiche des Studiums, der Fort- und Weiterbildungsmöglichkeiten als auch der sozialarbeiterischen Praxis. Ausgangspunkt dieser Überlegungen sind die von den Befragten formulierten besonderen Bedarfe und Belastungen der lsb Adressat*innen. Es wird hierbei deutlich, dass insbesondere die Belastungen differenziert werden müssen und aus unterschiedlichen Lebensbereichen heraus entstehen können. Es konnten folgende Kategorien erfasst werden: gesellschaftliche und familiäre Belastungen, Belastungen im Rahmen der Adoleszenz sowie Belastungen durch die Kinder- und Jugendhilfe. Durch konkrete Veränderungen in der Sozialen Arbeit können die Fachkräfte die notwendigen Kompetenzen (in den Bereichen Haltung, Methoden und Wissen) erwerben, die aus Sicht der befragten Personen von besonderer Bedeutung in der Arbeit mit der Zielgruppe sind. Werden diese Kompetenzen erworben, hat dies Auswirkungen auf das Erleben Sozialer Arbeit durch die Adressat*innen, was wiederum bestehende Desiderate auf personeller, struktureller und theoretischer Ebene auflösen kann. Gleichzeitig ergeben sich aus den (derzeitig bestehenden) Desideraten die notwendigen Praxismodifikationen und konkreten Aufgaben innerhalb einzelner Dimensionen Sozialer Arbeit.

Nach der allgemeinen Beschreibung der Ergebnisse wird folgend auf die einzelnen Belastungen und Desiderate der Betroffenen eingegangen.

13.1 Belastungen und Bewältigungsstrategien von lsb Jugendlichen und jungen Erwachsenen

Insgesamt lassen sich die Belastungen von lsb Jugendlichen und jungen Erwachsenen auf die heteronormative Gesellschaftsstruktur und damit einhergehende Minderheitenposition zurückführen. Die Expert*innen machen hierbei darauf aufmerksam, dass alle Adressat*innen, egal welcher Herkunft und/oder geschlechtlichen Zugehörigkeit von Diskriminierung betroffen sein können. Verstärkt wird dies durch die Erfahrungen, die Jugendliche an den Orten in ihren jeweiligen Lebenswelten machen.

> „Auch bei den Schulungen [...] wurde sehr deutlich, dass einfach das Schimpfwort schwul immer noch das Schimpfwort Nummer Eins ist bei Jugendlichen und das natürlich auch seine Folge hat in Diskriminierung sowohl verbal als auch körperlicher Art den Kindern und Jugendlichen gegenüber, den diese homophoben oder homonegativen Jugendlichen dann gegenüberstehen oder auch Kindern" (BE5, Absatz 27).

Hierbei spielen die Kirche und ihre Einstellung zu Sexualität eine besondere Rolle. Dies gilt insbesondere für Individuen, die sich mit der Kirche und Spiritualität/Religiosität identifizieren möchten oder im Rahmen von Erziehungshilfen in Einrichtungen kirchlicher Trägerschaft untergebracht sind. Sie müssen ihre sexuelle Orientierung mit den kirchlichen Moralvorstellungen in Einklang bringen.

> „Das ist eine große Quelle von Diskriminierung und auch von, ja, sozusagen von struktureller Gewalt. Das tut ja Menschen weh, wenn sie eigentlich sich mit der Kirche identifizieren und entweder, wie soll ich sagen, Schauspielen sollen, lügen sollen oder halt eben dann sich entscheiden, einen anderen beruflichen Weg zu gehen" (BE2, Absatz 47).

Verstärkt werden können die erlebten Belastungen durch mangelnden Unterstützung in Einrichtungen der Kinder- und Jugendhilfe, insbesondere dann, wenn gewaltbehaftete Erfahrungen nicht ernst genommen werden. Die Folge hiervon kann dann sein, dass die Jugendlichen sich nicht mehr an Fachkräfte wenden, da ein Ohnmachtsgefühl entsteht, wie ein Experte aus seinen Beratungserfahrungen heraus schildert:

> „Und dass da die, ja, wie soll ich sagen, oft halt die Leute, die da arbeiten, halt offensichtlich nicht wissen, wie sollen sie denen helfen oder vielleicht auch halt unbewusst das ignorieren und denken: ‚Ja, die Jungs müssen sich halt ein bisschen ausprobieren in ihren Rangeleien.' Und so weiter. Und ja, also ich dann in der Beratung schon ab und zu eher so Erfahrungsberichte bekomme, von ausgeliefert sein und genau: ‚Mir hilft keiner, wenn ich einfach Übergriffe erlebe.' Und dann das eben, was weiß ich, stationäre oder halbstationäre Einrichtungen sind, wo die Jugendlichen zusammenleben, das ist, ja, also habe ich schon immer wieder mitgekriegt, dass das immer noch ein Spießrutenlauf ist. Ja, also nicht unbedingt von den Leitungspersonen oder vom Personal aus, aber halt einfach in der Gruppensituation" (BE2, Absatz 31).

Für Jugendliche kann dies schnell das Gefühl vermitteln, einsam zu sein und gesellschaftlich bzw. mit ihren jeweiligen Problemen nicht anerkannt zu werden.

> „Ja, und dann einfach, dass ich so, wie ich war, nicht wirklich in der Gesellschaft anerkannt wurde. Also niemand hat mich so gemocht, wie ich war. Ich musste mich damals immer verstellen und ich musste vorspielen, jemand anders zu sein, der ich gar nicht war. Das hat mich damals auch sehr stark zurückgezogen und auch verletzt, sag ich mal, dass ich so wie ich war, so wie ich bin, einfach nie anerkannt wurde. Und, ja, das war auch so ein Hauptgrund" (BA1, Absatz 8).

Eine besondere Belastung hierbei geht von den Faktoren in der Umwelt beim Coming-out aus, da dies, wie in der Theorie dargelegt, im Vergleich zu heterosexuellen Jugendlichen einen Meilenstein in der Entwicklung der (sexuellen) Identität bildet.

Die Angst vor Ablehnung aufgrund der sexuellen Orientierung erstreckt sich hierbei nicht nur auf Alltagsstrukturen außerhalb der Familie. Die befragten

Expert*innen berichten, dass insbesondere in patriarchalen Familienstrukturen eine Abwertung homo- und bisexueller Lebensweisen auch heute noch ein relevantes Thema ist. Die Folge hiervon kann dann sein, dass Jugendliche nicht mehr in ihrem Elternhaus verbleiben können oder sich auch dort verstecken müssen. Ein Experte schilderte hierbei eine Beratungssituation mit einem Adressaten:

> „[...] weil er zu Hause wegen seines Coming-outs nicht weiter verbleiben konnte, also sprich von den Eltern rausgeschmissen wurde" (BE5, Absatz 27).

Gleichzeitig spiegelt sich diese Problematik jedoch nicht nur in patriarchalen Familienstrukturen wieder. Über Sexualität, respektive die sexuelle Orientierung, wird aus Expert*innensicht in vielen Familien nur gesprochen, wenn

> „jetzt wieder so eine neue Sendung auf Pro 7 kommt oder sowas, aber dass da wirklich ein faktenbasiertes Gespräch mal vor allem mit Erwachsenen passiert, das ist so gut wie nie der Fall. Also gut klar, außer wenn ich jetzt gerade einen schwulen Onkel habe, der sich auch super engagiert und der das sowieso immer erzählt, dann ja aber beim Großteil ist das einfach nicht der Fall" (BE1, Absatz 5).

Die befragten Adressaten ergänzten dies noch durch die Anmerkung, dass die Ablehnung in ländlichen Gegenden verstärkt vorkommt und in städtischen Regionen positivere Erfahrungen gemacht werden können:

> „Und hier an der Uni ist es komplett anders und allgemein in der Stadt, also ich hab das Gefühl, dass in der Großstadt das viel inklusiver ist [...]" (BA2, Absatz 21).

Eine Folge dieser ablehnenden Erfahrungen zeigt sich in der daraus resultierenden mangelnden Selbstakzeptanz, die trotz positiv erlebten Verbindungen zur LSBTTIQ-Community aufrecht erhalten bleibt.

> „Also ich bin so in die Schwulen-, Lesben-, Bisexuellen-Szene so ein bisschen reingerutscht mit Partys und Drogen. Also so hat es irgendwie angefangen bei mir. Ja, und dann bestand hauptsächlich mein Freundeskreis natürlich aus Schwulen, Lesben oder Bisexuellen. Und so, ja, kam ich einfach in die Szene hinein. Am Anfang, also ich muss sagen, gestört hat mich das nicht, ich habe mich wohlgefühlt. Aber ich bin einfach selber damit nicht klargekommen, dass ICH jetzt schwul, bisexuell oder Sonstiges bin. Aber, ja, ich habe mich in der Szene eigentlich recht wohlgefühlt. Und meine Freunde haben sich auch mit mir wohlgefühlt" (BA1, Absatz 47).

Zur Bewältigung dieser Erfahrungen greifen die jungen Menschen auf unterschiedliche Strategien zurück. BA 2 beschrieb beispielsweise, dass er sich anfänglich in seiner neuen Lebenssituation nicht als schwuler junger Mann zu erkennen gab, sondern als bisexuell definierte, da er Bisexualität als gesellschaftlich eher akzeptiert wahrgenommen hat. Erst nach ca. einem halben Jahr outete er sich vollständig, da er dann das Gefühl hatte, ein sicheres Umfeld um sich herum zu haben.

> „Genau und an der Schule war es noch mehr, ich habe dann lustiger weise/ habe ich mich da gar nicht als schwul geoutet anfangs, sondern als bisexuell, um halt diese tendenziell eher akzeptierte Variante war so, ach, da sind noch Frauen Teil der Gleichung, dann verstehen es die Leute eher. Aber nach einem halben Jahr habe ich noch gesagt: ‚Hey, Leute, eigentlich stehe ich nur auf Kerle', weil ich dann, ja/ Aber es war halt für mich auch da ein komplett neues Setting, ich meine, ich war etwas älter, ich meine, die waren alle 17, ich war 22 und da bin ich der (Held?) und musste mich mit denen [...] so nicht anfreunden, aber ich musste zumindest die Hälfte meines Tages mit denen verbringen" (BA2, Absatz 21).

BA 1 hingegen nutzte negativ selbstschädigende/ nicht förderliche Bewältigungsstrategien indem er selbstverletzendes Verhalten entwickelte und die Entspannung im Drogenkonsum suchte.

> „Ja, es war damals zu Hause schwierig, in meinem Freundeskreis war es schwierig, selbst, wie ich alleine war, war es dann schwierig, weil ich mir dann immer diese Gedanken gemacht habe und mich immer zurückgezogen habe. Und, ja, dann hat es halt angefangen mit dem Drogenkonsum. Ich wollte einfach vergessen und wollte mit meiner Welt, also mit meinem Leben, einfach gar nichts zu tun haben, deswegen habe ich mich einfach in die Drogen gestürzt, was auch ein sehr großer Fehler von mir war, damals" (BA1, Absatz 8).

Auf die Darlegung der Belastungen und Bewältigungsstrategien widmet sich das folgende Kapitel den Desideraten.

13.2 Identifizierte Desiderate Sozialer Arbeit im Kontext lesbisch, schwuler und bisexueller Lebenswelten

Die Darstellung der jeweiligen Desiderate wird in Form der Unterkategorien beschrieben, um diese folgend differenziert darzustellen.

13.2.1 Personell

Aus Perspektive der Adressat*innen und ihren Erfahrungen mit Sozialer Arbeit konnten Desiderate identifiziert werden, die sich konkret auf die Interaktion zwischen Akteur*innen professioneller Sozialer Arbeit und Adressat*innen zurückführen lassen. Es zeigt sich, dass die Thematik der sexuellen Orientierung von Fachkräften Sozialer Arbeit nicht ausreichend in ihrer Bedeutung anerkannt wird. Insbesondere dann, wenn aus Fachkraftperspektive „schwerere" Problemlagen innerhalb eines Hilfeprozesses wahrgenommen werden.

> „Das Jugendamt hat halt versucht, jedes andere Problem in den Griff zu bekommen, oder irgendwie zu bearbeiten, oder zu lösen. Aber das Thema Sexualität wurde einfach sozusagen links liegen gelassen" (BA1, Absatz 51).

Besonders dann, wenn mehrere Familienmitglieder und Akteur*innen im sozialen System in Hilfen einbezogen wurden, kam bei den befragten Adressaten das Gefühl auf, nicht am Prozess partizipieren zu können und somit in der Ausgestaltung der Hilfe nicht mitwirken zu können, mit der Folge einer Verweigerung der Hilfe.

> „Ich habe aber auch was ganz Anderes erwartet, was dann auf mich zukam. Ich habe erwartet, dass mir geholfen wird, dass eine gewisse Person auf mich eingeht, sich anhört, was in meinem Leben abgeht, anstatt irgendwie darum herum zu schauen, ja, jeden anderen zu fragen, was in meinem Leben abgeht. Ich meine, ICH habe ja in dem Moment die Hilfe gebraucht, und nicht die Leute um mich herum so. Also ich finde, man hätte mehr auf mich eingehen sollen. Also ich sag jetzt mal, also eher von Richtung Jugendamt hätte mehr auf mich eingehen sollen. Ja, ich hätte mir einfach gewünscht, dass mehr auf mich eingegangen wäre. Also, dass die mehr auf mich eingegangen wären. Dass die vielleicht mal sich eher angehört haben, was bei MIR losgeht. Oder vielleicht mal ein Einzelgespräch gesucht, dass die einfach herausfinden, WAS so bei mir vor sich geht, WAS in meinem Leben so alles los ist, anstatt halt wirklich jeden anderen außen herum zu fragen. Also ich habe mich so ein bisschen verarscht gefühlt. Am Anfang hat es geheißen: Ja, okay, ich brauche die Hilfe, ich sollte einfach mitmachen, und dann habe ich mich dazu bereit erklärt, und dann wurde mir nicht wirklich geholfen. Dann habe ich mir einfach gedacht: Ja, ist das Jugendamt da, um MIR zu helfen? Oder ist das Jugendamt da, jedem um mich herum zu helfen? So. Also ich habe mich einfach irgendwie verarscht gefühlt" (BA1, Absatz 11).

Hierbei wird jedoch ein Dilemma sichtbar: Auf der einen Seite wünschen sich lesbische, schwule und bisexuelle Adressat*innen, dass die sexuelle Orientierung einbezogen wird, auf der anderen Seite möchten sie jedoch nicht nur auf diese Thematik reduziert werden.

> „Wichtig wäre, dass man Allererstes auf diese Person eingeht und mit dieser Person versucht, zu reden. Herauszufinden, wo das Problem ist. Wie soll ich sagen? Also, herauszufinden, ob diese Person überhaupt ein Problem mit ihrer Sexualität hat, ob sie das irgendwie zurückzieht oder Sonstiges. Ich finde, man sollte einfach auf die Person eingehen und schauen: Ja, hat sie denn Probleme mit der Sexualität oder Sonstiges?“ (BA1, Absatz 49).

Ein weiterer Problembereich in der konkreten Interaktion wird durch eine rein heteronormative Sichtweise der Fachkräfte auf die Adressat*innen sichtbar. Greifen Fachkräfte Sozialer Arbeit auf grundständige Methoden und Theorien zurück, besteht die Gefahr, dass diese auf nicht-heterosexuelle Lebensweisen unreflektiert übertragen werden, was zur Folge hat, dass queere Adressat*innen sich nicht verstanden fühlen.

> „Also ich glaube, man kann natürlich intellektuelles Verständnis bis zu einem gewissen Level haben, aber das andere ist halt wirklich Erfahrungswert, aber ja. Deshalb, manche von den Sachen, die wir dann ausprobiert haben, waren halt so, wenn es nicht grade gesprächbasiert war, habe ich halt nicht immer das Gefühl gehabt, als würde es wirklich was bringen, sondern mehr so, wenn ich sage so: ‚Hey, das geht nicht, weil ich halt einfach, keine Ahnung, wenn man auf Kerle steht, dann ist halt einfach also eine komplett andere Umwelt, in der man sich bewegen muss und dann funktioniert das zum Teil zum Beispiel‘ “ (BA2, Absatz 5).

Zugespitzt kann dieser Übertrag zu einer mangelnden Sensibilität aufseiten der Sozialarbeiter*innen führen.

> „was ein bisschen doof war, war, dass in irgendeinem Zeitpunkt, [meine Erziehungsbeiständin] musste immer Berichte schreiben und irgendwann hat sie halt irgendwas über meine Sexualität also irgendwie Bericht geschrieben und den hat sie ja dann an quasi meine ganze Familie weitergeschickt“ (BA2, Absatz 5).

Oftmals geht dies mit mangelndem Fachwissen über die spezifischen Lebenssituationen nicht-heterosexueller junger Menschen einher, was besonders kritisch betrachtet werden kann, wenn sich diese speziell aufgrund ihrer Sexualität Unterstützung suchen.

> „Ganz klar zeigt sich das eben in der Entwicklung von Jugendlichen, weil Jugendliche, die eben Fragen zu ihrer Entwicklung haben, und wenn diese Entwicklung

> sich eben in eine Richtung von Homo- oder Bisexualität/ also in diese Richtung geht, dann ist es eben besonders wichtig, dass sie auch dazu Antworten bekommen und Unterstützung bekommen" (BE4, Absatz 15).

Eine besondere Gefahr liegt hier in der Vermittlung von Pseudowissensbeständen und der fehlenden Berücksichtigung eigener, fachlicher Grenzen.

> „Es gibt die Möglichkeit dem Klienten zu sagen: ‚Du, ich kenne mich da nicht aus, ich mache mich da jetzt mal schlau und wir reden nächste Woche drüber', aber es ist einfach Aufgabe der Sozialarbeitenden, sich da selber drum zu kümmern und diese Information zu bekommen und eine Schulung alleine reicht sicher nie aus, weil sie nicht alle Aspekte umfassen kann. Sie kann hoffentlich so gut sein, dass man Informationen an der richtigen Stelle sucht, die man dann braucht, wenn man Vorort irgendwie tätig ist" (BE5, Absatz 51).

Dies setzt jedoch voraus, dass alle Fachkräfte innerhalb einer Einrichtung eine reflexive Haltung hinsichtlich sexueller Vielfalt einnehmen. Aus der Erfahrung der Expert*innen heraus ist das allerdings häufig – trotz gesetzlicher Veränderungen – nicht der Fall, was impliziert, dass sich die fachliche Haltung zur Thematik grundlegend verändern muss.

> „Also das sind eben verschiedene Ebenen, auf die die Fachkräfte dann auch stoßen. Das heißt, sie kommen nicht in unsere Fortbildung und gehen dann quasi als geschulter Mensch, wie wir uns das immer wünschen, heraus und verändern dann ihre Umwelt, teilweise können sie gar nicht so das Umfeld verändern, wie sie es gerne möchten, weil sie erst einmal andere wiederum davon überzeugen müssen. Und es ist leider auch noch der Fall so, dass noch nicht alle im Kollegium quasi immer noch diese Wichtigkeit des Themas sehen. Ja, selbst wenn jetzt die rechtlichen Fortschritte oder Novellierungen es jetzt auch als notwendig erachten. Ja? Aber teilweise wird es immer noch als Randthema, so möchte ich es einmal bezeichnen oder das betrifft doch nur eine Minderheit, betrachtet" (BE3, Absatz 23).

Allerdings werden genau diese Wissensbestände benötigt, um Adressat*innen adäquate Hilfeleistungen zukommen lassen zu können und Bedarfe zu identifizieren.

> „Es ist gerade so, dass viele Jugendliche, die im Coming-out sind, oft nicht wissen, wie sie sich jemandem anvertrauen können, viele sehr versteckte Signale senden" (BE4, Absatz 19).

Nach den Desideraten im Personal widmet sich der folgende Abschnitt den strukturellen Mängeln.

13.2.2 Strukturelle Desiderate Sozialer Arbeit

Neben den Desideraten, die auf personaler Ebene identifiziert werden konnten, zeigten sich im Erleben der Adressat*innen sowie den Erfahrungen der Expert*innen auch strukturelle Defizite der Kinder- und Jugendhilfe hinsichtlich des Themas der sexuellen Orientierung.

Diese zeigen sich in besonderer Weise an den Eckpunkten der jeweiligen Hilfen, also zu Beginn und zum Ende. Einer der befragten Adressaten beschrieb, dass der Zeitpunkt der Hilfe nicht adäquat gewählt war, da er selbst erst für sich eine Bedarfsklärung vornehmen musste, bevor von außen Fachkräfte einen Bedarf formulieren. Die Hilfe wurde daher eher als belastend wahrgenommen.

> „Ich habe mich zu dem Zeitpunkt auch noch nicht ganz akzeptiert, so wie ich bin. Damit musste ich auch erst mal umgehen. Also ich sag mal, das war einfach nicht der richtige Zeitpunkt für mich, um diese Familienhilfe generell anzugehen" (BA1, Absatz 5).

Hierbei zeigt sich, dass vor dem Einsatz oder zu Beginn von Hilfen zur Erziehung Strukturen geschaffen werden müssen, die eine Selbstidentifikation mit der eigenen sexuellen Orientierung ermöglichen. Kommt es dann zur Unterstützung durch das Jugendamt, wird bekannter Weise eine Bedarfsprüfung vorgenommen. Hierin liegt aus Sicht der Adressat*innen ein weiteres strukturelles Defizit. Das SGB VIII formuliert nach § 27 hinsichtlich der Gewährung der Hilfen als Tatbestandmerkmal das Vorliegen eines Erziehungsdefizites[13] sowie die Notwendigkeit passender Hilfsangebote. Bei Erreichen der Volljährigkeit verändert sich dies nach § 41 SGB VIII dahingehend, dass Hilfen zur Persönlichkeitsentwicklung und eigenverantwortlichen Lebensführung gewährt werden können. Um diesen individuellen Anspruch geltend zu machen, muss dieser gegenüber den Mitarbeiter*innen des Jugendamts formuliert werden. Bezieht sich dieser Bedarf auf die sexuelle Orientierung sind die Adressat*innen gezwungen, sich gegenüber dem Amt zu outen und dann davon abhängig, dass die verantwortlichen Fachkräfte die Relevanz der Thematik anerkennen. Dies steht allerdings im Widerspruch zu den aufgeworfenen berufsethischen Eckpunkten der Arbeit mit lsb Adressat*innen hinsichtlich Verschwiegenheit und Offenheit sowie Datenschutz.

---

13 Das Erziehungsdefizit resultiert nicht aus der sexuellen Orientierung, sondern aus dem Umgang des Umfeldes und der Bezugspersonen hiermit.

> „Hey, das sind halt diejenigen, die die Hilfe bewilligen, das heißt, wenn wir dahingehen, musst du das halt darlegen und so weiter. Aber da wurde nie eigentlich, also nie explizit irgendwie die Sexualität thematisiert. Aber das ist halt schon so allein von der Wahrnehmung und vom Tonfall so, okay, das sind die einen, die halt so der exekutive Arm so, die Institution und die Mitarbeiter tanzen auch so ein bisschen nach der Pfeife, weil die halt von dem Kontingent abhängig sind und so weiter" (BA2, Absatz 29).

Weiter wird zur Aufrechterhaltung der Hilfen, insbesondere bei Erreichung der Volljährigkeit, eine ständige Mitwirkungsbereitschaft seitens der Adressat*innen gefordert. Doch insbesondere während des Coming-out und der Selbstfindung kann diese Mitwirkung eigeschränkt sein, da die Adressat*innen mit vielen innerlichen Fragen, Ängsten und Zweifeln beschäftigt sind, die durch eine ständige Konfrontation mit der Thematik noch verstärkt werden können. Die Folge hiervon sind Abbrüche von Maßnahmen, auch wenn der Bedarf seitens der Adressat*innen nicht vollständig gedeckt wurde.

> „Ja, Jugendamt und die Erziehungshilfe, dass das dann beendet wird, so in dem Sinne gegen meinen Willen, das war für mich erst mal so eine Art Schock" (BA1, Absatz 29).

Mit diesem Ende geht gleichzeitig auch ein Beziehungsabbruch einher, der besonders von lsb Adressat*innen als Rückschlag wahrgenommen werden kann. Dieser wird verstärkt, wenn die unterstützenden Fachkräfte auch tatsächlich als Unterstützung wahrgenommen wurden und möglicherweise die einzigen professionellen Ansprechpartner*innen zur Thematik der sexuellen Orientierung waren. Neben ambulanten Angeboten ist dies besonders kritisch, wenn es sich um stationäre Hilfen handelte, da die Jugendhilfelandschaft in Deutschland diesbezüglich mehr als lückenhaft erscheint:

> „stationären Jugendhilfe, also ich sage einmal Heimbereiche, Wohngruppen. Da gibt es leider in Deutschland bisher nur wenige spezialisierte Einrichtungen" (BE4, Absatz 19).

Allerdings stellt nicht nur die flächendeckende Versorgung mit spezifischen Angeboten ein Desiderat dar. Adäquate Hilfen werden durch die hohe Personalfluktuation innerhalb einzelner Einrichtungen massiv erschwert, da Adressat*innen ihre Lebens- und Leidensgeschichte oftmals wiederholt vollständig erzählen müssen und bestehendes Vertrauen erneut entstehen muss.

> „Gott, ich weiß nicht mehr, wie die gute Frau hieß, genau und dann hat die/ weil die sich ja komplett nochmal neu einarbeiten musste quasi, die hat dann halt so ein bisschen null-acht-fünfzehn Kram gemacht“ (BA2, Absatz 11).

Neben strukturellen Defiziten in der Interaktion mit Adressat*innen zeigen sich weitere Desiderate Sozialer Arbeit in dem Themenfeld eher auf (berufs-)politischer Ebene. Wie bereits in den personellen Desideraten veranschaulicht werden konnte, ist die Thematik sexueller Vielfalt innerhalb der Fortbildungsangebote für einzelne Fachkräfte noch nicht annähernd adäquat berücksichtigt. Denn

> „selbst wenn Fachkräfte dafür sensibilisiert sind für das Thema, gerade für den Trans*- und Inter*Bereich, fehlt es ihnen entsprechend an Materialien, an Instrumenten, an Methoden, die geschlechterreflektiert sind, die auch ein positives beispielsweise intersensibles Bild widerspiegeln“ (BE3, Absatz 11).

Hinzu kommt, dass in vielen Leitbildern und Konzeptionen von Einrichtungen Sozialer Arbeit sexuelle Vielfalt noch nicht verankert ist und damit eine Akzeptanz dieser für Adressat*innen nicht sichtbar. Viele Einrichtungen bewegen sich somit quasi in einer heteronormativen Blase.

> „Haben sie es in ihren Konzeptionen, in ihrem Leitbild verankert. Inwiefern ist das Thema in ihren öffentlichen Werbemaßnahmen mit verankert. Also ist ersichtlich, dass Lesben, Schwule, Trans*, Inter* auch dort willkommen sind. Dass sie sich an sie wenden können mit ihren Problemen, mit ihren Beratungsanlässen und da wird ihnen erst einmal klar, dass sie sich in so einer Art Blase bewegen, heteronormative Blase, die gar nicht dieses Thema miteinschließt“ (BE3, Absatz 23).

Wird sexuelle Vielfalt im Leitbild verankert oder ist diese sichtbar kann dies jedoch auch nur aus Prestige,- und Wettbewerbsgründen der Fall sein, wird jedoch in der täglichen Praxis nicht umgesetzt.

> „Was ja, also es gibt ja viele Schulen, die sich dann auf die Fahnen schreiben, gegen Rassismus und gegen Homophobie und alle sind gleich und wir lieben uns alle und dann ist es vielleicht, wenn man so ein bisschen an der Fassade kratzt doch nicht so golden wie man es gerne hätte und das dann aber auch wirklich anzusprechen und zu sagen ‚ja okay, wir haben da noch Nachholbedarf oder ja da muss noch irgendwie was gearbeitet werdeny‘ “ (BE1, Absatz 15).

Diese Blase ist insbesondere in ländlichen Regionen spür- und sichtbar, da selbst innerhalb der gleichen Trägerstrukturen massive Unterschiede in der Akzeptanz der Thematik identifiziert werden können.

> „Also was auch interessant ist, selbst, wenn wir Menschen aus derselben Träger*innenschaft haben, also zum Beispiel bei den/ wir haben ja jetzt immer sehr viele Profis bei uns, dass es teilweise auch sehr stark regionale Unterschiede gibt. Also die Profa in Berlin zum Beispiel, wenn ich da Teilnehmer*innen aus der Profa Berlin, die einen ganz anderen Background haben als Teilnehmer*innen aus der Profa Augsburg beispielsweise oder Ingolstadt oder so. Also das ist manchmal, dass es da auch gravierende Unterschiede innerhalb, sage ich mal, der Profa gibt" (BE3, Absatz 25).

Aufgrund mangelnder professioneller Strukturen in diesen Themenbereichen schafft die LSBTTIQ-Community vielerorts ehrenamtliche Strukturen, um den hohen Unterstützungsbedarf zu decken. Nach diesem Modell haben sich beispielsweise die Aidshilfen gebildet. Diese ehrenamtlichen Strukturen stoßen jedoch insbesondere im Rahmen psychosozialer Krisen und enormer Belastungen der Adressat*innen an ihre Grenzen. Allerdings sind die professionellen Strukturen personell nicht in der Lage, den bestehenden Bedarf zu decken. Dies macht deutlich, dass es einer stärkeren finanziellen Unterstützung dieser Strukturen bedarf, um adäquate Angebote zu schaffen.

> „Weil viele Einrichtungen, die zwar ehrenamtlich funktionieren, aber ehrenamtlich bedeutet auch ein Stück weit Einbuße in der Professionalität. Eine hauptamtliche Stelle kann natürlich ganz anders professionell auch agieren" (BE3, Absatz 43).

Durch eine Stärkung und Professionalisierung der ehrenamtlichen Strukturen können andere Instanzen der Hilfsangebote entlastet werden und gleichzeitig von dem Erfahrungswissen der ehrenamtlichen Mitarbeiter*innen profitieren.

> „Und insofern können wir natürlich damit auch die Strukturen, die bestehenden LGBT-Strukturen auch auf eine andere Art und Weise auch professionalisieren, was wiederum auch die hauptamtlichen Träger*innen, die vielleicht mit dem Thema noch nicht so viel zu tun haben, auch ein stückweit entlastet, weil sie können die bestehenden, auf die bestehenden Strukturen zurückgreifen, die dann wiederum in dem Falle, in den Ausbildungen mitagieren können und fortbilden können" (BE3, Absatz 43).

Als letztes Desiderat wird der Bereich der Disziplin Soziale Arbeit näher erläutert.

13.2.3 Desiderate innerhalb der Disziplin Soziale Arbeit

Als letzte Ebene der Defizite Sozialer Arbeit zeigen sich diese auf einer theoretisch/empirischen Ebene.

Häufig werden innerhalb des Studiums Inhalte vermittelt, die durch eine heteronormative Brille gedeutet werden.

> „Wenn man sich jetzt mit der beispielsweise mit der psychosozialen Entwicklung auseinandersetzt, ob man nun Freud, Havighurst und wie sie alle heißen, nennen. Die sind natürlich immer auf dieses heteronormative Bild, auf die Entwicklung des Jungen oder des Mädchens, des ‚richtigen Jungen', des ‚richtigen Mädchens', ausgerichtet" (BE3, Absatz 13).

Eine Anpassung dieser Theoriebestände auf Inhalte jenseits der Binarität von Geschlecht erfolgt nicht immer oder nur rudimentär, wenn die Lehrpersonen dies für relevant halten und selbst für die Thematik sensibilisiert sind. Doch oftmals wird

> „gar nicht darauf hingearbeitet oder geschaut, okay wie würde das denn aussehen für eine sexuelle Orientierung jenseits der Heterosexualität. Oder einer Geschlechtsidentität jenseits der Binarität" (BE3, Absatz 13).

Eine Erklärung hierfür besteht in einem Mangel an differenzierter empirischer Forschung zur Sexualität, inklusive der sexuellen Orientierung des Menschen und an der Modifikation bestehender theoretischer Gerüste.

> „Meiner Meinung nach gibt es da bisher noch wenig Forschung dazu und wenig Rückmeldung, was da genau/ also wie genau der Stand ist, wie die Jugendlichen das auch erleben und was sie eigentlich genau brauchen" (BE4, Absatz 19).

Die benannten Desiderate können direkte **Auswirkungen auf das Arbeitsbündnis** zwischen Adressat*in und Fachkraft haben, denn ausgehend von einem mangelnden Verständnis für die lesbisch, schwule und bisexuelle Lebenswelt kann ein authentisches professionelles Arbeiten erschwert werden, denn *„okay, das ist ja auch so ein Disconnect"* (BA2, Absatz 15).

Die folgende Kategorie beschäftigt sich mit den formulierten Bedarfen der Adressat*innengruppe aus deren sowie Expert*innenperspektive.

13.3 Bedarfe von lesbischen, schwulen und bisexuellen jungen Menschen hinsichtlich Sozialer Arbeit

„Okay, ich habe zwar den Drang zu Männern. Also den sexuellen Drang. Aber es ist nichts Schlimmes, es ist keine Krankheit, es werden zwar harte Phasen folgen oder Sonstiges" (BA1, Absatz 43).

„Also ich würde mir für die Jugendlichen auf jeden Fall wünschen, dass in naher Zukunft mehr auf sie eingegangen wird" (BA1, Absatz 53).

Um eine affirmative Praxis hinsichtlich sexueller Vielfalt zu gestalten, müssen die Bedarfe der betroffenen Adressat*innengruppe im Sinne der Ko-Produktion von Hilfeleistungen mitberücksichtigt werden. Sexuelle Vielfalt muss dabei sichtbar sein,

„um einfach auch jungen Menschen, ja, die Möglichkeit zu geben, sich in Freiheit auch entwickeln zu können und nicht, ja, nicht so zu denken, man muss halt heterosexuell sein und sich mit einer Familie reproduzieren, sondern auch die Würde von eben lsb Lebensformen in dem Fall auch sehen zu können" (BE2, Absatz 23).

Von besonderer Bedeutung ist es hierbei, dass Fachkräfte den Adressat*innen ein Gefühl der Sicherheit vermitteln, um einen möglichen Konversionsdruck zu minimieren. Aus Sicht der befragten Adressaten benötigt dies eine Offenheit/Anerkennung durch die Fachkräfte für Interessenlagen und Themen, die mit einer nicht-heterosexuellen Orientierung einhergehen.

„Die hat mir sehr gutgetan. Ich habe mich von dir eher verstanden gefühlt, als jetzt vom Jugendamt oder meiner Familie. Ja, und mit dir konnte ich über die Sachen reden, die die anderen einfach nicht wirklich interessiert haben" (BA1, Absatz 5).

Dies wird insbesondere durch die Möglichkeit, mit nicht-heterosexuellen Fachkräften zu arbeiten, realisierbar. Allerdings ist dies nicht immer möglich, weswegen eine Anbindung an bestehende queere Strukturen im Rahmen von Hilfen angestrebt werden sollte. So kann den Adressat*innen die Möglichkeit geschaffen werden, in einem sicheren Rahmen einen Zugang zur LSBTTIQ-Community zu finden.

„Unabhängig davon, genau, das hat dann sozusagen mir dabei geholfen, mich in der Community ein bisschen einzuleben, auch Kontakte zu knüpfen, Leute kennenzulernen. Und natürlich habe ich auch angefangen sporadisch, aber halt hier

> bei [Träger] noch ein bisschen ehrenamtlich zu machen, weil ich einfach das cool finde so, wenn man schon helfen kann, wieso denn nicht?" (BA2, Absatz 5).

Angewiesen sind die Adressat*innen hierbei, dass Fachkräfte sie unterstützen „diese Last zu nehmen, von wegen: Ja, schwul sein oder lesbisch sein ist eine Krankheit und ist schlimm und niemand wird dich leiden können damit und Sonstiges" (BA1, Absatz 49). Besonders deutlich wird dies auch im Bereich des Kindeswohls. Die Expert*innen machen hierbei nochmals darauf aufmerksam, dass eine Missachtung der sexuellen Orientierung und der möglicherweise damit einhergehenden Probleme eine Gefährdung dessen darstellt:

> „[wenn] dann irgendwie eine Ablehnung da ist oder Gott bewahre sogar solche Tendenzen wie, wir gehen mal zum Arzt oder das kann noch geheilt werden, wir gehen mal zum nächsten Camp. Dann muss ja halt schnell gehandelt werden und auch richtig gehandelt und ich finde dann muss das Kind erst einmal da raus und natürlich immer mit dem Gedanken im Hinterkopf wir wollen schauen, dass die Beziehung gerettet wird oder dass die wiederaufgebaut wird" (BE1, Absatz 17).

Insbesondere während des Coming-outs bedarf es hier einer einfühlenden Arbeitsweise und Sensibilität für die aktuelle Lebenssituation der Adressat*innen. Aus Expert*innenperspektive wird dies unter anderem durch eine Begleitung in die Szene ermöglicht – welche für junge Menschen – häufig auf den ersten Blick abschreckend und einschüchternd wirken kann. Dies setzt aufseiten der Fachkräfte jedoch ein Wissen über die jeweiligen Strukturen und Dynamiken der Szene in der Umgebung voraus, als auch die Bereitschaft sich selbst mit dieser auseinanderzusetzen.

> „Geh doch du mal hin und ich komme auch mit das erste Mal und nehme dich da an die Hand so ein bisschen und unterstütze dich da und du kannst dich da aber ganz ohne Furcht dahingehen und kannst sein wer du bist oder das da auch rausfinden, wer du bist und ich unterstütze dich dabei" (BE1, Absatz 13).

Um dies optimal zu gestalten, sollten Hilfen bzw. Hilfsangebote in der passenden Zeit ermöglicht werden, d. h. für die eine Person kann es wichtig sein, zu Beginn des Coming-out-Prozesses begleitet zu werden, während eine andere Person dies als hinderlich, wenn nicht sogar übergriffig empfindet. Um diesen adäquaten Zeitpunkt bestimmen zu können, postulieren die befragten Adressat*innen eine besondere Notwendigkeit der Partizipation am Hilfeprozess:

> „Ich habe mich zu dem Zeitpunkt auch noch nicht ganz akzeptiert, so wie ich bin. Damit musste ich auch erst mal umgehen. Also ich sag mal, das war einfach nicht

> der richtige Zeitpunkt für mich, um diese Familienhilfe generell anzugehen" (BA1, Absatz 5).

Ergänzend zu den bereits benannten Bedarfen formulieren die Expert*innen, dass eine differenzierte Betrachtung auf Sexualität und des Menschen notwendig ist.

> „Es gibt auch nicht DIE Schwulen, Lesben, Bisexuellen. Die sind auch nicht alle gleich. die stammen auch nicht alle aus der weißen deutschen Mittelschicht" (BE4, Absatz 31).

Daneben braucht es auch eine adäquate Wissensvermittlung und Aufklärung durch Fachkräfte in allen Angeboten der Arbeit mit Jugendlichen und jungen Erwachsenen als auch den Austausch unter „Gleichgesinnten":

> „Genauso wäre es eine gute Idee, zu sagen ‚Ja, andere Jugendliche, die auch sich mit Fragen von Coming-out beschäftigen, das ist wichtig, einen Austausch herzustellen." Also all diese Dinge können dann einfach leichter funktionieren, wenn das Wissen vorhanden ist und die Bereitschaft" (BE4, Absatz 23).

Daraus resultierende Praxisimplikationen und Aufgaben Sozialer Arbeit bilden den nächsten Teil der Ergebnisdarstellung.

13.4 Aufgaben und mögliche Praxismodifikationen

Die Aufgaben, die aus Sicht der Adressaten und Expert*innen für eine lsb affirmative Praxis umgesetzt werden müssen, lassen sich in die drei Bereiche **Profession**, **Disziplin** und **Praxis** einteilen.

Ebene der Disziplin Soziale Arbeit

Wie aus den beschriebenen Desideraten bereits ersichtlich wurde, ist es für Fachkräfte Sozialer Arbeit unabdingbar, heteronormative Perspektiven abzulegen und sexuelle Vielfalt in der gesamten Bandbreite wahrzunehmen. Dies impliziert jedoch die Notwendigkeit, mehr empirisch differenzierte Wissensbestände über die jeweilige Lebenswelt zu schaffen. Die Notwendigkeit hierzu ergibt sich aus der Vielfalt unterschiedlicher Erfahrungen, welche die jeweiligen Adressat*innen in ihrem Alltag machen, als auch der konkreten Bedarfe, die durch betroffene Personen geäußert werden. Um dies zu ermöglichen, muss in allen Ebenen der Disziplin Soziale Arbeit die Relevanz der Thematik deutlich werden. Hierfür müssen die Lehrpersonen an Hochschulen und im Bereich der Fort- und Weiterbildung für die Belange von lsb Menschen sensibilisiert werden, um dies in der Lehre widerspiegeln zu können.

„[…] Aber das würde auch erst mal nochmal bedeuten, dass natürlich dann auch die, die die Menschen ausbilden oder für die Ausbildung zuständig sind, auch dafür entsprechend qualifiziert sind, sensibilisiert sind“ (BE3, Absatz 43).

Ebene der Profession Soziale Arbeit

Aus Sicht der Expert*innen ist es für die Profession unabdingbar, offen für sexuelle Vielfalt zu sein und dies auch nach außen sichtbar zu machen.

„Also das finde ich auch ein Kriterium für eine gelungene queere Arbeit, also nicht nur an die eigene Gruppe zu denken und die eine Gruppe, genau, wenn du queer sagst, dann steht ja dahinter, dass sich das sehr, sehr viel ausdifferenziert hat, ja. Wo man früher nur an schwule Männer und an Frauen gedacht hat, ja, ist es ja sehr viel vielfältiger im Bewusstsein heute“ (BE2, Absatz 33).

Dies bedeutet auch, dass die Soziale Arbeit ihrem dritten Mandat im Sinne eines politischen Auftrages mehr nachkommen muss, um sich für die Belange der Zielgruppe einzusetzen. Ziel hierbei ist es, aus Sicht der Expert*innen, langfristig durch politisches Engagement Diskriminierung abzubauen und lsbttiq Menschen die Möglichkeit zu geben, sich zu emanzipieren und selbstbewusst in Freiheit leben zu können (vgl. BE2, Absatz 11). Konkretisiert werden könnte dies beispielsweise durch eine Forderung der Berufsverbände Sozialer Arbeit in allen Städten und Landkreisen professionelle Angebote für die LSBTTIQ-Community in einem sicheren Rahmen zu schaffen, denn

„das ist die Stadtgesellschaft und dazu gehört dann auch einfach ein fachliches Angebot“ (BE2, Absatz 23).

Ziel der Profession Soziale Arbeit muss es hierbei sein,

„[…] bestehende Strukturen auch in der in der LGBT-Community nachhaltig zu fördern, auch staatlich nachhaltig zu fördern, dass sie entsprechende Mittel haben, dass sie auch personell auch hauptamtlich agieren können“ (BE3, Absatz 43).

Ebene der Praxiseinrichtungen und Fachkräfte vor Ort

> „Ja einfach eine Sozialarbeit, die wie gesagt mitdenkt und die es aber auch öffentlich macht, dass sie das mitdenkt. Sei es, dass eben irgendwelche Plakate aushängen oder sei es, dass in einer Broschüre, die da ausliegt, vielleicht nicht nur immer Vater, Mutter, Kind drinnen ist, sondern auch mal ein gleichgeschlechtliches Paar. Oder manchmal gibt es doch solche Beispielgeschichten, um einfach irgendeinen Sachverhalt besser darzustellen und dass das nicht immer, wie heißt es? Es heißt eigentlich immer so schön, es muss nicht immer Adam und Eve sein, sondern auch mal Adam und Steve oder sowas oder Anna und Eve. Ja einfach es muss sichtbarer gemacht werden und das muss ein leichterer und natürlicherer Umgang damit entstehen und dann glaube ich, sind wir echt schon auf einem guten Weg" (BE1, Absatz 23).

Aus Sicht der befragten Personen müssen Einrichtungen und Fachkräfte Sozialer Arbeit vor Ort folgende *Aufgaben* umsetzen bzw. *Modifikationen* vornehmen, um eine lsb affirmative bzw. queere Praxis zu gestalten:

- Keine heteronormativen Vornahmen schaffen und Vielfalt zu Beginn von Hilfeprozessen mitdenken und sich mit den Themen der Adressat*innengruppe auseinandersetzen (vgl. BE1, Absatz 29 und BE4, Absatz 21).
- Auf kultureller und politischer Ebene innerhalb des Wirkungskreises der jeweiligen Einrichtungen aktiv mitarbeiten und mitgestalten (vgl. BE2, Absatz 33).
- Leitbilder und Konzepte überprüfen, um so die geschaffenen rechtlichen Rahmenbedingungen umzusetzen (vgl. BE3, Absatz 45).
- Vernetzung mit der bestehenden LSBTTIQ-Infrastruktur anstreben und partizipative Angebote schaffen (vgl. BE5, Absatz 39 und BE3, Absatz 27).
- Ausschreibungen, Plakate, Werbeinitiativen vielfaltssensibel formulieren um eine Willkommenskultur zu ermöglichen (vgl. BE3, Absatz 23).
- Adressat*innen in der Erschließung ihrer eigenen nicht-heteronormativen Lebenswelt unterstützen und ggf. begleiten (vgl. BE5, Absatz 63).
- Jugendliche und junge Menschen auch als Expert*innen anerkennen und im Rahmen von „Buddy"-Systemen, beispielsweise in der Schule nutzen (vgl. BE1, Absatz 15).

Insgesamt ergeben sich somit vielfältige mögliche *Praxismodifikationen* Sozialer Arbeit, die sich auf die Ebenen des *Studiums*, der *Fort- und Weiterbildung* sowie der *sozialarbeiterischen Praxis* erstrecken.

Studium sowie Fort- und Weiterbildung

> „Das wäre schon mal ein riesiger Schritt in die richtige Richtung, weil die Sexualität halt ein recht großer Teil der Identität allgemein ist und dass es deshalb wichtig ist, dass es auch irgendwie thematisiert wird" (BA2, Absatz 33).

Die Expert*innen postulieren durchaus, dass sich hinsichtlich der Verankerung der Thematik sexueller Vielfalt in den letzten Jahren in der Hochschullehre positive Veränderungen abzeichnen, gleichzeitig kommt diese Veränderung noch nicht allen Studierenden zu Gute, da auch weiterhin heteronormative Perspektiven in der Lehre auftauchen:

> „Von daher glaube ich, dass die Ausbildung wahrscheinlich auf einem ganz guten Weg ist, aber ja, wahrscheinlich gibt es noch genug Studierende, die davon nicht profitieren, ja, weil es halt einfach traditionelle Mainstream Sachen einfach lernen" (BE2, Absatz 43).

Wesentliche, notwendige Inhalte und Veränderungen, die im Studium der Sozialen Arbeit verankert werden müssen, lassen sich wie folgt zusammenfassen:

- Spezifische (Fach-)Wissensbestände über die Lebenswelt von lsbttiq Menschen fest verankert, die nicht nur gelehrt werden, wenn Studierende selbst betroffen sind und die Inhalte dementsprechend einfordern oder wenn einzelne Lehrende die Notwendigkeit hierfür sehen (vgl. BE4, Absatz 27, Absatz 29; BE5, Absatz 47; BE 2, Absatz 43; BE1, Absatz 27). Die Inhalte müssen hierbei nicht in einem extra Fach oder über ein ganzes Semester verankert werden, sondern sollten als Querschnittsthema über alle Lehrveranstaltungen hinweg sichtbar sein und vermittelt werden (vgl. BE1, Absatz 27).
- Möglichkeiten der Selbstreflexion eigener heteronormativer Denk- und Verhaltensmuster in der Erarbeitung wesentlicher Theorieinhalte (vgl. BE2, Absatz 33; BE4, Absatz 27)

> „Es braucht auch ein Verständnis, dass es ein besonderes Wissen gibt, dass es nicht sozusagen nur mit einer toleranten Handlung getan ist. Und dann wäre es natürlich schön, tatsächlich die Wertschätzung zu erreichen, aber Wertschätzung kann man in dem Sinne ja auch nicht erzwingen. Aber es wäre gut, wenn die Ausbildung zumindest die Möglichkeit erlaubt, dass die Auszubildenden verstehen oder eine Chance haben, wirklich Empathie zu entwickeln und darüber auch Wertschätzung zu entwickeln" (BE4, Absatz 27).

- Kooperation mit entsprechenden Expert*innen und selbst betroffenen Menschen vor Ort in Form von Lehraufträgen, Praxisvorträgen und Diskussionsrunden (vgl. BE3, Absatz 43).

> „Also da muss man dann auch überlegen, ob man denn nicht auch Fachpersonal in die Ausbildung mit hineinnimmt, damit es dann nicht wieder, ich sage jetzt mal, cis-heterosexuelle Menschen, weil sie es im Ausbildungscurriculum mit drin haben, sich irgendwie vielleicht auch schief anlesen und es dann entsprechend schief vermitteln“ (BE3, Absatz 43).

- Erschließung relevanter Netzwerkstrukturen und Ansprechpartner*innen im jeweiligen Wirkungskreis der Bildungsinstitutionen (vgl. BE1, Absatz 13).
- Intersektionale Sichtweisen und Querschnittsthemen, wie Experte 3 verdeutlicht:

> „Durch Zuwanderungsbewegungen der letzten Jahre haben wir auch in den Einrichtungen wieder durch die verschiedenen Elternschaften aus den verschiedensten, mit den verschiedensten kulturellen Hintergründen, haben wir auch wieder ganz andere traditionelle Wertevorstellungen und Wertbilder, die da hineingebracht werden, mit dem sie sich, die Fachkräfte, auch konfrontiert sehen. Das ist ein interessanter Aspekt, der mittlerweile jetzt wieder stärker auch uns in den Fortbildungen begegnet. Also: Wie gehe ich mit diesen oder jenen Argumenten um, auch religiösen, kulturellen Argumenten, die Homosexualität als Sünde oder Trans* oder Inter* als abnorm bezeichnen? Wie kann ich damit umgehen? Wie kann ich entsprechend mit diesen kulturellen Hintergründen agieren?“ (BE3, Absatz 47).

Sozialarbeiterische Praxis

Eine Modifikation, die direkt in der sozialarbeiterischen Praxis vorgenommen werden kann, ist es, Beauftragte innerhalb der Einrichtung vorzuhalten, die sich spezifisch mit der Thematik sexuelle Vielfalt auseinandersetzen.

> „Dass es vielleicht auch in den verschiedensten Einrichtungen der Kinder- und Jugendhilfe der Sozialen Arbeit, dass es da Queerbeauftragte gibt, also auch Ansprechpersonen, die quasi für das Thema explizit auch zuständig sind. [...] Da wird das Thema also auch entsprechend besetzt, auch mit einer eigenen Bildungsreferent*innenstelle“ (BE3, Absatz 37).

Neben dieser personellen Modifikation zeichnet sich auch eine Dringlichkeit ab, die Thematik sexuelle Vielfalt bereits vor dem Jugendalter zu etablieren und hierbei auch die Personensorgeberechtigten miteinzubeziehen.

„Wege zu suchen, Aufklären zum Beispiel im Kindergarten oder der Schule, Stärkung für die Eltern, also die ganz sozusagen normalen Methoden der Sozialen Arbeit wiederum anzuwenden“ (BE4, Absatz 19).

Die Expert*in zielt hierbei auf den besonderen Stellenwert der Prävention als Methode ab, die auch im Hinblick auf eine Gleichstellung heterosexueller und nicht-heterosexueller Adressat*innen notwendig wird. Aufklärungsangebote dürfen nicht nur heteronormativ ausgerichtet sein und müssen Vielfalt mit abdecken. Neben diesem präventiven Ansatz in der sozialarbeiterischen Praxis zur Herstellung von Gleichstellung benötigt es sichere Räume für lesbische, schwule und bisexuelle Jugendliche. Diese Räume dürfen und sollen nicht von heterosexuellen Jugendlichen getrennt entstehen bzw. müssen im Sinne der Inklusion für alle Jugendlichen eine Anlaufstelle sein. Gleichzeitig sollten aufgrund der nach wie vor vorherrschenden heteronormativen Gesellschaftsstruktur auch Möglichkeiten geschaffen werden, die eigene sexuelle Orientierung zu entdecken und eine Identität herauszubilden (Schutzräume). In diesem Sinne schlagen die Expert*innen ein integratives Konzept vor, welches beide Bestandteile beinhaltet.

„dass es da auch mal gemeinsame Aktionen gibt oder, ja das einfach dahingehend zu öffnen, dass sie nicht so isoliert sind und so, ja wie so eine Quarantäne da entsteht. Das glaube ich ist ganz wichtig, dass man eben alle Jugendlichen irgendwie damit einbindet und sagt ‚hey es gibt da diese Gruppe, die ist auch eigentlich speziell für diese und diese Leute, aber wir machen auch mal was gemeinsam‘ und die sonstigen Treffs sind sowieso offen für alle. Also da können ja sowieso sich die Jugendlichen vermischen und sich austauschen und dann wie gesagt, ich glaube das ist eine der besten Möglichkeiten um da Vorurteile abzubauen, ist einfach ins Gespräch miteinander zu kommen und zu merken, dass die anderen die gleiche Musik hören und auf die gleichen Sachen stehen und die gleichen Fächer in der Schule scheiße finden“ (BE1, Absatz 19).

Hierbei sollten die Angebote altersadäquat gestaltet werden, um eine Identifikation mit Angehörigen der Community zu ermöglichen und eigene Rollenvorbilder zu finden um das „Selbst“ ausbilden zu können.

„In diesem Zusammenhang sehe ich dann die ganzen Jugendgruppen, die wir anbieten, um da auch, ja, einen sicheren Rahmen zu schaffen, um einen Rahmen zu schaffen, ja, der auch sowas wie Freude am Leben und am Zusammensein bietet. Und auch einen Rahmen, um sozusagen dieser, ja, bin ja in einem, wie sagt man, in einer Großelternsituation inzwischen, genau, wo dann der junge Mensch nicht mit so alten Erwachsenen sprechen muss, sondern auch oft auf der gleichen Altersebene, ja, also Resonanz kriegt und geben kann […], also es ist

> schon ganz wichtig, dass auch altersadäquate Angebote zu schaffen" (BE2, Absatz 23).

Insgesamt ist es wünschenswert, dass mehr Fachkräfte Sozialer Arbeit einen offeneren Umgang mit ihrer eigenen sexuellen Orientierung anstreben und eine Enttabuisierung der Thematik stattfindet. Dies wiederum ermöglicht auch eher, passgenaue Unterstützungsangebote zu schaffen und zu finden:

> „Ich weiß ja nicht, wie hoch [...] die Sozialarbeiterquote mit anderer sexuellen Orientierung ist oder die auch offen damit umgehen, dass ja ein zweiseitiges Problem, also es ist ja nicht so, als würden wir nicht alle in derselben Welt leben" (BA2, Absatz 25).

Insgesamt fällt final der Blick der Ergebnisse auf die einzelnen Kompetenzbereiche, die für eine queere Soziale Arbeit von Relevanz sind.

13.5 Kompetenzbereiche

> „Dass man einfach dieser Person die Angst nimmt, dass schwul sein, lesbisch sein, bisexuell sein einfach nicht schlimm ist. Es ist normal" (BA1, Absatz 49).

Um die sexuelle Orientierung in der sozialarbeiterischen Praxis adäquat zu berücksichtigen, sind aufseiten der Fachkräfte unterschiedliche Kompetenzen notwendig. Aus Sicht der Befragten lassen sich diese in drei Kompetenzbereiche einordnen: *Persönlichkeit* und *Haltung, methodische Kompetenzen* sowie *Fachwissen*. Hierbei rückte immer wieder die Bedeutung der eigenen sexuellen Orientierung der Fachkräfte in den Fokus, die nach Ansicht der Befragten eine wichtige Ressource in der Sozialen Arbeit darstellen kann.

> „[Es ist] immer klar gewesen, ich bin ein schwuler Psychologe, genau, und ich will das auch nicht privat verstecken oder so, sondern das ist ein Kapital und ein Wissen, mit dem ich auch arbeiten möchte" (BE2, Absatz 11).

Es konnte in den Bedarfen der Adressat*innen bereits dargelegt werden, dass die Arbeit mit nicht-heterosexuellen Fachkräften als positiv empfunden wurde. Dies führen die Expert*innen besonders auf eigene biografische Erfahrungen und eine besondere Empathie zurück, die es erleichtern, einen Zugang zur Lebenswelt der Adressat*innen zu finden. Aufgrund der eigenen Erfahrungen können sich die Fachkräfte besser in die Adressat*innen hineinversetzen und verfügen ggf. auch über ein Netzwerk- und Verweisungswissen.

„Also es geht dann drum, mit den inneren Prozessen erstmal zu arbeiten und zu gucken ob es, ja, vielleicht nicht ein schwules Lokal gibt, sondern vielleicht eher eine Jugendgruppe oder so. Ja, also das finde ich einfach wichtig, diese Prozesse zu kennen und das ist auch eine Qualität, die wir haben als eine Community-Beratungsstelle, einfach, weil wir alle wissen, ja, es ist wichtig auch die Frage: Wie ist die Beziehung zu den Eltern? Das spielt eine Rolle, ob man bei den Eltern out sein kann oder will oder nicht. Und genau, da verknüpfen sich einfach biografische mit einer fachlichen Kompetenz. Genau, das finde ich wichtig für eine gute Arbeit in dem Feld. Und die Zusammenarbeit zwischen L und B und S und T und den ganzen anderen Buchstaben und ja, also wir sind hier eine der wenigen Beratungsstellen, genau, die zumindest für L und S mit L und S besetzt sind in der Zusammenarbeit. Außer Köln, alle anderen glaube ich in Deutschland sind entweder schwul oder lesbisch" (BE2, Absatz 35).

Wenn diese eigenen Erfahrungen nicht vorhanden sind, müssen sich Sozialarbeiter*innen intensiver mit der Lebenswelt von Schwulen, Lesben und Bisexuellen auseinandersetzen und eine Offenheit für die Themen der Zielgruppe entwickeln. Die Notwendigkeit dieser Offenheit hängt von den spezifischen Themen ab, die sich innerhalb von Beratungsprozessen entwickeln können. Von besonderer Bedeutung ist es, die Lebenswelt von lsb Adressat*innen als eigenständigen Arbeitsbereich innerhalb der Sozialen Arbeit anzuerkennen.

„Das bedeutet aber umgekehrt, dass für heterosexuelle Sozialarbeitende es unabdingbar ist, dass sie sich mit den lesbisch, schwulen, bisexuellen, ich nehme jetzt einfach immer mal wieder auch die trans* mit dazu, weil das einfach mittlerweile zu meinem Arbeitsbereich sehr stark dazugehört und damit auch die Cis-Sozialarbeitenden, dass es einfach notwendig ist, dass die sich damit auseinandersetzen und das wirklich als einen wichtigen eigenständigen Lebens- und Arbeitsbereich ansehen, also dass sie da sich ja eigentlich zu Expert*innen auch machen. Und das heißt, dass sie sich sowohl mit den Lebensweisen auseinandersetzen als auch mit den bestimmten Lebensbedingungen, die da jetzt auch mehr dann vielleicht wiederum auf der schwul-lesbischen oder bisexuellen Seite die homo- beziehungsweise bisexuelle Identitätsentwicklung, die verschiedenen Aspekte des Coming-outs, die damit verbunden sind, Diskriminierungserfahrungen, auch bestimmte partnerschaftliche Problemfelder, die auftauchen. Als ein Beispiel genannt bei Schwulen, die ja sehr wohl auch jetzt Jugendliche schon Partnerschaften eingehen und eventuell eben auch von HIV nicht nur bedroht sind, sondern auch infiziert sind, dass es dort bestimmte Problemfelder gibt, wenn die Partner zum Beispiel HIV-diskordant sind und darüber bestimmte Thematiken auftauchen, die einfach auch die Sexualität betreffen, aber auch ein Stück weit so etwas wie Zukunftsbildung" (BE5, Absatz 43).

Allgemein können die folgenden notwendigen personalen Kompetenzen benannt werden, die losgelöst von der eigenen sexuellen Orientierung von Bedeutung für dieses Arbeitsfeld sind:

- Empathische Zugänge zu Lesben, Schwulen und Bisexuellen, um einen Abgleich zwischen heterosexuellen und nicht-heterosexuellen Lebenswelten herzustellen (vgl. BE1, Absatz 17).
- Eine vor Diskriminierung schützende, offene Einstellung, die auf die Jugendlichen bzw. jungen Erwachsenen gerichtet ist (vgl. BE1, Absatz 25).
- Sensibilität für bisher erlebte Diskriminierung und Schutz vor dieser und positiver Diskriminierung (vgl. BE1, Absatz 29).
- Sichtbarkeit der lesbischen, schwulen und bisexuellen Lebenswelten innerhalb unterschiedlicher Einrichtungen (durch Flyer, Fachbücher etc.) (vgl. BE2, Absatz 23).
- Erkennen eigener Wissensgrenzen und Reflexion dieser (vgl. BE5, Absatz 51).
- Selbstreflexion eigener, heteronormativer Bilder (vgl. BE3, Absatz 33).

Eine Expert*in formuliert dies zusammenfassend:

> „[Es braucht]die Kompetenzen, die es immer braucht, die Bereitschaft, sich in den anderen einzufühlen, den anderen zu verstehen, dem anderen auch Anregung zu geben, Ressourcen zu stärken, Hilfe zur Selbsthilfe, also eigentlich nichts Besonderes, und andererseits etwas ganz Besonderes, nämlich im Sinne tatsächlich die besondere Situation zu verstehen, nachvollziehen zu können, und nicht dadurch, dass es mir die Klientin erklärt oder der Klient, sondern dadurch, dass ich mich vorher schon damit beschäftigt habe und eine eigene Idee habe. Es gibt so einen ganz berühmten Spruch, der ist für verschiedene Minderheiten schon abgewandelt, und den finde ich dort sehr passend, nämlich: Wie wäre es gut, jemanden einer Minderheit zu behandeln? Vergiss, dass ich zu dieser Minderheit gehöre, und vergiss gleichzeitig nie, dass ich zu dieser Minderheit gehöre. Also das braucht es beides. Es braucht immer, zu sehen: Es ist ein Mensch mit allen Punkten, die alle Menschen betreffen, und er hat eben diese besondere Seite“ (BE4, Absatz 25).

Neben den beschriebenen Kompetenzen bedarf es im Rahmen der Ausgestaltung methodischer Arbeitsweisen insbesondere eine Netzwerk- und Verweisungskompetenz, um den Adressat*innen mögliche Anlaufstellen und „safe spaces“ vermitteln zu können (vgl. BA1, Absatz 13 und BE3, Absatz 39). Das methodische Arbeiten sollte hierbei im Grundsatz der Methoden des Empowerments und der Ressourcenstärkung ausgestaltet sein, um Adressat*innen zu entlasten. Leitende Fragestellung hierbei ist aus Expert*innensicht die Frage

> „Wo kann da eben Ressourcenstärkung stattfinden, Entlastung stattfinden, und sich entsprechend damit auseinander zu setzen?“ (BE4, Absatz 19).

Im Rahmen sozialpädagogischer Diagnostik bedarf es einer Modifikation einzelner Beratungs- und Fragetechniken hinsichtlich heteronormativen Vorannahmen, daher sollte insbesondere in der Anfangsphase eines jeden Prozesses eine differenzierte Kasuistik stattfinden.

> Genau und die Sozialkompetenz in dem Fall ist ja vor allen Dingen die kommunikative Kompetenz in dem Bereich. Denn gerade in dem Bereich ist es ja wichtig, auch queersensibel sprachlich zu formulieren und da gibt es natürlich auch viele Fettnäpfchen, gerade auch im Trans- und Interbereich in den Formulierungen. Und da ist es einfach wichtig auch zu wissen, okay, wie kann ich queersensibel auch meine Gegenüber ansprechen. Das fängt ja schon an auch bei Pronomen, wenn Menschen sich non-binär, genderqueer wie auch immer verorten, dass ich dann entsprechend eben nicht ein binäres Pronomen aufgrund der äußeren Erscheinungsbild verwende, sondern eben offen auf die Person zugehe, sie einlade und auch frage: ‚Wie möchtest du wahrgenommen und angesprochen werden?‘ “ (BE3, Absatz 33).

Nur wenn Ursprünge von Diskriminierung, internalisierter Homonegativität und den weiteren Einflussfaktoren herausgearbeitet werden, können adäquate Hilfen geleistet werden. Hierbei spielen Methoden der Selbstreflektion eine entscheidende Rolle (vgl. BE3, Absatz 33).

> „Wenn es um ein Familienmitglied geht, das sich mit Fragen des Coming-outs beschäftigt, oder das vielleicht eine besondere Belastung schon entwickelt hat, eine psychische Erkrankung aufgrund der Identität und der zusammenhängenden Erfahrungen, dann geht es natürlich darum, sich damit auseinanderzusetzen, und zu schauen: Was ist passiert?“ (BE4, Absatz 19).

Die notwendigen Wissensbereiche, die auch im Rahmen der Modifikation von Studiengängen und Fort- und Weiterbildungen benötigt werden, lassen sich in einer Übersicht zusammenfassend darstellen.

Sinnbildlich formulierte ein Adressat die Kompetenzdimension Wissen wie folgt:

> „Gerade mit meiner Bisexualität. Oder besser gesagt, damals wusste ich noch gar nicht, in welche Richtung ich eher tendiere, ob ich eher schwul bin oder eher bisexuell" (BA1, Absatz 5).

- Unterschiede und Besonderheiten der einzelnen sexuellen Orientierungen und deren Lebenswelten (vgl. BA1, Absatz 5; BE1, Absatz 7).
- Erkennen von selbstverletzenden Verhaltensweisen und „versteckten Botschaften" (vgl. BA1, Absatz 7; BE4 Absatz 19).
- Analyse sozialräumlicher Strukturen zur Identifikation von „safe spaces" (vgl. BE1, Absatz 13).
- Kulturelle Besonderheiten und Einstellungen anderer Kulturen zum Thema Sexualität/sexuelle Orientierung (vgl. BE2, Absatz 31).
- Entwicklungspsychologische Grundlagen insbesondere zur Phase der Pubertät und Adoleszenz, da die sexuelle Orientierung hier zum ersten Mal von besonderer Bedeutung werden kann (vgl. BE2, Absatz 37; BE3 Absatz 13, Absatz 19).
- Wissen über die Ursprünge von internalisierter Homonegativität sowie der spezifischen Belastungen und ihre Auswirkungen (beispielsweise Minderheitenstress) (vgl. BE4, Absatz 15, Absatz 23).
- Relevanz des Coming-outs und Sichtbarkeit der Unterschiede einzelner Phasen und geschlechtlichen Selbstdefinitionen (vgl. BE3, Absatz 33).
- Intersektionale Sichtweisen und sexuelle Orientierung als Querschnittsthema in allen Arbeitsfeldern (vgl. BE4, Absatz 21; BE3, Absatz 33).
- Ablehnung und Diskriminierung im Kontext Kindeswohlgefährdung wahrnehmen, identifizieren und handeln (vgl. BE5, Absatz 27).
- Rechtliche Grundlagen insbesondere im Bereich des Allgemeinen Gleichbehandlungsgesetztes kennen, wahren und durchsetzen (vgl. BE4, Absatz 31).

Nach dieser Ergebnisdarstellung werden die Kerninhalte nun im folgenden Kapitel mit theoretischen Erkenntnissen der Arbeit kontrastiert und dahingehend interpretiert.

14 Interpretationen, Kontraste und Schlussfolgerungen

Hauptschwerpunkt dieses Kapitels bilden die Struktur- und Handlungsmaximen der Lebensweltorientierten Sozialen Arbeit nach Hans Thiersch sowie ausgewählte, professionstheoretische/methodische Überlegungen. Die theoretischen Ausführungen der ersten Hälfte dieser Arbeit rahmen diese Überlegungen. Eingeleitet wird die Interpretation durch einen Übertrag der Ergebnisse auf lebensweltorientierte Grundlagen.

14.1 Kontraste zur lebensweltorientierten Kinder- und Jugendhilfe

In besonderer Weise wurde durch die Ergebnisdarstellung nochmals vor Augen geführt, welche Bedeutung die heteronormative Sichtweise unserer Gesellschaft auch für die Soziale Arbeit einnimmt. Dieser Blickwinkel prägt die Ausgestaltung sozialarbeiterischer Interventionen massiv, auf eine objektive aber auch subjektive Weise und schränkt somit adäquate, lebensweltliche Hilfeleistungen ein. Doch eine

> „Lebensweltorientierte Soziale Arbeit agiert in der Lebenswelt, um in ihr einen gelingenderen Alltag möglich zu machen. Die spezifischen Chancen dieses Zugangs bedingen auch spezifische Grenzen. Wenn Lebenswelt nämlich die Bühne ist, auf der die Menschen vorgegebene gesellschaftliche Muster agieren, können lebensweltliche Verhältnisse nicht nur aus sich selbst bewältigt und verändert werden, sondern sind immer auch geprägt durch strukturelle Rahmenbedingungen" (Thiersch 2004, S. 23).

Diese Rahmenbedingungen gilt es im Rahmen einer affirmativen Praxis zu durchbrechen und zu verändern, um allen Adressat*innen die gleichen Leistungen zukommen lassen zu können. Wie dies aus Perspektive der Handlungs- und Strukturmaximen ermöglicht wird, wird nun ausführlich anhand der Ergebnisse dargelegt.

Prävention

Thiersch folgt in seinem Konzept der Annahme, dass sich normabweichendes Verhalten als ein Ergebnis einer Verdichtung lebensweltlicher Probleme zeigt. Dementsprechend postuliert die Maxime der Prävention, dass Angebote frühzeitig umgesetzt werden, bevor es zu einer solchen Verdichtung kommt. Dies deckt sich mit den Ergebnissen der empirischen Untersuchung. Insbesondere der Bereich der Kompetenzen aufseiten der Fachkräfte wird dahingehend tangiert, dass diese für die spezifischen Verhaltensweisen von lsb Jugendlichen sensibilisiert sein müssen. Gleichzeitig ist der Begriff der Prävention im Rahmen der medizinisch-therapeutischen Denkrichtung scheinbar nicht passend gewählt, da der Ausgangspunkt hier das Gesuch nach „Verhinderung des Schlimmsten" darstellt. Überspitzt formuliert würden einzelne Handlungsfelder der Kinder- und Jugendhilfe, wie beispielsweise Jugendarbeit, nicht unter der Maxime der Prävention subsumiert werden können, da der Aufgabenfokus hier ein anderer ist (vgl. *Thiersch* 2014, S. 28). Die Maxime der Prävention greift jedoch weiter. Es geht nicht in erster Linie darum, ein „worst case" Szenario zu verhindern, sondern ein Individuum zu befähigen, eigene Mechanismen der Lebensbewältigung zu entwickeln, bevor sich Krisen abzeichnen oder zuspitzen. Für die Arbeit mit Lesben, Schwulen und Bisexuellen untermauert dies die Aussagen, dass es innerhalb der regulären Jugendhilfe mehr Offenheit für sexuelle Vielfalt braucht um die Adressat*innen in ihrer Entwicklung und Identitätsbildung zu begleiten und zu stärken. Dies impliziert die Bedeutung des richtigen Zeitpunktes einer Intervention durch Soziale Arbeit – also weder zu früh noch zu spät (vgl. *Füssenhäuser* 2005, S. 203). Hier greifen die Erfahrungen der Adressaten, die ebenfalls bestätigen, dass der richtige Zeitpunkt einer Hilfemaßnahme unabdingbar ist, um diese positiv zu durchlaufen. In der Ausrichtung der Jugendhilfe bedeutet dies auch, einen Abbau stationärer Angebote hin zu mehr ambulanter Begleitung und Selbstbefähigung der Adressat*innen in ihrer jeweils eigenen Lebenswelt (vgl. *Füssenhäuser* 2005, S. 203 und *Thiersch* 2014, S. 29). Gleichzeitig müssen adäquate – auch stationäre – Angebote für Lesben, Schwule und Bisexuelle geschaffen werden, um den Auftrag des Schutzes des Kindeswohls erfüllen zu können, falls ein Verbleib in der Familie oder in diskriminierenden Jugendhilfestrukturen aufgrund der sexuellen Orientierung (phasenweise) nicht möglich ist. Präventive Angebote umfassen daneben auch sozialpolitische Aufgaben, insbesondere den Aufbau und die Begleitung sozialer Netzwerke zur Unterstützung vor Ort. Durch einen stärkeren lebensweltlichen Bezug Sozialer Arbeit kann auch eine Veränderung gesamtgesellschaftlicher Sichtweisen auf sexuelle Vielfalt erfolgen, was zu einer Gleichstellung und Normalisierung beiträgt. Insbesondere der Aufbau von Netzwerken und Strukturen vor Ort schlägt sich in der Maxime der Regionalisierung und Dezentralisierung vertiefend nieder, weshalb die Ergebnisse im nächsten Teil verdichtet eingearbeitet werden.

Regionalisierung/Dezentralisierung

Regionalisierung zielt auf eine kooperative Jugendhilfe ab. Dies bedeutet, dass Träger, Einrichtungen und Schnittstellen zu anderen Behörden erreichbar sind und kooperativ zusammenarbeiten. Das KJHG besitzt als gesetzliche Grundlage jedoch in der derzeitigen Fassung nicht die Kraft, dies zu strukturieren. Daher impliziert eine lebensweltorientierte Jugendhilfe, die notwendige Kompetenz Sozialer Arbeit dezentralisiert zu denken und sich selbst zu organisieren – insbesondere im Bereich der Selbsthilfe und Netzwerkarbeit (vgl. *Thiersch* 2014, S. 29). Auch hier können Parallelen zu den Ergebnissen gezogen werden. Mehrfach wurde der Aspekt der Verweisungs- und Netzwerkkompetenz aufgegriffen, die von den Fachkräften bedient werden muss. Dies bedeutet, dass sich Sozialarbeiter*innen über bestehende Strukturen hinsichtlich der Arbeit mit Lesben, Schwulen und Bisexuellen im Sozialraum informieren müssen und ggf. Adressat*innen dorthin vermitteln bzw. begleiten. *Füssenhäuser* postuliert in Anlehnung an Thiersch, dass sich in der Dezentralisierung die Gefahr der „Vergrößerung bestehender regionaler Unterschiede“ manifestiert (vgl. 2005, S. 204). Daher werden weitere, verbindliche Standards der Qualitätssicherung und kooperativer Arbeitsformen im Rahmen dieser Maxime benötigt. Auch im Bereich sexueller Vielfalt wurde deutlich, dass es massive Unterschiede zwischen ländlichen und städtischen Gegenden gibt. Aus dieser Betrachtung heraus wäre es dringend erforderlich, Bedarfe sexueller Minderheiten in die Jugendhilfeplanung vor Ort mit einzubeziehen.

Alltagsorientierung

Die Maxime der Alltagsorientierung wird von Thiersch in drei differenzierten Dimensionen abgebildet. Auf der einen Seite bezieht sich die Alltagsorientierung auf niedrigschwellige und erreichbare Angebote und kann daher hinsichtlich dieser Dimension als eine Weiterführung der Dezentralisierung verstanden werden (vgl. *Füssenhäuser* 2005, S. 205). Weiter verbirgt sich hinter dieser Dimension eine Art und Weise der Ausgestaltung methodischen Handelns, da Angebote für Adressat*innen so aufgebaut sein sollen, dass Zugangsbarrieren abgebaut und die Angebote durch Nutzer*innen gleichzeitig auch verstanden werden. Für Thiersch stellt dies die Basis Lebensweltorientierter Sozialer Arbeit dar. Die lebensweltorientierte Kinder- und Jugendhilfe greift somit den Bedarf nach Sichtbarkeit aller sexuellen Orientierungen in den Einrichtungen Sozialer Arbeit auf, die es ermöglicht, dass

Adressat*innen einen leichteren Zugang zu Hilfsangeboten finden können. Durch eine Passung der Angebote wird der Erfahrungs- und Handlungshorizont der Adressat*innen in ihrer Lebenswelt berührt. Auf der zweiten Dimension verstärkt Thiersch die aufgeworfene Forderung dahingehend, dass Angebote situationsbezogen konstruiert werden und sich der Fokus Sozialer Arbeit vom Fallbezug stärker zum Feldbezug verändert (vgl. *Füssenhäuser* 2005, S. 205). Deutlich wurde dies im Rahmen der Ergebnisse beispielhaft beim Einbezug der LSBTTIQ-Ehrenamtsstruktur in die professionelle Hilfe im Rahmen kooperativer Angebote. Ganzheitlichkeit als dritte Dimension fordert den Einbezug der Adressat*innen mit allen ihren Facetten, Bedarfen und Ressourcen – was letztlich nicht nur von einer Fachkraft bearbeitet werden kann. Soziale Arbeit hat hier eine Schlüsselfunktion hinsichtlich der disziplinären Wissensbestände. Thiersch zieht hier einen Vergleich zur Allgemeinmedizin vs. speziellen medizinischen Fachrichtungen. Dementsprechend fordert eine lebensweltorientierte Jugendhilfe die Möglichkeit, neben allgemein ausgebildeten Fachkräften auch Fachkräfte mit Expert*innenstatus diverser Problemlagen in kooperativer, ergänzender jedoch nicht ersetzender Arbeitsweise einzusetzen und zu vernetzen (vgl. *Thiersch* 2014, S. 30).

Integration

Soziale Arbeit soll im Sinne der Integration nicht zwischen Personengruppen differenzieren, die bereits in ihrer Zuständigkeit liegen beziehungsweise nicht liegen, da Soziale Arbeit „integrativ orientiert" (BMFSFJ 1990, S. 88) ist. Angebote sollen so gestaltet werden, dass exkludierte Personengruppen durch sie ebenso angesprochen werden, wie auch in der Gesellschaft inkludierte (vgl. Füssenhäuser 2005, S. 206). Dementsprechend sollen keine „Sondereinrichtungen" für einzelne Risikogruppen konstruiert werden. Gleichzeitig zeigte sich, dass es im Rahmen sicherer Räume für Lesben, Schwule und Bisexuelle genau solche Institutionen braucht, da die heteronormative Gesellschaftsstruktur nicht von heute auf morgen modifizierbar ist. Allerdings sollen, dürfen und müssen sich diese spezifischen Einrichtungen nicht von der regulären Kinder- und Jugendhilfe abkapseln, sondern kooperativ arbeiten, um langfristig eine Veränderung heteronormativer Denkmuster zu erzielen.

Partizipation

Die fünfte Maxime einer Lebensweltorientierten Sozialen Arbeit ist in ihrer begrifflichen Fassung fast schon irreführend. Thiersch geht es hierbei neben partizipativen Ansätzen primär um Kooperation mit Adressat*innen Sozialer Arbeit respektive Kinder- und Jugendhilfe. Dies wird besonders in der Formulierung des § 36 SGB VIII deutlich, der explizit die Mitbestimmung und Einbeziehung der Adressat*innen zur in der Hilfeplanung benennt (vgl. *Thiersch* 2004, S. 31). Das dies nicht immer umgesetzt wurde, zeigen insbesondere die Erfahrungen von BA 1, der sich im Rahmen der erlebten Hilfen an vielen Stellen nicht „abgeholt" fühlte. Besonders im Bereich der sexuellen Orientierung scheint es daher unabdingbar, einen partizipativen Arbeitsstil zu pflegen. In diesem Zuge beleuchtet Thiersch auch das Verhältnis von Nähe und Distanz professioneller Arbeitsbeziehungen, das maßgeblich Einfluss auf den Grad der Partizipation nimmt.

Thiersch ergänzt seine Struktur- und Handlungsmaximen durch die Prinzipien der Planung, Einmischung, Vernetzung, Ganzheitlichkeit und Reflexivität; die als Querschnittskategorien der jeweiligen Maximen gedeutet werden können (vgl. *Füssenhäuser* 2005, S. 207).

Neben der Kontrastfolie der Lebensweltorientierung werden abschließend professionstheoretische Überlegungen mit den Ergebnissen verwoben, um final die anfänglich aufgestellten Forschungsfragen zu beantworten.

14.2 Kontraste und Interpretationen im Kontext professioneller Sozialer Arbeit mit nicht-heterosexuellen Jugendlichen und jungen Erwachsenen

Ein besonderes Defizit Sozialer Arbeit zeigte sich in den Umgangsweise der Fachkräfte mit eigenen heteronormativen Bildern und Strukturen. Es wurde deutlich, dass es für Sozialarbeiter*innen nicht leicht ist, diese bestehenden Muster aufzubrechen und zu hinterfragen. Ebenso zeigte sich aus Expert*innensicht, dass in Einrichtungen Sozialer Arbeit auch heute noch Desiderata Zustände hinsichtlich einer lsbttiq-affirmativen Praxis herrschen. Neben fachlichen Notwendigkeiten zeigte sich, dass bundeweit kein flächendeckendes Angebot an adäquaten Anlaufstellen vorhanden ist. Besonders der ländliche Raum ist hier im Nachteil, fokussieren sich Schwerpunkteinrichtungen doch eher auf Ballungszentren. Allerdings sind insbesondere Jugendliche und junge Erwachsene, welche nicht in der Stadt leben, auf adäquate Strukturen angewiesen. Dies impliziert die Notwendigkeit adäquater finanzieller Unterstützung durch den Staat, denn wie deutlich wurde, kämpfen viele Einrichtungen neben der Anerkennung sexueller Vielfalt auch für ein Überleben im Sinne finanzieller Sicherheit. Dies schlägt sich auch in den Mitarbeiter*innenstrukturen nieder. Häufig fehlt das Kapital zur bedarfsgerechten Versorgung der LSBTTIQ-Community – besonders dann, wenn alle Dimensionen sexueller Vielfalt mit bedacht werden sollen. Daneben konnte herausgearbeitet werden, dass die eigene Wahrnehmung der Adressat*innen auf ihre eigene Sexualität ein ausschlaggebendes Kriterium für eine fachlich adäquate Unterstützung ist. Zur Anerkennung dieser subjektiven Wirklichkeit(en) bedarf es Kompetenzen im Bereich des *(Fach-)Wissens*, des *methodischen Könnens* sowie der *eigenen Haltung*. Dabei werden Parallelen zum Modell der Handlungskompetenzen nach Hiltrud von Spiegel deutlich, die sich auf die Dimensionen „Wissen, Können und Haltung" erstrecken (vgl. *von Spiegel* 2018, S. 84 ff.) In allen Kompetenzdimensionen gilt es, die Spezifika der lsb Adressat*innen mitzudenken. Lebenswelten homo- und bisexueller Menschen sind untereinander nicht gleich – sie divergieren ebenfalls zum Teil massiv von den Lebenswelten heterosexueller Menschen. Wissensbestände, welche die Fachkräfte im Rahmen ihres Studiums oder in Weiterbildungen erwerben, sind allerdings oft von heteronormativen Bildungsprozessen gekennzeichnet. Spezifische Wissensbestände werden vielfach nicht bzw. nur rudimentär vermittelt (vgl. *Höblich* 2018, 194 f.). Besonders kritisch ist hierbei zu betrachten, dass der Aspekt der Persönlichkeitsbildung in der Bachelor-, und Masterstruktur des Studiums Soziale Arbeit mehr in den Hintergrund gerückt wurde.

> „In den neu gegründeten Hochschulstudiengängen rückte der Persönlichkeitsaspekt zugunsten einer wissenschaftlichen Qualifizierung in den Hintergrund; für die Praxis scheint er durchgängig relevant zu sein, auch wenn inzwischen die gewünschten Attribute eher nüchtern als Kompetenzen beschrieben werden" (*Schellberg/Meyer* 1998, *Kernig et al.* 2011, zitiert nach *von Spiegel* 2018, S. 72).

Damit kann ein Fehlen von Sensibilität hinsichtlich dieser Lebenswelten einhergehen, was die Notwendigkeit der beschriebenen Praxismodifikationen in Studium und Ausbildung stärkt und untermauert. Gleichzeitig bedarf es einer Veränderung in der Haltung der Fachkräfte selbst. *Perels* (vgl. 2006, S. 56 f.) formulierte hierzu, dass viele Fachkräfte Sorge haben, selbst mit Homosexualität in Verbindung gebracht bzw. selbst geoutet zu werden und hier auch Statusängste aktiviert werden können. Nach *Höblich* (vgl. 2018, S. 194) ist Sexualität insgesamt auch weiterhin ein Tabuthema Sozialer Arbeit. Im Sinne eigener berufsethischer Vorstellungen,

> „[...] kann das Gleichheits- und Neutralitätspostulat als Schutzfunktion für die Fachkräfte dienen, sich nicht mit den eigenen Vorurteilen und Berührungsängsten vor dem Hintergrund der eigenen Teilzugehörigkeit zu (privilegierten) Teilpopulationen innerhalb der Gesellschaft zur Mehrheitsgesellschaft [...] auseinanderzusetzen" (*Höblich* 2018, S. 197).

Insbesondere ein Unverständnis für die Entstehung und Relevanz einer nicht-heterosexuellen Orientierung durch Sozialarbeiter*innen kann als Mikrobeleidigung und Mikroentwertung der sexuellen Orientierung gedeutet werden. Dieser unbewusste Vorgang kann nach Höblich auf die eigene pädagogische Praxis von Fachkräften projiziert werden, wie dies auch im Falle des Adressaten BA 2 deutlich wurde (vgl. *Höblich* 2018, S. 198 f.). In Folge solcher mikroagressiven, Großteils unbewussten Praxisgestaltung können Arbeitsbeziehungen beeinträchtigt werden, was angemessene Prozesse sozialarbeiterischer Hilfe stört.

Um dieser Problematik entgegenzuwirken, müssen sich Praxiseinrichtungen offener und sichtbarer für alle Menschen innerhalb der LSBTTIQ-Community öffnen und auch die Kirche (insbesondere die katholische Kirche) ihre Haltung und Sexualmoral gegenüber gleichgeschlechtlicher Lieber verändern. *Baer und Fischer* (vgl. insg. 2019) konnten in einer empirischen Untersuchung aufzeigen, dass lesbische, schwule und bisexuelle Fachkräfte in ihrer Authentizität eingeschränkt werden oder aus Angst vor Sanktionen nicht offen mit ihrer sexuellen Orientierung umgehen können. Dieses Dilemma ergänzt die Überlegungen von Höblich und Perels dahingehend, dass die Ressource der eigenen sexuellen Orientierung in der sozialarbeiterischen Praxis häufig zwar vorhanden ist, auf sie jedoch aus unterschiedlichen Gründen nicht zurückgegriffen werden kann. Es konnte unabhängig davon herausgearbeitet werden, dass es spezifische Kompetenzen benötigt, um zielgerichtet sozialarbeiterisch tätig zu werden. Insbesondere dann, wenn sich Sozialarbeiter*innen selbst als heterosexuell definieren, müssen sich diese zwingend ein Kompetenzportfolio aneignen, wie es bei nicht-heterosexuellen Fachkräften durch die eigenen Erfahrungen zumindest in Grundzügen eher vorhanden sein kann.

Im Kontext einer professionellen Praxis spielt hierbei das Konzept der Regenbogenkompetenz eine tragende Rolle. Die notwendigen identifizierten Kompetenzbereiche sind deckungsgleich mit dem Konstrukt, das von Ulrike Schmauch geprägt wurde. Gleichzeitig lassen sich die vier Kompetenzdimensionen nach Schmauch durch die Ergebnisse differenzierter darstellten und erweitern. Die Expert*innen als auch die Adressat*innen hoben insbesondere die Netzwerk- und Verweisungskompetenz in den Vordergrund, besonders dann, wenn andere Kompetenzdimensionen für eine affirmative Praxis nicht ausreichen. Dies zu erkennen und dementsprechend zu handeln, schließt an die Fähigkeit der Selbstreflexion nach Schmauch an, die auch zur Identifikation, Verringerung und Vermeidung von eigenen Mikroagressionen im beruflichen Alltag nötig ist.

Final werden nun die wesentlichen Kerninhalte zusammengefasst dargestellt und diskutiert, um die Forschungsfragen zu beantworten. Abschließend werden weitere Forschungsbedarfe aufgezeigt.

15 Zusammenfassung, Diskussion und Fazit auf dem Weg zu einer affirmativen Praxisgestaltung

Im Rahmen einer abschließenden Betrachtung zeigt sich, dass die aufgestellten Forschungsfragen eng miteinander verwoben sind und aufgrund dessen eine summative Beantwortung sinnvoll erscheint. Dabei sollen die Zusammenhänge verdeutlicht werden, um die tatsächliche Bedeutung sexueller Orientierung in der Praxis mit Jugendlichen und jungen Erwachsenen reflektieren zu können.

1. Welche Bedeutung wird der sexuellen Orientierung in der Praxis Sozialer Arbeit mit Jugendlichen und jungen Erwachsenen tatsächlich zugemessen?
2. Welche Auswirkungen hat eine Nichtbeachtung der sexuellen Orientierung auf die Ausgestaltung von Hilfeprozessen mit Jugendlichen und jungen Erwachsenen?
3. Wie muss sich die Soziale Arbeit in Profession und Disziplin verändern, um den Beschluss der BAGLJÄ adäquat umzusetzen?

Wie dargelegt werden konnte, wird der sexuellen Orientierung im theoretischen Fachdiskurs der Sozialen Arbeit in Studien, Arbeitsgremien und der Praxis ein hoher Stellenwert beigemessen. Sie alle vereinen die basale Betrachtung, dass die sexuelle Orientierung tief in den Persönlichkeitsstrukturen, der Identität des Menschen verwurzelt ist und somit einen nicht zu vernachlässigenden Teil der Persönlichkeit der Adressat*innen Sozialer Arbeit darstellt. Sie kann entsprechend für die Adressat*innen von sehr großer Bedeutung und ihre Berücksichtigung maßgeblich für den Erfolg oder Misserfolg einer Hilfe verantwortlich sein. Um dies zu gewährleisten, muss bereits im Kindesalter ein positiver Umgang mit der Thematik fest verankert werden, um so präventiv Krisen im Jugendalter vorzubeugen.

Tatsächlich findet sie in der Praxis, wenn überhaupt, je nach Kontext und den darin agierenden Fachkräften Berücksichtigung. Mangelnde Sensibilität, unzureichende Fachkompetenzen, fehlende Materialien, strukturelle Defizite oder gar eine persönlich negative Einstellung/Haltung zur Thematik konnten als Desiderate gegenwärtiger Praxis ausgemacht werden. Es zeigt sich hierbei, dass der in der Einleitung beschriebene Beschluss der Bundesarbeitsgemeinschaft der Landesjugendämter somit in der Praxis noch nicht annährend umgesetzt wurde. Besonders deutlich wird dies anhand der heteronormativen Sichtweisen der Fachkräfte, mangelnden Praxismethoden sowie der nicht flächendeckend vorhandenen sozialarbeiterischen Infrastruktur für Lesben, Schwule und Bisexuelle. Genau hier liegen auch für den weiteren wissenschaftlichen Diskurs Perspektiven und Bedarfe. Zum einen müssen die Fachkräfte, die mit lsb Jugendlichen und jungen Erwachsenen arbeiten, stärker in den Fokus der empirischen Praxis rücken und die Arbeitsbündnisse betrachtet werden. Es sind differenzierte Studien nötigt, um aufzuzeigen, wie sich heteronormative Sichtweisen auf einzelne Personengruppen auswirken und wie sich alle Dimensionen sexueller Vielfalt hierbei unterscheiden. Insbesondere lesbische Lebenswelten und Zusammenhänge zwischen Kindeswohl und sexueller Orientierung sind aus Sicht der Autoren unzureichend beforscht und werden zu oft mit schwulen Lebenswelten gleichgesetzt, dabei divergieren die Bedarfe massiv voneinander. Auch eine stärkere Berücksichtigung weiterer sexueller Orientierungen, wie Pansexualität oder Asexualtität, müssen verstärkt in den Fokus der Wissenschaft rücken. Nur so können adäquate Methoden entwickelt und bedarfsgerechte Einrichtungen geschaffen werden. Hierbei muss sich die Soziale Arbeit stärker mit der LSBTTIQ-Community vernetzen, um dem Anspruch „redet nicht über uns, redet mit uns" gerecht zu werden. Es zeigte sich anhand der Expert*inneninterviews das besonders intersektionale Sichtweisen unterrepräsentiert sind. Aus dieser Betrachtung heraus muss mehr Forschung mit der Adressat*innengruppe stattfinden und nicht nur über die Adressat*innengruppe.

Für die vorliegende Untersuchung zeigte sich, dass ein rekonstruktives Vorgehen in der Datenauswertung möglicherweise noch ertragreicher gewesen wäre, insbesondere um die subjektive Bedeutung und die gemachten Erfahrungen sowie bisherige Bewältigungsstrategien zu identifizieren. Gleichzeitig wird hier auch ein Problembereich ersichtlich, der auch dieser Arbeit zugrunde liegt. Es zeigte sich, dass der Feldzugang zur Zielgruppe, trotz eigener Netzwerke, nur schwer zu gestalten war, weswegen nur zwei Adressaten einbezogen werden konnten. Eine rekonstruktive Auswertung wäre daher wenig zielführend, bedarf es dazu doch der Sichtweisen aller Personengruppen.

Die Adressat*innen als Ko-Produzenten Sozialer Arbeit in der Praxis miteinzubeziehen und die Anamnese nach ihren Bedürfnissen auszurichten sollte grundlegend sein und im Fokus stehen. Erst die ganzheitliche Betrachtung, Berücksichtigung und Wertschätzung der Adressat*innen legt den Grundstein für eine gelingende Hilfe, welche nicht exklusiv konstruiert werden darf. Dies meint auch eine inklusive Praxis, in der alle Dimensionen sexueller

Vielfalt aufeinandertreffen und sich gegenseitig wahrnehmen können. Hierbei dürfen Schutzräume nicht außer Acht gelassen werden, welche nicht-heterosexuellen jungen Menschen die Chance geben, sich auszuprobieren und erste Erfahrungen zu sammeln. Dies lässt sich in Teilen bereits durch die Schaffung einer „Willkommenskultur" jenseits einer „heteronormativen Blase" ermöglichen, indem beispielsweise in der Gestaltung von Flyern und Plakaten Vielfalt gezeigt wird. Eine weitere Möglichkeit wäre der Einsatz von spezifisch für diese Thematik beauftragten Mitarbeiter*innen, welche als erste Ansprechpersonen dienen (können). Dies sollte jedoch nicht aus Prestige,- und/oder Wettbewerbsgründen erfolgen, sondern aus einer fachlichen Überzeugung heraus. Zu bedenken gilt es die Einflussfaktoren der Umwelt und den daraus resultierenden Widerständen, wie auch den persönlichen Stand des Individuums in seiner Identitätsentwicklung. Hierbei bedarf es an Kompetenzen aufseiten der Sozialarbeiter*innen, die sich auf die Dimensionen Wissen, Können und Haltung erstrecken. Ob und wie die sexuelle Identität für die Person von Bedeutung ist und inwiefern sie diese bearbeiten möchte, bleibt dabei immer der Person selbst überlassen und sollte demnach in einem partizipativen, vertrauensvollen Prozess Eingang in die sozialpädagogische Fallarbeit finden.

Allerdings betrifft dies nicht nur die einzelnen Fachkräfte selbst, sondern auch die Einrichtungen respektive der Trägerstruktur. Eine Fachkraft kann zwar für die Thematik sensibilisiert sein, dies in einem „toxischen" Einrichtungsumfeld jedoch möglicherweise nicht umsetzen. Demnach müssen Veränderungsprozesse hinsichtlich der Haltung gegenüber sexueller Vielfalt auch auf übergeordneter Ebene stattfinden. Beispielhaft kann hier die Sexualmoral der katholischen Kirche aufgeführt werden oder auch das heteronormativ ausgerichtete Kirchenrecht, welches die Gleichwertigkeit homo-/bisexueller und heterosexueller Lebenswelten nicht zulässt. Hier sind sensibilisierte Fachkräfte aufgefordert, bei Missständen aktiv zu werden und beispielsweise den DBSH oder auch Gleichstellungsbeauftragte einzuschalten. Eine weitere Anlaufstelle für solche Problembereiche können auch community-spezifische Einrichtungen in der Region oder die Antidiskriminierungsstellen/Büros der jeweiligen Stadt/Kommune sein, die hierzu beratend tätig werden können. Letztlich gilt es perspektivisch, dass Allgemeine Gleichbehandlungsgesetz auch im Bereich des Kirchenrechts fest zu verankern und partizipativ mit unterschiedlichen Einrichtungen zusammenzuarbeiten.

Die Vernachlässigung der persönlichen Relevanz und sozialräumlicher Einflüsse in Bezug auf die Adressat*innen Sozialer Arbeit, kann zu ungeeigneten oder mangelhaften Hilfeplanungen und somit negativeren Hilfeverläufen führen. Dieser Ausgangspunkt kann schon zu Beginn der Hilfe zum Scheitern dieser führen oder zumindest für schwierige Startbedingungen sorgen. Dies im Nachhinein aufzufangen verbraucht unnötigerweise weitere Ressourcen, wie Zeit, Geld durch intensivere Maßnahmen oder weitere Unterstützung zu einem späteren Zeitpunkt, und widerspricht somit dem notwendigen aktuellen Legitimierungstrend, der Ökonomisierung der Sozialen Arbeit. Mögliche Praxismodifikationen, insbesondere aus Perspektive der Jugendhilfe liefern hierfür die Kontraste der jeweiligen Struktur- und Handlungsmaximen. Die ungünstigen Startbedingungen und die möglicherweise ablehnende Haltung der Adressat*innen gegenüber den Fachkräften der Sozialen Arbeit können auch zu Brüchen in der Biografie der Adressat*innen führen, wie Schulabbruch, Arbeitsplatzverlust, Beziehungsabbrüche, aus denen Existenzängste resultieren können. Eine veränderte Sichtweise, mehr Offenheit und Sichtbarkeit sexueller Vielfalt in der Praxis Sozialer Arbeit kann solchen negativen Folgen entgegenwirken.

Hieran schließt auch an, dass Jugendliche nicht zu einem Outing genötigt werden dürfen, wenn dies der ausschlaggebende Punkt zur Gewährung einer Hilfe ist. Es muss ein vertrauensvolles Verhältnis zwischen Professionellen und Adressat*innen hergestellt werden und möglich sein, dass die sexuelle Orientierung bei Bedarf nur einzelnen Fachkräften bekannt ist. Dem entgegen steht die häufig hohe Fluktuationsrate von Mitarbeiter*innen, welche dazu führt, dass Übergaben nicht adäquat geregelt sind, es zu „Wissensverlust" kommt und Adressat*innen „genötigt" werden, ihre Bedarfe und Themen immer wieder zu schildern.

Die sexuelle Orientierung darf nicht als das Problem gesehen werden, sondern die Umstände und das Umfeld in dem sich die Adressat*innen bewegen. Im Zuge empirischer Forschung müssen hier differenziertere Darstellungen hinsichtlich der unterschiedlichen Lebenswelten und Verläufe von Biografien erfolgen, die nicht aus der Perspektive heteronormativer Theoriebildung zu analysieren sind. Daher müssen grundlagentheoretische Aspekte, wie beispielsweise das Konzept der Entwicklungsaufgaben, auch hinsichtlich sexueller Vielfalt modifiziert und in die heutige Zeit übertragen werden. Aus Nichtbeachtung können Folgen, wie Selbstwerteinbußen, Exklusion aus der Mehrheitsgesellschaft, psychische Erkrankungen, usw. resultieren bzw. sind diese aufgrund fehlender theoretischer Hintergründe nicht zu identifizieren. Dabei dürfen nicht nur negativ diskriminierende Faktoren berücksichtigt werden, sondern auch positive Diskriminierung muss in den Fokus rücken.

Die Nicht-Berücksichtigung der sexuellen Orientierung und ihrer negativen Auswirkungen sind sehr vielfältig und können von einer grundsätzlichen Ablehnung der Sozialarbeiter*innen bis hin zu einer Verschlechterung der psychischen Situation der hilfesuchenden Person führen. Im schlimmsten

Fall kann eine Internalisierung von Homonegativität gefördert werden, die bis zum Suizid des betroffenen Menschen reichen kann. Insbesondere im Jugendalter und jungen Erwachsenenalter ist hier eine besondere Sensibilität gefordert, da, wie aufgezeigt werden konnte, diese Lebensphase für die Entwicklung einer gesunden, positiven Identität besonders relevant ist und zu diesem Zeitpunkt viele Grundsteine für den weiteren Lebensweg gelegt werden.

Insbesondere der Prozess des Coming-outs mit seinen jeweiligen Phasen muss stärker beachtet und Adressat*innen differenziert betrachtet werden. Fachkräfte Sozialer Arbeit müssen hier dringend stärker sensibilisiert und gebildet werden, daher ist eine verpflichtende Verankerung in den Curricula der Studiengänge Sozialer Arbeit längst überfällig.

Gleichzeitig wurde auch deutlich, dass insbesondere Jugendliche einen hohen Bedarf an Gesprächen mit „Gleichgesinnten" haben, welche beispielsweise in die Szene begleiten und als Vorbilder fungieren. Hierbei sind Sozialarbeiter*innen gefordert, ihre eigene Umgangsweise mit der sexuellen Orientierung zu reflektieren und einen positiven Umgang damit aufzubauen, um auch als Vorbild wahrgenommen werden zu können. Aus finanziellen/personellen Gründen ist dies allerdings häufig nicht leistbar, weshalb es einer stärkeren Professionalisierung und einem Ausbau von Ehrenamtsstrukturen bedarf. Aufgrund der finanziellen Knappheit, welche auch von den Expert*innen formuliert wurde, greifen Einrichtungen häufig auf Ehrenamtliche zurück, um die Bedarfe zu decken.

Für die Gesellschaft bedeuten die negativen Folgen einen Verlust oder die Behinderung eines ihrer Mitglieder. Aufseiten des Staates ist dies eine Menschenrechtsverletzung, da die Würde jedes einzelnen Menschen nicht gewahrt werden konnte und somit die Grundsätze unserer Demokratie angegriffen und bedroht werden. Zugleich bedeutet dies ein Scheitern der Sozialen Arbeit in all ihren drei Mandaten und ein Scheitern der Sozialen Arbeit als Menschenrechtsprofession. Soziale Arbeit hat hier insbesondere auch ein politisches Mandat bezogen auf die Anerkennung und Gleichbehandlung aller Menschen, egal welcher sexueller Orientierung diese sich angehörig fühlen. Dies kann in einem weiteren Schritt zur Enttabuisierung der Thematik beitragen.

Sexuelle Vielfalt muss endlich in ihrer Wichtigkeit und Relevanz wahrgenommen und vorangegangene Anstöße auch nachhaltig umgesetzt werden. Hierbei gilt es diese nicht isoliert, sondern als Querschnittsthema über alle Lebensbereiche hinweg wahrzunehmen. Intersektionale Sichtweisen sind hierbei unabdingbar und aktuell im Bereich der empirischen Forschung nur unzureichend differenziert dargestellt. Für die umfassende Umsetzung der notwendigen Schritte haben der Staat, die Gesellschaft, sämtliche sozialen Fachverbände, Institutionen und jede Einrichtung Sozialer Arbeit, wie auch jede einzelne Fachkraft der Sozialen Arbeit Sorge zu tragen.

Literatur

AGG: Allgemeines Gleichbehandlungsgesetz vom 14. August 2006 (BGBl. I S. 1897), das zuletzt durch Artikel 8 des Gesetzes vom 3. April 2013 (BGBl. I S. 610) geändert worden ist.

Amelung, Till (2017): Moderne Hexenjagd gegen Diskriminierung. Eine kritische Auseinandersetzung mit „Definitionsmacht". In: l'Amour laLove, Patsy (Hrsg.): Beißreflexe. Kritik an queerem Aktivismus, autoritären Sehnsüchten, Sprechverboten. Berlin: Querverlag. S. 89–103.

Antidiskriminierungsstelle des Bundes (2017): Einstellungen gegenüber Lesben, Schwulen und Bisexuellen in Deutschland. Ergebnisse einer bevölkerungsrepräsentativen Umfrage. Online im Internet: https://www.antidiskriminierungsstelle.de/SharedDocs/Downloads/DE/publikationen/Umfragen/Handout_Themenjahrumfrage_2017.pdf%3F__blob%3DpublicationFile%26v%3D3 – Abruf am 26.10.2019.

Appleby, Goerge Alan/Anastas, Jeane (1998): Not Just a Passing Phase. Social Work with Gay, Lesbian, and Bisexual People. New York: Columbia University Press.

Argüello, Tyler (2019): Queer Social Work. Cases for LGBTQ+ Affirmative Practice. New York: Columbia University Press.

ÄrzteZeitung online (2019): Junge oder Mädchen? Geschlecht Neugeborener kann offenbleiben. Online im Internet: https://www.aerztezeitung.de/Panorama/Geschlecht-Neugeborener-kann-offen-bleiben-267035.html – Abruf am 03.11.2019.

Auswärtiges Amt (2019): Schutz von Homo-, Bi-, Trans- und Intersexuellen („LGBTI-Rechte"). Online im Internet: https://www.auswaertiges-amt.de/de/aussenpolitik/themen/menschenrechte/07-lgbti – Abruf am 15.09.2020.

Axster, Lilly/Aebi, Christine (2018): „DAS machen?". Herausforderungen eines anti-normativen Bilderbuchs zu Sexualität und Identität mit Arbeitsmaterialien für den Unterricht. In: Arzt, Silvia/Brunnauer, Cornelia/Schartner, Bianca (Hrsg.): Sexualität, Macht und Gewalt. Anstöße für die sexualpädagogische Arbeit mit Kindern und Jugendlichen. Wiesbaden: Springer Fachmedien. S. 51–75.

Bachmann, Anne (2013): Lebenssituationen und Diskriminierungserfahrungen schwuler und bisexueller Männer. Senatsverwaltung für Arbeit, Integration und Frauen, Landesstelle für Gleichbehandlung – gegen Diskriminierung (Hrsg.).

Baer, Steffen/Fischer, Marc (2019): Zum Umgang mit der eigenen nicht-heterosexuellen Orientierung in der Profession Sozialer Arbeit. Eine mixed-methods Studie mit der Zielgruppe lesbischer, schwuler und bisexueller Sozialarbeiter*innen. Münster: Fachhochschule Münster.

Bager, Katharina/Göttsche, Anna Lena (2015): Rechtliche Konflikte im Zusammenhang mit minderjährigen Inter*- und Trans*Personen. In: Schmidt, Friederike et al. (Hrsg.): Selbstbestimmung und Anerkennung sexueller und geschlechtlicher Vielfalt. Springer Fachmedien: Wiesbaden. S. 119–141.

Bailey, Michael/Zucker, Kenneth (1995): Childhood sex-typed behavior and sexual orientation: A conceptual analysis and quantitative review. Vol. 31 (1), S. 43–55.

Barranti, Ramirez (1995): „Lesbian Overview". In: Edwards, Richard L. (Hrsg.): Encyclopedia of Social Work. 19. Auflage. National Association of Social Workers Press: Washington D.C. S. 1591–1596.

Bauer, Thomas/Höcker, Bertold/Homolka, Walter/Mertes, Klaus (2013): Religion und Homosexualität. Aktuelle Positionen. Göttingen: Wallstein.

Becker-Lenz, Roland/Busse, Stefan/Ehlert, Gudrun/Müller-Hermann, Silke (2013): Einleitung: „Was bedeutet Professionalität in der Sozialen Arbeit?“. In: Becker-Lenz, Roland/ Busse, Stefan/Ehlert, Gudrun/Müller-Hermann, Silke (Hrsg.): Professionalität in der Sozialen Arbeit. Standpunkte, Kontroversen, Perspektiven. 3., durchgesehene Auflage. Wiesbaden: Springer VS. S. 11–22.

Beckmann, Lisa (2012): Gruppenbezogene Menschenfeindlichkeit in Sachsen. Online im Internet: https://www.google.de/url?sa=t&rct=j&q=&esrc=s&source=web&cd=1&cad=rja&uact=8&ved=2ahUKEwiLgqzokoXlAhUB3KQKHQpZB5sQFjAAegQIABAC&url=https%3A%2F%2Fwww.lpr.sachsen.de%2Fdownload%2Flandespraeventionsrat%2FExpertise_GMF-SN_2008-2011.pdf&usg=AOvVaw2ERnrSw3Hmw2BBOD2Lh4PT – Abruf am 13.08.2020.

Bell, Robert R. (1981): Friendship of Women and of Men. In: Psychology of Woman Quarterly. Vol. 5/3. S. 402–417.

Belling, Pascal/Bolter, Flora/Dankmeijer, Peter/Enders, Martin/Graglia, Margherita/Kraan, Karen/Timmermanns, Stefan/Wilhelm, Wolfgang (2004): Homophobie und „Homonegativität“. In Ministerium für Gesundheit, Soziales, Frauen und Familie des Landes Nordrhein-Westfalen (Hrsg.): Mit Vielfalt umgehen. Sexuelle Orientierung und Diversity in Erziehung und Beratung. Düsseldorf: Ministerium für Gesundheit, Soziales, Frauen und Familie des Landes NRW.

Bem, Daryl J. (1996): Exotic becomes erotic: A developmental theory of sexual orientation. In: Psychological Review, Vol. 103 (2). S. 320–335.

Bergmann, Franziska/Schössler, Franziska/Schreck, Bettina (2012): Sex und Gender. In: Bergmann, Franziska/Schössler, Franziska/Schreck, Bettina (Hrsg.): Gender Studies. Bielefeld: transcript. S. 10–11.

Berlant, Lauren/Wagner, Michael (2005): Sex in der Öffentlichkeit. In: Haase, Matthias/ Siegel, Marc/Wünsch, Michaela (Hrsg.): Outside. Die Politik queerer Räume. Berlin: b-books. S. 77–103.

Bernzen, Christian/Bruder Anna-Maria (2018): Rechtliche Grundlagen der Kinder- und Jugendhilfe. In: Böllert, Karin (Hrsg.): Kompendium Kinder- und Jugendhilfe. Springer VS: Wiesbaden. S. 131–164.

Biechele, Ulrich (2009): Identitätsentwicklung schwuler Jugendlicher – Eine Befragung deutschsprachiger junger Schwuler in der schwulen Szene sowie Internet. Dudweiler: Südwestdeutscher Verlag für Hochschulschriften Aktiengesellschaft & Co. KG.

Bode, Heidrun/Heßling, Angelika (2015): Jugendsexualität 2015. Die Perspektive der 14- bis 25-Jährigen. Ergebnisse einer aktuellen Repräsentativen Wiederholungsbefragung. Köln: Bundeszentrale für gesundheitliche Aufklärung (BZgA).

Böhnisch, Lothar (2013): Männliche Sozialisation. Eine Einführung. Weinheim und Basel: Beltz Juventa.

Böhnisch, Lothar (2012): Sozialpädagogik der Lebensalter. Eine Einführung. 6., überarbeitete Auflage. Weinheim und Basel: Beltz Juventa.

Braun, Andrea/Graßhoff, Gunther/Schweppe, Cornelia (2011): Sozialpädagogische Fallarbeit. München/Basel: Ernst Reinhardt.

Brückner, Margret (2001): Gender als Strukturkategorie & ihre Bedeutung für die Sozialarbeit. In: Gruber, Christine/Förschl, Elfriede: Gender Aspekte in der Sozialen Arbeit. Wien: Czernin Verlag GmbH. S. 15–21.

Bundesagentür für Arbeit (2019): Beschäftige nach Berufen – Deutschland, West/Ost und Länder (Quartalszahlen) – September 2018. Online im Internet: https://statistik.arbeitsagentur.de/nn_31966/SiteGlobals/Forms/Rubrikensuche/Rubrikensuche_Form.html?view=processForm&resourceId=210368&input_=&pageLocale=de&topicId=746716&year_month=201809&year_month.GROUP=1&search=Suchen – Abruf am 01.08.2020.

Bundesarbeitsgemeinschaft der Freien Wohlfahrtspflege (BAGFW) (2018): Gesamtstatistik 2016. Einrichtungen und Dienste der Freien Wohlfahrtspflege. Online im Internet: https://www.bagfw.de/fileadmin/user_upload/Veroeffentlichungen/Publikationen/Statistik/BAGFW_Gesamtstatistik_2016.pdf – Abruf am 22.06.2019.

Bundesarbeitsgemeinschaft der Landesjugendämter (BAGLJÄ) (2003): „Sexuelle Orientierung ist ein relevantes Thema der Jugendhilfe". Online im Internet: http://www.bagljae.de/downloads/089_sexuelle-orientierung_2003.pdf – Abruf am 18.09.2019.

Bundesministerium für Frauen und Jugend (BMFSFD) (1990): 8. Jugendbericht. Deutsches Jugendinstitut: Bonn.

Bundesrat (2019): Beschluss des Bundesrates. Entschließung des Bundesrates – Akzeptanz und Wertschätzung statt Pathologisierung und Diskriminierung: Menschen in ihrer sexuellen Orientierung und geschlechtlichen Identität stärken – „Konversionstherapien" verbieten. Drucksache 161/19. Online im Internet unter: https://www.bundesrat.de/SharedDocs/drucksachen/2019/0101-0200/161-19(B).pdf;jsessionid=7FDADF48FE8AA2B258F71EEBC37A0778.1_cid339?__blob=publicationFile&v=1. – Abruf am 01.07.2020.

Bundeszentrale für politische Bildung (bpb) (2012): Von der Ungleichwertigkeit zur Ungleichheit: Gruppenbezogene Menschenfeindlichkeit. Online im Internet: http://www.bpb.de/apuz/130404/von-der-ungleichwertigkeit-zur-ungleichheit-gruppenbezogene-menschenfeindlichkeit?p=0 – Abruf am 10.08.2020.

Bundeszentrale für politische Bildung (bpb) (2018): Migration und Diversity. Online im Internet: https://www.bpb.de/gesellschaft/migration/dossier-migration/223777/diversity – Abruf am 10.08.2020.

Buselmaier, Werner (2009): Biologie für Mediziner. 11., völlig neubearbeitete Auflage. Heidelberg: Springer Medizin.

Butler, Judith (1993): Bodies that matter. On the discoursive limits of „sex". New York/London: Routledge.

Carver, Priscilla R./Egan, Susan K./Perry, David G. (2004): Children Who Question Theirs Heterosexuality. In: Developmental Psychology 40(1). S. 43–53.

Cass, Vivienne (1979): Homosexual Identity Formation. In: Journal of Homosexuality. 4:3. S. 219–235.

Corpus (2010): I am a Tomboy. In: Nadal, Kevin L. (Hrsg.): Filipino American Psychology: A collection of personal narratives. Auther House: Bloomington. S. 187–192.

Crisp, Catherine (2006): The Gay Affirmative Practice Scale (GAP): A New Measure for Assessing Cultural Competence with Gay and Lesbian Clients. In: Social Work. Vol. 51 Nr. 2. S. 115–126.

Crisp, Catherine/McCave, Emily L. (2007): Gay Affirmative Practice: A Model for Social Work Practice with Gay, Lesbian and Bisexual Youth. In: Child and Adolescent Social Work Journal 24,4, S. 5–29.

Czollek, Leah Carola/Perko, Gudrun/Weinbach, Heike (2009): Lehrbuch Gender und Queer. Grundlagen, Methoden und Praxisfelder. Weinheim und München: Juventa.

DeSouza, Eros/Ispas, Dan/Wesselmann, Eric D. (2017): Workplace Discrimintion against Sexual Minorities: Subtle and not-so subtle. In: Canadian Journal of Administrative Sciene. Heft 34. S. 121–132.

Deutsche Bibelgesellschaft (2017): Lutherbibel 2017. Genesis/1. Mose 1. Online im Internet https://www.die-bibel.de/bibeln/online-bibeln/lutherbibel-2017/bibeltext/. – Abruf am 06.12.2019.

Deutsche Gesellschaft für bipolare Störung e.V. (DGBS) (2017): Meet The Expert – Bewältigungsstrategien. Online im Internet: https://dgbs.de/fileadmin/user_upload/PDFs/Jahrestagung_2017/Abstracts_2017/A_Kahlert_Stress_Bewaeltigungstrategien.pdf – Abruf am 16.08.2019.

Deutscher Berufsverband für Soziale Arbeit (DBSH) e.V. (2014): Berufsethik des DBSH. Ethik und Werte. Im Internet unter: https://www.dbsh.de/fileadmin/redaktionell/pdf/Sozialpolitik/DBSH-Berufsethik-2015-02-08.pdf – Abruf am 10.07.2016.

Deutscher Berufsverband für Soziale Arbeit e.V. (DBSH) (2016): Deutschsprachige Definition Sozialer Arbeit. Online im Internet: https://www.dbsh.de/fileadmin/redaktionell/bilder/Profession/20161114_Dt_Def_Sozialer_Arbeit_FBTS_DBSH_01.pdf – Abruf am 13.09.2019, S. 2.

Deutscher Berufsverband für Soziale Arbeit e.V. (DBSH) (2019): Vielfältige Lebensformen im kulturellen und historischen Kontext. Online im Internet: https://www.dbsh.de/fileadmin/redaktionell/pdf/Sozialpolitik/2019/Vielfaeltige_Lebensformen_im_kulturellen_und_historischen_Kontext_August_2019.pdf – Abruf am 13.09.2019, S. 2.

Deutscher Bundestag (2017): Der 15. Kinder- und Jugendbericht – Bericht über die Lebenssituation junger Menschen und die Leistungen der Kinder und Jugendhilfe in Deutschland. Deutscher Bundestag, Drucksache 18/11050

Deveaux, Fred (2016): Counting the LGBT population: 6% of Europeans identify as LGBT. Online im Internet: https://daliaresearch.com/counting-the-lgbt-population-6-of-europeans-identify-as-lgbt/– Abruf am 06.08.2019.

Dewe, Bernd/Stüwe, Gerd (2016): Basiswissen Profession. Zur Aktualität und kritischen Substanz des Professionalisierungskonzeptes für die Soziale Arbeit. Weinheim und Basel: Beltz Juventa.

Dewe, Bernd (2013): Reflexive Sozialarbeit im Spannungsfeld von evidenzbasierter Praxis und demokratische Rationalität – Plädoyer für die handlungslogische Entfaltung reflexiver Professionalität. In: Becker-Lenz, Roland/Busse, Stefan/Ehlert, Gudrun/Müller-Hermann, Silke (Hrsg.): Professionalität in der Sozialen Arbeit. Standpunkte, Kontroversen, Perspektiven. 3., durchgesehene Auflage. Wiesbaden: Springer VS. S. 95–118.

Döring, Nicola (2011): Pornografie-Kompetenz: Definition und Förderung. In: Zeitschrift für Sexualforschung; Jg. 24 Heft 3. S. 228–255.

Dörr, Margret/Füssenhäuser, Cornelia (2015): Einleitung. Anmerkungen zum Konzept der Alltags- und Lebensweltorientierung. In: Dörr, Margret/Füssenhäuser, Cornelia/Schulze, Heidrun (Hrsg.): Biografie und Lebenswelt. Perspektiven einer Kritischen Sozialen Arbeit. Wiesbaden: Springer VS. S. 1–24.

Dresing, Thorsten/Pehl, Thorsten (2015): Praxisbuch Interview, Transkription & Analyse. Anleitungen und Regelsysteme für qualitativ Forschende. 6. Auflage. Marburg. Online im Internet: www.audiotranskription.de/praxisbuch – Abruf am 20.10.2019.

Duden (2019): Phobie. Online im Internet: https://www.duden.de/rechtschreibung/Phobie – Abruf am 16.10.2019.

Ecarius, Jutta/Köbel, Nils (2011): Familie. In: Otto, Hans-Uwe/Thiersch, Hans (Hrsg.): Handbuch Soziale Arbeit. 4., vollständig überarbeitete Auflage. München/Basel: Ernst Reinhardt. S. 379–386.

Eckloff, Tilman (2012): Die Geschlechtlichkeit des Menschen. Wie sexuelle Orientierung, Geschlechtsidentität und Geschlechtsrolle zusammenhängen. Saarbrücken: AV Akademikerverlag GmbH & Co. KG.

Fiedler, Peter (2004): Sexuelle Orientierung und sexuelle Abweichung: Heterosexualität – Homosexualität – Transgenderismus und Paraphilien – sexueller Missbrauch – sexuelle Gewalt. Weinheim und Basel: Beltz.

Flick, Uwe (2011): Triangulation. Eine Einführung. 3., aktualisierte Auflage. Wiesbaden: VS Verlag für Sozialwissenschaften.

Focks, Petra/Lob-Hüdepohl, Andreas (2007): Ethik geschlechterbewusster Sozialer Arbeit. In: Lob-Hüdepohl, Andreas/Lesch, Walter (Hrsg.): Ethik Sozialer Arbeit. Ein Handbuch. Paderborn/München/Wien/Zürich: Ferdinand Schönigh S. 235–258.

Freund, Alexandra M./Nikitin, Jana (2018): Junges und mittleres Erwachsenenalter. In: Schneider, Wolfang/Lindenberger, Ulman (Hrsg.): Entwicklungspsychologie. 8., vollständig überarbeitete Auflage. Weinheim und Basel: Beltz. S. 265–290.

Frohn, Dominik (2014): Homosexualität in Arbeit und Wirtschaft. In: Mildenberger, Florian/Evans, Jennifer/Lautmann, Rüdiger/Pastötter, Jakob: Was ist Homosexualität? Forschungsgeschichte, gesellschaftliche Entwicklungen und Perspektiven. Hamburg: Männerschwarm Verlag. S. 477–512.

Frohn, Dominik/Meinhold, Florian/Schmidt, Christine (2017): „Out im Office?!" – Sexuelle Identität und Geschlechtsidentität, (Anti-) Diskriminierung und Diversity am Arbeitsplatz. Köln: IDA – Institut für Diversity- & Antidiskriminierungsforschung (Hrsg.).

Füssenhäuser, Cornelia (2011): Die Identität Sozialer Arbeit in Theoriebildung und Ausbildung. In: Thiersch, H./Treptow, R. (Hrsg.): Zur Identität der Sozialen Arbeit. Positionen und Differenzen in Theorie und Praxis. neue praxis. Zeitschrift für Sozialarbeit, Sozialpädagogik und Sozialpolitik. Sonderheft 10. Lahnstein: Verlag neue praxis S. 114–117.

Füssenhäuser, Cornelia (2005): Werkgeschichte(n) der Sozialpädagogik: Klaus Mollenhauer – Hans Thiersch – Hans Uwe-Otto. Der Beitrag der ersten Generation nach 1945 zur universitären Sozialpädagogik. Baltmannsweiler: Schneider Verlag Hohengehren.

Gebauer, Guido (2016): Was ist Asexualität? Online im Internet: http://asexuell.info/2016/06/17/asexuell/ – Abruf am 03.11.2019.

Genderbread (2019): Genderbread Person v4.0. A teaching tool for breaking the big conept of gender down into bite-sized, digestible pieces. Online im Internet: https://www.genderbread.org/resource/genderbread-person-v4-0. – Abruf am 20.11.2019.

Gomolla, Mechthild (2017): Direkte und indirekte, institutionelle und strukturelle Diskriminierung – Organisationen, Legitimierbarkeit und Macht. In: Scherr, Albert/El-Mafaalani, Aladin/Yüksel, Gökçen (Hrsg.): Handbuch Diskriminierung. Wiesbaden: Springer VS. S. 148.

Gonel, Aysigi Honel (2013): Pansexual Identification in Online Communities: Employing a Collaborative Queer Method to Study Pansexuality. In: Graduate Journal of Social Science February. Vol 10, Issue 1. Online im Internet: http://www.gjss.org/sites/default/files/issues/chapters/papers/Journal-10-01--02-HaleGonel.pdf – Abruf am 22.08.2019. S. 36–59.

Göppel, Ralf (2019): Das Jugendalter. Theorien, Perspektiven und Deutungsmuster. Stuttgart: Kohlhammer.

Göth, Margret/Jäger, Angela (2018): SICHER OUT?. Geschützt vor Diskriminierung und Gewalt in der Region Rhein-Neckar? Mannheim: PLUS e.V.

Göth, Margret/Kohn, Ralph (2014): Sexuelle Orientierung in Psychotherapie und Beratung. Berlin/Heidelberg: Springer VS.

Grau, Günter (2011): Lexikon zur Homosexuellenverfolgung 1933–1945. Institutionen – Kompetenzen – Betätigungsfelder. Berlin: Lit Verlag.

Groß, Eva/Hövermann, Andreas (2013): Die Abwertung von Menschen mit Behinderung – Ein Element der Gruppenbezogenen Menschenfeindlichkeit im Fokus von Effizienzkalkülen. In: Institut für interdisziplinäre Konflikt- und Gewaltforschung (Hrsg.): Behindertenpädagogik. Vierteljahresschrift für Behindertenpädagogik in Praxis, Forschung und Lehre und Integration Behinderter 52. Universität Bielefeld. S. 117–129.

Grunwald, Klaus/Thiersch, Hans (2015): Lebensweltorientierung. In: Otto, Hans-Uwe/Thiersch, Hans (Hrsg.): Handbuch Soziale Arbeit. 5., erweiterte Auflage. München/Basel: Ernst Reinhardt. S. 934–943.

Haeberle, Erwin (1994): Bisexualitäten – Geschichte und Dimensionen eines modernen wissenschaftlichen Problems. In: Haeberle, Erwin/Gindorf, Rolf (Hrsg.). Bisexualitäten. Ideologie und Praxis des Sexualkontaktes mit beiden Geschlechtern. Stuttgart: Gustav Fischer Verlag. S. 1–39.

Hannover, Bettina/Wolter, Ilke/Zander, Lysann (2018): Entwicklung von Selbst und Identität: Die besondere Bedeutung des Jugendalters. In: Gniewosz, Burkhard/Titzmann, Peterf. (Hrsg.): Handbuch Jugend. Psychologische Sichtweisen auf Veränderungen in der Adoleszenz. Stuttgart: Kohlhammer S. 237–256.

Harmsen, Thomas (2013): Konstruktionsprinzipien gelingender Professionalität in der Sozialen Arbeit. In: Becker-Lenz, Roland/Busse, Stefan/Ehlert, Gudrun/Müller-Hermann, Silke (Hrsg.): Professionalität in der Sozialen Arbeit. Standpunkte, Kontroversen, Perspektiven, 3., durchgesehene Auflage. Wiesbaden: VS Verlag für Sozialwissenschaften. S 265–274.

Harmsen, Thomas (2014): Professionelle Identität im Bachelorstudium Soziale Arbeit. Konstruktionsprinzipien, Aneignungsformen und hochschuldidaktische Herausforderungen. Wiesbaden: Springer VS.

Hartmann, Jutta (2004). Dynamisierung in der Triade Geschlecht – Sexualität – Lebensform: dekonstruktive Perspektiven und alltägliches Veränderungshandeln in der Pädagogik. In: Timmermanns, Stefan/Tuider, Elisabeth/Sielert, Uwe (Hrsg.). Sexualpädagogik weiter denken. Postmoderne Entgrenzungen. Weinheim und München: Juventa. S. 59–78.

Hartmann, Jutta (2014): Queere Professionalität als Haltung des Infragestellens und Dynamisierens. Zur Dekonstruktion geschlechtlicher und sexueller Identität in der Sozialen Arbeit. In: sozialmagazin 3–4.2014, S. 23–29.

Hautzinger, Martin/Bailer, Maja (1993): ADS. Allgemeine Depressionsskala. Manual. Weinheim und Basel: Beltz.

Heiner, Maja (2018): Kompetent handeln in der Sozialen Arbeit, 3. Auflage. München/Basel: Ernst Reinhard.

Heitmeyer, Wilhelm (2005): Gruppenbezogene Menschenfeindlichkeit. Die theoretische Konzeption und empirische Ergebnisse aus 2002, 2003 und 2004. In: Berliner Forum Gewaltprävention Nr. 20. S. 5–20.

Herek, Gregory M. (2002): Heterosexuals attitudes toward bisexual men and women in the United States. In: Journal of sexual research. Jg.39 Nr. 4. S. 264–274.

Hill, Andreas (2010): Soziale Umwelt und sexuelle Identitätsbildung, In: Duttge, G./Engel, W./Zoll, B. (Hrsg.): Sexuelle Identität und gesellschaftliche Norm. Göttinger Schriften zum Medizinrecht. Band 10. Göttingen: Universitätsverlag. S. 37–52.

Hirschfeld, Magnus (1899): Die objektive Diagnose der Homosexualität. In: Wissenschaftlich-humanitären Comitée (Hrsg.): Jahrbuch für sexuelle Zwischenstufen unter besonderer Berücksichtigung der Homosexualität. Leipzig: Max Spohr. S. 4–35.

Hirschfeld, Magnus (1914): Die Homosexualität des Mannes und des Weibes. Berlin: Louis Marcus Verlagsbuchhandlung. Online im Internet: https://archive.org/stream/DieHomosexualittDesMannesUndDesWeibes1914#page/n7/mode/2up. – Abruf am 25.11.2019.

Höblich, Davina (2014): „Das ist doch voll schwul!" – sexuelle Orientierung und Scham in der Kinder- und Jugendhilfe. In: sozial extra. Heft 3/2014. Scham und Beschämung. S. 43–46.

Höblich, Davina (2017): Sexuelle und geschlechtliche Vielfalt. Eine Herausforderung, Jugend zu ermöglichen. In: sozial extra. Heft 3/2017. Durchblick Kommentare zum 15. Kinder- und Jugendbericht. S. 47–50.

Höblich, Davina (2018): Sexuelle und geschlechtliche Vielfalt in der Beratung zwischen Mikroagressionen und (Un-)Sichtbarkeiten. In: Schulze, Heidrun/Höblich, Davina/Mayer, Marion (Hrsg.): Macht – Diversität – Ethik in der Beratung. Wie Beratung Gesellschaft macht. Opladen, Berlin, Toronto: Barbara Budrich. S. 187–205.

Höblich, Davina/Kellermann, Anna (2019): Teilhabechancen lesbischer, schwuler und bisexueller Jugendlicher in der stationären Kinder- und Jugendhilfe. Sexuelle Orientierung als professionelle Herausforderung. In: Kommission Sozialpädagogik (Hrsg.): Teilhabechancen durch*in*trotz Sozialpädagogik. Weinheim und Basel: Beltz Juventa. S. 103–116.

Hofsäss, Thomas (2010): Von der Entdeckung zur Einbindung des Themas „sexuelle Identität" in die Jugendhilfe, In: Ministerium für Justiz, Frauen, Jugend und Familie des Landes Schleswig-Holstein (Hrsg.): Sexuelle Orientierung. Thema für die Jugendhilfe. Kiel. S. 5–10.

Hummrich, Merle (2017): Diskriminierung im Erziehungssystem. In: Scherr, Albert/El-Mafaalani, Aladin/Yüksel, Gökçen (Hrsg.): Handbuch Diskriminierung. Wiesbaden: Springer VS. S. 337.

Ittel, Angela/Raufelder, Diana/Scheithauer, Herbert (2014): Soziale Lerntheorien. In: Ahnert, Lieselotte (Hrsg.): Theorien in der Entwicklungspsychologie. Berlin/Heidelberg: Springer. S. 331.

Jagose, Annemarie (2005): Queer Theory. Eine Einführung. 2. Auflage. Berlin: Querverlag.

Jellonnek, Burkhard (2016): Vorwort. In: Tuider, Elisabeth/Dannecker, Martin (Hrsg.): Das Recht auf Vielfalt – Aufgaben und Herausforderungen sexueller Bildung. Göttingen: Wallstein. S. 7–12.

Kahlke, Carolin (2016): Schülerstereotype – Soziale Beziehungen in der schulischen Peer Group. Wiesbaden: Springer VS.

Kirchhof, Roland/Heine, Nora/Kröger, Christoph (2009): Wie treu sind schwule Männer? Beziehungsvielfalt und/oder Monogamie? In: Watzlawik, Meike/Heine, Hora (Hrsg.): Sexuelle Orientierungen. Weg vom Denken in Schubladen. Göttingen: Vandenhoeck & Rupprecht. S. 37–68.

Klausch, Peter/Struck, Norbert (2018): Der Zusammenschluss der Kinder- und Jugendhilfe auf der Bundesebene – die Arbeitsgemeinschaft für Kinder- und Jugendhilfe – AGJ. In: Böllert, Karin (Hrsg.): Kompendium Kinder- und Jugendhilfe. Springer VS: Wiesbaden. S. 199–218.

Klocke, Ulrich (2012): Akzeptanz sexueller Vielfalt an Berliner Schulen – Eine Befragung zu Verhalten, Einstellungen und Wissen zu LSBT und deren Einflussvariablen. Berlin: Senatsverwaltung für Bildung, Jugend und Wissenschaft.

Klöppel, Ulrike (2014): Residuum der Queer History: Inter* als Restsymptom der Trennung von Geschlechter- und Sexualitätsgeschichte. In: Bundesstiftung Magnus Hirschfeld (Hrsg.): Forschung im Queerformat. Aktuelle Beiträge der LSBTI*-, Queer- und Geschlechterforschung. Bielefeld: transcript. S. 105–113.

Kluge, Norbert (2015): Der Mensch – ein Sexualwesen von Anfang an. In: Schmidt, Renate-Berenike/Sielert, Uwe (Hrsg.): Handbuch Sexualpädagogik und sexuelle Bildung. 2., erweiterte und überarbeitete Auflage. Weinheim und Basel: Beltz Juventa S. 71–79.

Korittko, Alexander (2016): Posttraumatische Belastungsstörungen bei Kindern und Jugendlichen. Heidelberg: Carl Auer.

Krell, Claudia/Oldemeier, Kerstin (2015): Coming-out – und dann…?!. München: Deutsches Jugendinstitut e.V.

Krell, Claudia/Oldemeier, Kerstin (2017): Coming-out – und dann…?! – Coming-out-Verläufe und Diskriminierungserfahrungen von lesbischen, schwulen, bisexuelle, trans* und queeren Jugendlichen und jungen Erwachsenen in Deutschland. Opladen, Berlin, Toronto: Barbara Budrich.

Küpper, Beate (2016): Ideologien der Ungleichwertigkeit und das Syndrom <<Gruppenbezogener Menschenfeindlichkeit>>. In: Heinrich Böll Stiftung (Hrsg.): Ideologien der Ungleichwertigkeit. Großbeeren. S. 21–35.

Küpper, Beate/Klocke, Ulrich/Hoffmann, Lena-Carlotta (2017): Einstellungen gegenüber lesbischen, schwulen und bisexuellen Menschen in Deutschland. Ergebnisse einer bevölkerungsrepräsentativen Umfrage (Hrsg.) Antidiskriminierungsstelle des Bundes. Baden-Baden: Nomos.

Kurth, Regina A. (2004): Wenn du so fühlst wie ich. Wenn sich Patienten in ihren Therapeuten verlieben. In: Psychotherapeut. 04/2004. Gießen: Justus Liebig Universität.

l'Amour laLove, Patsy (2017): Beißreflexe. Kritik an queerem Aktivismus, autoritären Sehnsüchten, Sprechverboten. In: l'Amour laLove, Patsy (Hrsg.): Beißreflexe. Kritik an queerem Aktivismus, autoritären Sehnsüchten, Sprechverboten. Berlin: Querverlag. S. 16–45.

Lambers, Helmut (2016): Theorien der Sozialen Arbeit. Ein Kompendium und Vergleich. 3., überarbeitete Auflage. Opladen, Berlin, Toronto: Barbara Budrich.

Landeshauptstadt München (2016): Mittendrin! Oder außen vor? Wissenswertes über Lesben und Schwule. Wissen baut Brücken! Nichtwissen schafft Vorurteile, denn: Diskriminierung beginnt im Kopf. München: Koordinierungsstelle für gleichgeschlechtliche Lebensweisen.

Lautmann, Rüdiger (2002): Soziologie der Sexualität. Erotische Körper, intimes Handeln und Sexualkultur. Weinheim und München: Juventa.

Lautmann, Rüdiger (2013): Gesellschaftliche Normen der Sexualität. In: Schmidt, Renate-Berenike/Sielert, Uwe (Hrsg.): Handbuch Sexualpädagogik und sexuelle Bildung. 2., erweiterte und überarbeitete Auflage. Weinheim und Basel: Beltz Juventa. S. 205–219.

Leicht, Imke (2015): Die Dimensionen der sexuellen Orientierung und geschlechtlichen Identität. In: Breckenfelder, Michaela (Hrsg.). Homosexualität und Schule. Handlungsfelder – Zugänge – Perspektiven. Opladen, Berlin, Toronto: Barbara Budrich. S. 17–36.

Leppin Anja (2007): Burnout: Konzept, Verbreitung, Ursachen und Prävention. In: Badura, Bernhard/Schellschmidt, Henner/Vetter Christian: Fehlzeiten-Report 2006. Fehlzeiten-Report, vol 2006. Berlin, Heidelberg: Springer. S. 99–109.

Lesben- und Schwulenverband (LSVD) (2019): Adoption/Stiefkindadoption. Online im Internet: https://www.lsvd.de/recht/ratgeber/adoption/adoption.html#c12278 – Abruf am 13.09.2019.

Lesben- und Schwulenverband (LSVD) (2019): Ehe und Lebenspartnerschaft. Online im Internet: https://www.lsvd.de/recht/rechtsprechung/ehe-und-lebenspartnerschaft/ehe-und-lebenspartnerschaft.html#c5992 – Abruf am 05.10.2019.

Lindemann, Gesa (2011): Das paradoxe Geschlecht. Transsexualität im Spannungsfeld von Körper, Leib und Gefühl. 2. Auflage. Wiesbaden: VS Verlag für Sozialwissenschaften.

Mannschaft (2019a): Vater schneidet schwulem Sohn fast die Kehle durch. Online im Internet: http://mannschaft.com/2019/10/24/vater-schneidet-seinem-schwulen-sohn-fast-die-kehle-durch/?fbclid=IwAR13T8Gh4Hc_5mDAFNcVCJPNWyZbyBfW6o ZL3N0VBYjOn68QlKSPtnz1YZYSo. – Abruf am 25.11.2019.

Mannschaft (2019b): Homo- und transphobe Schläger gefasst. Online im Internet: http://mannschaft.com/2019/10/24/hassgewalt-gegen-lgbtiq-fahndung-nach-schlaegern/. – Abruf am 25.11.2019-

Martin, James I. (2018): Ethics in Social Work Practice with Lesbian, Gay, Bisexual, and Transgender People. In: Schulze, Heidrun/Höblich, Davina/Mayer, Marion (Hrsg.): Macht – Diversität – Ethik in der Beratung. Wie Beratung Gesellschaft macht. Opladen, Berlin, Toronto: Barbara Budrich. S. 138–148.

Martin, James I./Meezan, William (2009): Handbook of Research with Lesbian, Gay, Bisexual, and Transgender Populations. CRC Press: Florida.

Mayring, Phillip (2002): Einführung in die qualitative Sozialforschung, 5. Auflage. Weinheim und Basel: Beltz.

Mayring, Philipp./Gahleitner, Silke (2010). Qualitative Inhaltsanalyse. In: Bock, Karin/ Miethe, Ingrid (Hrsg.): Handbuch qualitative Methoden in der Sozialen Arbeit. Opladen, Berlin, Toronto: Barbara Budrich. S. 295–304.

Mayring, Philipp (2002): Qualitative Sozialforschung. Weinheim und Basel: Beltz.

Mayring, Philipp (2010): Qualitative Inhaltsanalyse. Grundlagen und Techniken. 11., aktualisierte und überarbeitete Auflage. Weinheim und Basel: Beltz.

Mayring, Philipp/Brunner, Eva (2013): Qualitative Inhaltsanalyse. In: Friebertshäuser, B./ Langer, A./Prengel, A. (Hrsg): Handbuch Qualitative Forschungsmethoden in der Erziehungswissenschaft. Weinheim und Basel: Beltz Juventa. S. 323–334.

Mennemann, Hugo/Dummann, Jörn (2016): Einführung in die Soziale Arbeit, Nomos: Baden-Baden.

Mertens, Wolfgang (1994): Entwicklung der Psychosexualität und der Geschlechtsidentität. 2. Kindheit und Adoleszenz. Stuttgart: Kohlhammer.

Mesquita, Sushila (2011): BAN MARRIAGE! Ambivalenzen der Normalisierung aus queer-feministischer Perspektive. Wien: Zaglossus e.U.

Meuser, Michael/Nagel, Ulrike (1991): ExpertInneninterviews – vielfach erprobt, wenig bedacht: ein Beitrag zur qualitativen Methodendiskussion. In: Gartz, Detlef/Kraimer, Klaus (Hrsg.): Qualitativ-empirische Sozialforschung. Konzepte, Methoden, Analysen. Opladen: Westdt. Verl. S. 441–471.

Meuser, Michael/Nagel, Ulrike (2013): Experteninterviews – wissenssoziologische Voraussetzung und methodische Durchführung. In: Friebertshäuser, B./Langer, A./Prengel, A. (Hrsg.): Handbuch Qualitative Forschungsmethoden in der Erziehungswissenschaft. 4., durchgesehene Auflage. Weinheim und Basel: Beltz Juventa. S. 457–471.

Meyer, Ilan/Northridge, Mary (2007): The Health of Sexuel Minorities – Public Health Perspectives on Lesbian, Gay, Bisexual and Transgender Populations. New York: Springer.

Meyer, Ilan H. (2003): Prejudice, Social Stress, and Mental Health in Lesbian, Gay, and Bisexual Populations: Conceptual Issues and Research Evidence. Psychological Bulletin, Vol. 129. No. 5. S. 674–697.

Miethe, Ingrid (2017): Biografiearbeit. Lehr- und Handbuch für Studium und Praxis. 3., durchgesehene Auflage. Weinheim und Basel: Beltz Juventa.

Möller, Kurt (2017): Entwicklung und Ausmaß gruppenbezogener Menschenfeindlichkeit. In: Scherr, Albert/El-Mafaalani, Aladin/Yüksel, Gökçen (Hrsg.): Handbuch Diskriminierung. Wiesbaden: Springer S. 425–448.

Montada, Leo (2018): Kapitel I. Fragen, Konzepte, Perspektiven. In: Schneider, Wolfang/ Lindenberger, Ulman (Hrsg.): Entwicklungspsychologie. 8., vollständig überarbeitete Auflage. Weinheim und Basel: Beltz. S. 3–48.

Nadal, Kevin L. (2008): Preventing racial, ethnic, gender, sexual minority, disability, and religious microagressions: Recommendations for promoting positive mental health. In: Prevention in Counceling Psychology: Theory, Research, Practice and Traning. Heft 2. S. 22–27.

Nadal, Kevin L. (2013): That's so Gay! Microagressions and the lesbian, gay, bisexual, and transgender Community. American Psychological Association. Washington D.C.

Neubauer, Georg (2015): Sexualität im Jugendalter. In: Schmidt, Renate-Berenike/Sielert, Uwe (Hrsg.): Handbuch Sexualpädagogik und sexuelle Bildung. 2., erweiterte und überarbeitete Auflage. Weinheim und Basel: Beltz Juventa S. 364–377.

Noack, Juliane (2010): Erik H. Erikson: Identität und Lebenszyklus. In: Jörissen, Benjamin/ Zirfas, Jörg (Hrsg.): Schlüsselwerke der Identitätsforschung. Wiesbaden: VS Verlag für Sozialwissenschaften. S. 37–54.

Nordt, Stephanie/Kugler, Thomas/Recla, Ammo (2010): Qualifizierungskonzept zur Umsetzung der Initiative „Berlin tritt ein für Selbstbestimmung und Akzeptanz Sexueller Vielfalt“ (ISV) für Kinder- und Jugendhilfe: Berlin: Bildungsinitiative QUEERFORMAT.

Oerter, Ralf (2015): Entwicklung. In: Otto, Hans-Uwe/Thiersch, Hans (Hrsg.): Handbuch Soziale Arbeit. 5., erweiterte Auflage. München/Basel: Ernst Reinhardt. S. 364–375.

Oevermann, Ulrich (1996): Theoretische Skizze einer revidierten Theorie professionellen Handelns. In: Combe, Arno/Helsper, Werner (Hrsg.): Pädagogische Professionalität. Frankfurt am Main: Suhrkamp. S. 70–181.

Oevermann, Ulrich (2013): Die Problematik der Strukturlogik des Arbeitsbündnisses und der Dynamik von Übertragung und Gegenübertragung in einer professionalisierten Praxis von Sozialarbeit. In: Becker-Lenz, Roland/Busse, Stefan/Ehlert, Gudrun/Müller-Hermann, Silke (Hrsg.): Professionalität in der Sozialen Arbeit. Standpunkte, Kontroversen, Perspektiven. 3., durchgesehene Auflage. Wiesbaden: Springer VS. S. 119–148.

Pechriggl, Alice (2008): Naturrechtliche „Heteronormativität“ vs. Politische Normsetzung. Zur Kritik von Diskursen über die Norm und über diese hinweg … . In: Bartel, Rainer/ Horwarth, Ilona/Kannonier-Fienster, Waltraud/Mesner, Maria/Pfefferkorn, Erik/ Ziegler, Meinrad (Hrsg.): Heteronormativität und Homosexualitäten. Innsbruck/ Wien/Bozen: Studien Verlag. S. 25–42.

Pereira, Henrique/Cunha, Maria João/Monteiro, Samuel/Esgalhado, Graça/Afonso, Rosa Marina/Loureiro, Manuel (2019): Affirmative Competence and Practices of Mental Health Professionals with LGB clients: An Ibero-American Study. In: Community Mental Health Journal. 55. Springer. S. 884–893.

Perels, Kirsi-Marija (2006): Queere Jugendliche (k)ein Thema für die Jugendhilfe. Menschenrechtliche Perspektiven für die Praxis Sozialer Arbeit am Beispiel lesbischer, schwuler und transgender junger Menschen. Master-Thesis: ASFH Berlin. Online im Internet: http://www.andersartig.info/files/studie-queere-jugendliche.pdf – Abruf am 17.08.2019.

Perko, Gudrun (2014): Queer-Theorien als pluraler Ansatz und queere Kompetenzen in der Sozialen Arbeit. In: sozialmagazin 3–4.2014. Weinheim und Basel: Beltz Juventa. S. 7–13.

Pieper, Annemarie (2017): Einführung in die Ethik. 7., aktualisierte Auflage. Tübingen: A. Francke.

Plöderl, Martin (2005). Sexuelle Orientierung, Suizidalität und psychische Gesundheit. Weinheim und Basel: Beltz.

Prayers for Bobby, Dir. Russel Mulcahy, Alive – Vertrieb und Marketing/DVD, 2009.

Przyborski, Aglaja/Wohlrab-Sahr, Monika (2014): Qualitative Sozialforschung. Ein Arbeitsbuch.4., erweiterte Auflage. München: Oldenbourg.

Queer Lexikon (2019): Glossar. Online im Internet: https://queerlexikon.net/category/queer-lexikon/glossar/– Abruf am 03.11.2019.

Rauchfleisch, Udo (2011): Schwule – Lesben – Bisexuelle. Lebensweisen – Vorurteile – Einsichten. 4. Auflage. Vandehoeck & Rupprecht: Göttingen.

Rauchfleisch, Udo/Frossard, Jacqueline/Waser, Gottfried/Wiesendanger, Kurt/Roth, Wolfang (2002): Gleich und doch anders. Psychotherapie und Beratung on Lesben, Schwulen, Bisexuellen und ihren Angehörigen. Stuttgart: Klett-Cotta.

Rendtorff, Barbara (2012): Geschlechtsspezifische Aspekte von Nähe und Distanz – zur Sexualisierung der Professionalisierungsdebatte. In: Dörr, Margret/Müller, Burkhard (Hrsg.): Nähe und Distanz. Ein Spannungsfeld pädagogischer Professionalität. Weinheim und Basel: Beltz Juventa. S. 90–100.

Rihl, Alexander (2015): Pornografie und Wirkung. Eine explorative Studie zu jugendlicher Pornografierezeption. In: Aigner, Josef Christian/Hug, Theo/Schuegraf, Martina/Tillmann, Angela (Hrsg.). Medialisierung und Sexualisierung. Vom Umgang mit Körperlichkeit und Verkörperungsprozessen im Zuge der Digitalisierung. Wiesbaden: Springer VS. S. 257–276.

Rosa von Praunheim (Regie) (1970). Nicht der Homosexuelle ist pervers, sondern die Situation, in der er lebt [Drama/Satire]. Deutschland: Freunde der Kinemathek.

Rosenthal, Gabriele/Köttig, Michaela (2010): Biographische Fallrekonstruktion. In: Bock, Karin/Miethe, Ingrid (Hrsg.): Handbuch Qualitative Methoden in der Sozialen Arbeit. Opladen, Berlin, Toronto: Barbara Budrich. S. 232–239.

Ruhrmann, Georg (2017): Diskriminierung in den Medien. In: Scherr, Albert/El-Mafaalani, Aladin/Yüksel, Gökçen (Hrsg.): Handbuch Diskriminierung. Wiesbaden: Springer VS. S. 367–370.

Säfken, Christian (2008): Transsexualität und Intersexualität in ethischer Perspektive. In: Groß, Dominik/Neuschaefer-Rube, Christiane/Steinmetzer, Jan (Hrsg.): Transsexualität und Intersexualität. Medizinische, ethische, soziale und juristische Aspekte. Berlin: Medizinische Verlagsgesellschaft. S. 3–13.

Sánchez, Franscoises. J./Vilain, Eric (2012): „Straight-Acting Gays“: The Relationsship Between Masculine Consciusness, Anti-Effeminacy, and Negative Gay Identity. In: Arch Sex Behav 41: S. 111–119, o. O: Springer.

Sauer, Arn (2018): LSBTIQ-Lexikon. Grundständig überarbeitete Lizenzausgabe des Glossars des Netzwerkes Trans*Inter*Sektionalität. Online im Internet: http://transintersektionalitaet.org/?page_id=36. Bundeszentrale für politische Bildung, Bonn – Abruf am 03.11.2019.

Scherr, Albert/El-Mafaalani, Aladin/Yüksel, Gökçen (2017): Handbuch Diskriminierung. Wiesbaden: Springer VS.

Schilling, Martin (2012): Die Träger der Sozialen Arbeit in der Statistik. In: Thole, W. (Hrsg.): Grundriss Soziale Arbeit. Ein einführendes Handbuch. 4. Auflage. Wiesbaden: VS Verlag für Sozialwissenschaften. S. 777–794.

Schmauch, Ulrike (2016): Sexualpädagogisches Handeln in der Sozialen Arbeit. In: Henningsen, Anja/Timmermanns, Stefan/Tuider, Elisabeth (Hrsg.): Sexualpädagogik kontrovers. Weinheim und Basel: Beltz Juventa. S. 32–45.

Schmidt, Friederike/Schondelmayer, Anne-Christin (2015): Sexuelle und geschlechtliche Vielfalt – (k)ein pädagogisches Thema? Pädagogische Perspektiven und Erfahrungen mit LSBTI. In: Schmidt, Friederike/Schondelmayer, Anne-Christin/Schröder, Ute B. (Hrsg.): Selbstbestimmung und Anerkennung sexueller und geschlechtlicher Vielfalt. Lebenswirklichkeiten, Forschungsergebnisse und Bildungsbausteine. Wiesbaden: Springer VS. S. 223–240.

Schneider, Wolfgang/Lindenberger, Ulman (Hrsg.): Entwicklungspsychologie. 8., überarbeitete Auflage.

Schön, Donald A. (1983): The Reflective Practitioner. How Professionals Think in Action. Basic Books Inc: New York.

Schütte – Bäumner, Christian (2010): Queer Professionals als Reflexionskategorie für die Soziale Arbeit. In: Kessl, F./Plößer, M. (Hrsg.): Differenzierung, Normalisierung, Andersheit. Soziale Arbeit als Arbeit mit den Anderen. Wiesbaden: Verlag für Sozialwissenschaften. S. 77–95.

Schütte-Bäumner, Christian (2014): Queer Professionals in der Sozialen Arbeit. In: sozialmagazin 3–4.2014, S. 61–67.

Schütze, Fritz (1993). Die Fallanalyse: zur wissenschaftlichen Fundierung einer klassischen Methode der Sozialen Arbeit. In: Rauschenbach, Thomas/Ortmann, Friedrich/Karsten, Maria-Eleonora (Hrsg.): Der sozialpädagogische Blick: lebensweltorientierte Methoden in der Sozialen Arbeit. Weinheim: Juventa Verl. S. 191–221.

Schütze, Lea (2013): Pansexualität. Online im Internet: https://gender-glossar.de/glossar/item/23-pansexualitaet – Abruf am 03.11.2019.

Schweizer, Katinka/Vogler, Fabian (2018): Die Schönheiten des Geschlechts. Intersex_Dialog. In: Schweizer, Katinka/Vogler, Fabian (Hrsg.): Die Schönheiten des Geschlechts. Intersex_Dialog. Frankfurt: Campus. S. 25–34.

Senatsverwaltung für Schule, Jugend und Sport (1999): Sie liebt sie. Er liebt ihn. Eine Studie zur psychosozialen Situation junger Lesben, Schwuler und Bisexueller in Berlin. Berlin

SGB VIII: Das Achte Buch Sozialgesetzbuch – Kinder und Jugendhilfe – in der Fassung der Bekanntmachung vom 11. September 2012 (BGBl. I S. 2022), das zuletzt durch Artikel 8 des Gesetzes vom 30. November 2019 (BGBl. I S. 1948) geändert worden ist.

Sielert, Uwe (2015): Einführung in die Sexualpädagogik. 2. Auflage. Weinheim und Basel: Beltz.

Sielert, Uwe/Timmermanns, Stefan (2011): Expertise zur Lebenssituation schwuler und lesbischer Jugendlicher in Deutschland – Eine Sekundäranalyse vorhandener Untersuchungen. München: Deutsches Jugendinstitut e.V.

Sigusch, Volker (2010): Homosexuelle zwischen Verfolgung und Emanzipation. In: Bundeszentrale für politische Bildung (Hrsg): Aus Politik und Zeitgeschichte. Homosexualität. 15–16/2010. S. 3–6.

Spiegel von, Hiltrud (2018): Methodisches Handeln in der Sozialen Arbeit. Grundlagen und Arbeitshilfen für die Praxis. 6., durchgesehene Auflage. München/Basel: Ernst Reinhard.

Statham, Helen/Jadva, Vasanti/Daly, Irenee (2012): the school report – the experiences of gay young people in Britain's schools in 2012. Cambridge: Centre for Family Research.

Staub-Bernasconi, Silvia (2018): Soziale Arbeit als Handlungswissenschaft. Soziale Arbeit auf dem Weg zu kritischer Professionalität. 2., vollst. bearb. u. aktualisierte Auflage. Opladen, Berlin, Toronto: Barbara Budrich.

Staub-Bernasconi, Silvia (2011): Macht und (kritische) Soziale Arbeit. In: Kraus, Björn/ Krieger, Wolfang (Hrsg.): Macht in der Sozialen Arbeit. Interaktionsverhältnisse zwischen Kontrolle, Partizipation und Freisetzung. Lage: Jacobus. S. 363–392.

Staudenmeyer, Bettina/Kaschuba Gerrit/Barz, Monika/Bitzan, Maria (2016): Vielfalt von Geschlecht und sexueller Orientierung in der Jugendarbeit in Baden-Württemberg. Eine Studie im Rahmen des „Zukunftsplan Jugend“. Ministerium für Soziales und Integration Baden-Württemberg.

Steffens, Melanie Carolin/Geisler, Petra (2009): Folgen internalisierter Homonegativität. Online im Internet: https://www.vlsp.de/files/pdf/100823_wshomonegativitaet.pdf. – Abruf am 25.11.2019.

Steffens, Melanie Caroline (2010): Diskriminierung von Homo- und Bisexuellen. Online im Internet: http://www.bpb.de/gesellschaft/gender/homosexualitaet/38863/ diskriminierung?p=all. – Abruf am 24.11.2019.

Steffens, Melanie Caroline/Wagner, Christof (2009): Diskriminierung von Lesben, Schwulen und Bisexuellen. In: Beelmann, Andreas/Jonas, Kai J. (Hrsg): Diskriminierung und Toleranz. Psychologische Grundlagen und Anwendungsperspektiven. VS Verlag für Sozialwissenschaften. Wiesbaden S. 241–262.

Steinbeißer, Dominik/Bader, Felix/Ganser, Christian/Schmitt, Laila (2013): Gruppenbezogene Menschenfeindlichkeit in München. Forschungsbericht des Instituts für Soziologie der Ludwig-Maximilians-Universität München.

Steinkemper, Klaus (2015): Anregungen aus der Praxis für die Praxis – Bildungsbausteine für die schulische und außerschulische Bildung. In: Schmidt, Friederike/Schondelmayer, Anne-Christin/Schröder, Ute B. (Hrsg.): Selbstbestimmung und Anerkennung sexueller und geschlechtlicher Vielfalt. Lebenswirklichkeiten, Forschungsergebnisse und Bildungsbausteine. Wiesbaden: Springer VS. S. 357–400.

StGB: Strafgesetzbuch in der Fassung der Bekanntmachung vom 13. November 1998 (BGBl. I S. 3322), das zuletzt durch Artikel 62 des Gesetzes vom 20. November 2019 (BGBl. I S. 1626) geändert worden ist.

Struck, Norbert/Schröer, Wolfgang (2011): Kinder- und Jugendhilfe. In: Otto, Hans-Uwe/ Thiersch, Hans (Hrsg.): Handbuch Soziale Arbeit. 4., vollständig überarbeitete Auflage. München/Basel: Ernst Reinhardt. S. 724–734.

Sue, Derald Wing (2010): Microagressions and marginality. Manifestations, dynamics and impact. NY: Wiley. New York.

Sunder, Ellen (2007): Stress. In Mulot, Ralf/Schmitt Sabine (Hrsg.): Fachlexikon der sozialen Arbeit, 6. Völlig überarbeitete und aktualisierte Auflage. Baden-Baden: Nomos, S. 949.

Thiersch, Hans (2012): Nähe und Distanz in der Sozialen Arbeit. In: Dörr, Margret/Müller, Burkhard (Hrsg.): Nähe und Distanz. Ein Spannungsfeld pädagogischer Professionalität. Weinheim und Basel: Beltz Juventa. S. 32–49.

Thiersch, Hans (2013): Authentizität – eine essayistische Skizze. In: Becker-Lenz, R./Busse, S./Ehlert, G./Müller-Hermann, S. (Hrsg.): Professionalität in der Sozialen Arbeit. Standpunkte, Kontroversen, Perspektiven. 3., durchgesehene Auflage. Wiesbaden: VS Verlag für Sozialwissenschaften. S. 249–264.

Thiersch, Hans (2004): Das Konzept Lebensweltorientierte Soziale Arbeit – einleitende Bemerkungen. In: Grunwald, Klaus/Thiersch, Hans (Hrsg.): Praxis Lebensweltorientierter Sozialer Arbeit. Handlungszugänge und Methoden in unterschiedlichen Arbeitsfeldern. Weinheim und München: Juventa. S. 13–25.

Thiersch, Hans (2014): Lebensweltorientierte Soziale Arbeit. Aufgaben der Praxis im sozialen Wandel. 9. Auflage. Weinheim und Basel: Beltz Juventa.

Thiersch, Hans/Böhnisch, Lothar (2014): Spiegelungen. Lebensweltorientierung und Lebensbewältigung. Gespräche zur Sozialpädagogik. Weinheim und Basel: Beltz Juventa.

Tietz, Lüder (2004): Homosexualität als Perversion? Historische Dimensionen psychiatrischer, psychoanalytischer und psychologischer Konzepte. In L. Tietz (Hrsg.): Homosexualität verstehen – Kritische Konzepte für die psychologische und pädagogische Praxis. Hamburg: MännerschwarmSkript Verlag.

Timmermanns, Stefan (2013): Sexuelle Orientierung. In: Schmidt, Renate-Berenike/Sielert, Uwe (Hrsg.): Handbuch – Sexualpädagogik und sexuelle Bildung. 2. Auflage. Weinheim und Basel: Beltz Juventa. S. 255–264.

Timmermanns, Stefan (2017): LSBT*-Jugendliche und junge Erwachsene: (K)EinThema für die Jugendforschung?! In: Diskurs Kindheits- und Jugendforschung/Discourse. Journal of Childhood and Adolescence Research, 12(2). S. 131–143.

Tuider, Elisabeth/Dannecker, Martin (2016): Das Recht auf Vielfalt – Aufgaben und Herausforderungen sexueller Bildung. Göttingen: Wallstein.

Tuider, Elisabeth/Timmermanns, Stefan (2015): Aufruhr um die sexuelle Vielfalt. In: sozialmagazin 1–2.2015. Weinheim und Basel: Beltz Juventa. S. 38–47.

Unger, Rhoda. K. (2000): Outsiders Inside: Positive marginality and social change. Journal of social Issues. 56 (1), S. 163–179.

Universität Wien (2019): Geschlechterinklusiver Sprachgebrauch in der Administration der Universität Wien: Leitlinie und Empfehlungen zur Umsetzung. Online im Internet: https://personalwesen.univie.ac.at/fileadmin/user_upload/d_personalwesen/Gleichstellung/Dokumente/Geschlechterinklusiver_Sprachgebrauch_in_der_Administration_der_Universitaet_Wien.pdf. – Abruf am 13.12.2019.

Verband für lesbische, schwule, bisexuelle, trans*, intersexuelle und queere Menschen in der Psychologie (VLSP) (2009): Fachtreffen des VLSP. Online im Internet: http://www.vlsp.de/system/files/100823_WSHomonegativitaet.pdf. – Abruf am 04.08.2019.

Von Goethe, Wolfgang (1808): Faust I, die Tragödie erster Teil. Online im Internet: http://www.digbib.org/Johann_Wolfgang_von_Goethe_1749/Faust_I_.pdf. – Abruf am 03.12.2019

Voß, Heinz-Jürgen (2014): Homosexualität in den Naturwissenschaften. In: Mildenberger, Florian/Evans, Jennifer/Lautmann, Rüdiger/Pastötter, Jakob (Hrsg.): Was ist Homosexualität? Männerschwarm: Hamburg. S. 345–374.

Wagenknecht, Peter (2007): Was ist Heteronormativität? Zur Geschichte und Gehalt des Begriffs. In: Hartmann, Jutta/Klesse, Christian/Wagenknecht, Peter/Fritzsche, Bettina/Hackmann, Kristina (Hrsg.): Heteronormativität. Empirische Studien zu Geschlecht, Sexualität und Macht. Wiesbaden: VS Verlag für Sozialwissenschaften. S. 17–34.

Walgenbach, Katharina (2017): Heterogenität – Intersektionalität – Diversity in der Erziehungswissenschaft, 2., durchgesehene Auflage. Opladen, Berlin, Toronto: Barbara Budrich.

Watzlawik, Meike/Heine, Hora (Hrsg.): Sexuelle Orientierungen. Weg vom Denken in Schubladen. Göttingen: Vandenhoeck & Rupprecht.

Weichold, Karina/Silbereisen, Rainer K. (2018): Jugend (10–20 Jahre). In: Schneider, Wolfang/Lindenberger, Ulman (Hrsg.): Entwicklungspsychologie. 8., vollständig überarbeitete Auflage. Weinheim und Basel: Beltz. S. 239–263.

Weltgesundheitsorganisation (WHO) (2015): HIV and young men who have sex with men. Schweiz: WHO Document Production.

Wetterer, Angelika (2010): Konstruktion von Geschlecht. Reproduktionsweisen der Zweigeschlechtlichkeit. In: Becker, Ruth/Kortendiek, Beate (Hrsg.): Handbuch Frauen- und Geschlechterforschung. Theorie, Methoden, Empirie. 3., erweiterte und durchgesehene Auflage. Wiesbaden: Springer Fachmedien. S. 126–136.

Wiesendanger, Kurt (2002): Wo liegt das Problem? – Heterosexismus, Homophobie und internalisierte Homophobie. In: Rauchfleisch, Udo/Frossard, Jacqueline/Waser, Gottfried/Wiesendaanger, Kurt/Roth, Wolfgang (Hrsg.): Gleich und doch anders. Psychotherapie und Beratung von Lesben, Schwulen Bisexuellen und ihren Angehörigen. Stuttgart: Klett-Cotta, S. 53–69.

Wiesner, Reinhardt (2011): SGB VIII. Kinder- und Jugendhilfe. Kommentar. München.

Wolf, Gisela (o.J.): Entwicklungsprozesse homosexueller Identitäten. Online unter: https://www.vlsp.de/files/pdf/entwicklung-homo-identitaet_0.pdf – Abruf am 16.11.2019.

Young, Rebecca/Meyer, Ilan (2005): Critical concepts for reaching populations at risk. American Journal of Public Health. Vol 95 No. 7

Ziegler, Meinrad (2008): Einleitung: Heteronormativität und die Verflüssigung des Selbstverständlichen – theoretische Kontexte. In: Bartel, Rainer/Horwarth, Ilona/Kannonier-Fienster, Waltraud/Mesner, Maria/Pfefferkorn, Erik/Ziegler, Meinrad (Hrsg.): Heteronormativität und Homosexualitäten. Innsbruck/Wien/Bozen: Studien Verlag. S. 13–24.

Zinik, Gary (1985): Identity conflict or adaptive flexibility? Bisexuality reconsidered. In: Journal of Homosexuality, Jg. 11 Heft ½. S. 7–19.

Danksagung

> „Soziale Arbeit fördert als praxisorientierte Profession und wissenschaftliche Disziplin gesellschaftliche Veränderungen, soziale Entwicklungen und den sozialen Zusammenhalt sowie die Stärkung der Autonomie und Selbstbestimmung von Menschen. Die Prinzipien sozialer Gerechtigkeit, die Menschenrechte, die gemeinsame Verantwortung und die Achtung der Vielfalt bilden die Grundlage der Sozialen Arbeit. Dabei stützt sie sich auf Theorien der Sozialen Arbeit, der Human- und Sozialwissenschaften und auf indigenes Wissen. Soziale Arbeit befähigt und ermutigt Menschen so, dass sie die Herausforderungen des Lebens bewältigen und das Wohlergehen verbessern, dabei bindet sie Strukturen ein“ (DBSH 2020).

Im Sinne der deutschsprachigen Definition Sozialer Arbeit möchten wir uns als Praktiker aber auch Wissenschaftler bei den Personen bedanken, ohne die eine Realisierung dieses Projektes nicht möglich gewesen wäre. Hierzu zählen insbesondere unsere Befragten Adressaten Sozialer Arbeit, welche einen praxisorientierten Blick auf die Thematik erst ermöglicht haben. Durch eure Bereitschaft, eure biografischen – teils emotional stark fordernden – und lebenspraktischen Erfahrungen zu teilen, wurde es möglich, die Lebenswelten nicht-heterosexueller junger Menschen besser zu verstehen und abzubilden.

Aber auch das Wissen unserer befragten Expert*innen gibt einen Blick in die sozialpädagogische Praxis mit lsbttiq Personen und erweckt das theoretische Wissen zum Praxisorientierten Wissen. Daher gilt ein weiterer besonderer Dank für die vielfältige Unterstützung an PLUS e.V. die Psychologische Lesben- und Schwulenberatung Rhein-Neckar – insbesondere Dipl. Psych. Margret Göth und Dr. phil. Ulli Biechele.

Von wissenschaftlicher Seite möchten wir uns bei Prof. Dr. Irma Jansen und Prof. Dr. Kathrin Aghamiri für die Unterstützung und kritische Auseinandersetzung mit unserer eigenen Arbeit bedanken.